S0-BII-600

Alfred Jarry

Ubu

Ubu roi, Ubu cocu, Ubu enchaîné, Ubu sur la Butte

*publiés sur les textes définitifs
établis, présentés et annotés
par Noël Arnaud
et Henri Bordillon*

Gallimard

PRÉFACE

Au commencement était Hébert.

Né en 1832, agrégé de l'Université, docteur en physique, ancien élève de l'École normale supérieure, ancien inspecteur d'académie, décoré des Palmes académiques, professeur de physique, Félix-Frédéric Hébert arrive au lycée de Rennes en 1881. Au bout d'une carrière agitée qui l'avait rejeté de lycée en lycée, traînant derrière lui un lourd passif de chahuts, dont témoignent ses rapports d'inspection, M. Hébert va connaître à Rennes son ultime chemin de croix et son apothéose — ce qui est tout un.

Entre 1881 et 1888, date de l'arrivée à Rennes du lavallois Alfred Jarry (via le lycée de Saint-Brieuc), M. Hébert saura soulever autour de lui une saine effervescence potachique qui, ne pouvant bientôt plus se satisfaire de notables chahuts, va lui donner une existence littéraire. Sous les surnoms divers de Eb, Ébon, Ébance, Ébouille et du P.H. (tous surnoms « littéraires » puisque M. Hébert est, à la même date, mieux connu sous le sobriquet de Pouilloux), cet homme honnête (au sens où

*Laurent Tailhade parle de l'âme fétide des hon-
nêtes gens) et faible (au point d'avoir été mouchard
de police à Limoges en 1871 contre les communards
locaux) vit désormais une vie rêvée par d'autres : il
y passe le plus clair de son temps en cruautés
diverses, en décervelages de rentiers, écumant les
rues de Rennes avec une armée de Salopins
(devenus bientôt Palotins) et mettant à mal la
bourse des passants.*

*

Lorsque Alfred Jarry foule en octobre 1888 le sol
rennais, *il existe au sujet du « gros bonhomme » une
véritable geste, avec son folklore et son vocabulaire.*
L'un des éléments les plus élaborés de cet ensemble
est formé par une pièce recueillie et mise en forme
à partir de 1885 par les deux frères Morin, l'aîné
Charles et Henri le cadet (lequel sera un condisciple
de Jarry), intitulée Les Polonais. Quand Jarry
entre au lycée de Rennes, Charles Morin l'a quitté
pour Paris où il va préparer — avec succès —
l'École polytechnique. Mais Henri Morin reste et
devient très vite l'ami intime de Jarry. Il lui
communique le manuscrit des Polonais. Jarry tire
aussitôt parti de ce texte et le fait jouer chez les
parents d'Henri Morin puis chez lui au 6, rue
Belair. Acteurs en chair et en os, marionnettes,
théâtre d'ombres, il semble que Les Polonais aient
été montés chez les Morin et chez les Jarry sous ces
diverses formes. Que Jarry, venu à Rennes à la
rentrée scolaire de 1888, ait pu indiquer sous le titre
de l'édition originale d'Ubu roi « drame en cinq

*actes en prose restitué en son intégrité tel qu'il a été
représenté par les marionnettes du Théâtre des
Phynances en 1888 » témoigne qu'il n'avait pas
lambiné pour faire des Polonais quelque chose et
d'abord un spectacle.*

*Peu après son <u>arrivée à Paris en juin 1891,
Jarry rencontre,</u> en rhétorique supérieure, au lycée
Henri-IV, et dans les environs, Léon-Paul Fargue,
Édouard Julia et quelques autres, pour lesquels il
<u>organise, en son domicile du boulevard de Port-
Royal, des représentations des textes ubiques appor-
tés dans ses valises. Dès cette époque, il s'initie aux
arcanes du symbolisme.</u> Il est significatif que le
premier texte important publié par Jarry, en avril
1893 : Guignol, soit un texte qui donne à Ubu la
place de choix, et sous son nom. En octobre 1894,
dans* Les Minutes de sable mémorial, *où Jarry se
montre l'égal des poètes symbolistes les plus raffi-
nés, Ubu est doublement présent : par* Guignol *et
par une courte citation, extraite de* Les Polonais ou
Ubu roi, *mise en exergue à ce qui deviendra « l'Acte
prologal » de César-Antechrist. Lorsque ce livre,
achevé d'imprimer le 1er octobre 1895, est diffusé
au cours du mois de novembre, avec un retard dû au
service militaire de Jarry qui s'en libérera le
14 novembre par une bonne réforme longuement
préparée, les lecteurs connaissent déjà son « Acte
terrestre », version condensée d'Ubu roi, révélée
deux mois auparavant par le Mercure de France.*

*De toute évidence, Jarry ne se cache pas d'Ubu.
Quand en décembre 1896, à la première représentation, certains s'indigneront devant leur double, il y
a plus de trois ans qu'il s'avance, irrépressible,
mais tous ne fréquentaient pas le monde du*

symbolisme où l'on savait qu'il se préparait quelque chose...

*

*Après des manœuvres d'approche, plus inno-
centes peut-être qu'on ne l'a dit, auprès de Lugné-
Poe, directeur du théâtre de l'Œuvre, théâtre du
symbolisme et qui laisse aussi s'y exalter l'anarchie,
Ubu roi est, de toutes les concrétions rennaises du
personnage, la pièce choisie par Jarry pour mettre
le public à portée des crocs du monstre.*

*La très importante lettre de Jarry à Lugné-Poe
du 8 janvier 1896 donne en six points ce qui peut
être considéré comme son premier manifeste théâtral. La suppression des accessoires et des foules,
l'adoption de masques et d'un timbre de voix
particulier, le synthétisme des décors peints par
Vuillard et Sérusier, tout cela sera plus tard
rappelé par le prologue des Mamelles de Ti-
résias. Et depuis, tout un théâtre, et le seul qui ait
compté et compte encore, s'est inspiré des conceptions jarryques fondamentales, celles d'un théâtre
total : non plus texte seulement, mais jeu pour l'œil
et pour l'oreille, en même temps que l'insensé de
l'action et du drame trouve un sens, justement, par
cette déréalisation volontaire qui porte l'œuvre,
comme Jarry lui-même le veut, sur le plan de
l'éternité.*

*Quant au vacarme de la salle, et à cette tumul-
tueuse bataille qui rappela, paraît-il, celle d'Hernani, il ne faut pas s'en remettre à nous pour les
relater dans ce livre. Le rapport du pompier de*

service a échappé à nos recherches. Et du reste, le théâtre de l'Œuvre, ces années-là, était toujours, et à tous égards, à la limite de la sécurité. Le « scandale » d'*Ubu roi* n'était pas le premier auquel Lugné-Poe offrait un terrain de manœuvres à tir réel. Jarry (ses lettres à Lugné-Poe ici publiées le prouvent) avait fort délibérément choisi le lieu où il savait qu'*Ubu* ferait grand bruit

*

Si l'on accepte (et nous l'acceptons) que Jarry n'écrivit pas, à proprement parler, le texte d'*Ubu roi*, on ouvre l'œil et on tend d'autant plus l'oreille à la formule qui clôt son inaugurale présentation de la pièce : « Quant à l'action, qui va commencer, elle se passe en Pologne, c'est-à-dire Nulle Part. » Pas plus la Pologne (à cette époque) que Shakespeare n'ont d'existence autre que par leur nom. De même, Ubu n'est de Jarry que parce qu'il a changé les noms des personnages des Polonais, et baptisé Ubu. Le génie (car Jarry vit encore au siècle des génies, les symbolistes restent sur ce point très proches des romantiques, inventeurs du génie), le génie pour Jarry est moins d'écrire que de vouloir écrire. Ainsi, il remet en cause fondamentalement la notion d'auteur, la notion de propriété littéraire. Il montre qu'il n'y a de littérature que volontaire, publiée, signée. Mieux encore, la signature crée l'œuvre (Duchamp, Dada iront dans ce sens et seul, au siècle de Jarry, Lautréamont).

Bref, le problème d'Ubu, et pas seulement d'*Ubu roi*, est celui de la propriété : quel est le nom juste, et la juste cause? S'il est un absolu, peut-il être

*ailleurs qu'en cette sphérique rotondité? Ubu existe
parce qu'il a gidouille, parce qu'il est gidouille, et
que celle-ci se confond avec les limites mêmes de
l'univers. Être, c'est être tout. Comme Ubu.*

*On sait que l'androgyne était, avant que quelque
chose d'autre soit. Et cette obsession, commune à
l'époque symboliste (qu'on songe à Péladan, à
Rachilde, à d'autres), semble véritablement construire le texte de Jarry.*

*Dans César-Antechrist, le bâton-à-physique
que maniaient déjà allégrement les lycéens de
Rennes — est le phallus, apte à rouler sur ses
extrémités et, dans Messaline, quand l'impératrice
prostituée rencontre le mime Mnester, elle le voit les
pieds en l'air; nous le retrouverons au cirque en
posture de cubiste [antipodiste] sautant sur un seul
bras par bonds énormes et puis tournant très vite
sur sa main, tel exactement roule sur lui-même,
signe Plus et signe Moins, mâle et femelle, le bâton-
à-physique. « Phallus déraciné, ne fais pas de
pareils bonds », s'écrie dans César-Antechrist le
templier qui se souvient de Maldoror et, dans
Messaline, Mnester-Phalès laissera choir son sexe
lourd entre les mains de l'impératrice. Aux jardins
de Lucullus, Mnester-Phalès est d'abord un œuf
intumescent, cet œuf que, dans sa rotation, forme le
bâton-à-physique et qui est le zéro entre les anses
duquel naissent les hommes, cet œuf, cinématique
du zéro : Ubu, infini. Devant la boule de verre de
Sidon, Messaline dit : « Si un homme nu se voyait
homme dans cette boule, il s'y verrait dieu! » En
d'autres termes, l'amour c'est Ubu et ce ne peut être
que lui puisqu'il est tout, et le contraire de tout, et ce
qui s'y surajoute. La sphère, forme parfaite (Ubu),*

Mnester dansant la réalise. Au chapitre des chapeaux, le chapeau thessalique est un des chapeaux des Palotins d'Ubu : il est donc logique que Vectius Valens dans Messaline *le porte quand il va à la pêche aux muges, ces poissons dont l'Antiquité goûtait et la chair (fort excellente puisque ce sont nos mulets) et les vertus aphrodisiaques, un peu éventées, semble-t-il, depuis le temps; les muges, qui pour Jarry évoquent une coudée de défense d'ivoire (donc, dans sa personnelle symbolique, le pénis), sont des pals sur quoi l'on suppliciait les adultères. Les Palotins dans* Ubu *sont palloïdes et phalliques et ressemblent étonnamment à des muges.*

Messaline, Le Surmâle *sont d'Ubu. Rendant compte du* Surmâle *dans* La Revue blanche *à son apparition, Pierre Quillard l'avait supérieurement compris : comme Ubu,* Le Surmâle *— et aussi* Messaline *— se situe, par l'excès même de sa puissance, hors de notre espèce, de notre règne, de notre terre et les commande. Tous, et Ubu, procèdent de cette incohérence scientifiquement fondée, de cette logique hallucinée, de cette « fusion d'une mathématique inexorable avec un geste humain » par quoi Jarry définissait le Beau.*

Entre le déjà là de la sphère ubique et la tentation de l'absolu qui meut Emmanuel Dieu (dans L'Amour absolu*), le Surmâle, Messaline, Erbrand de Sacqueville (dans* La Dragonne*), il y a toute la volonté d'atteindre ce qu'Ubu est de tout temps et de façon primordiale. L'œuvre non ubique de Jarry est peut-être l'effort désespéré d'égaler autrement la perfection inégalable d'Ubu. Ce sont là tentatives dont on meurt — et la suite le prouva.*

*

Dans César-Antechrist, *entre « l'Acte prologal »
où l'Antechrist surgit, et le postacte qui fait se lever
les morts et les convie au Jugement, Ubu affirme sa
présence, et occupe le lieu central d'un texte qui
nous est redonné à lire avec* Ubu roi *(« l'Acte
terrestre » où il apparaît porte ce sous-titre). Mais
on apprend plus tard par les* Gestes et opinions du
docteur Faustroll, pataphysicien, *que le Père Ubu
est l'auteur de* César-Antechrist. *On comprend
mieux pourquoi le personnage d'Ubu est le centre
du drame, en même temps que le centre de tout
drame. Il est le seul humain* possible car, *s'il est de
ce monde, il est aussi tout ce monde   tout en étant
également, c'est là sa grande force ou sa suprême
ironie, l'un seulement des acteurs. Si dans* Faustroll, *fréquemment   pour ne pas dire toujours
l'œuvre (l'acte) constitue le paysage, dans* César-
Antechrist *où tout est par blason (décor et personnages), c'est le décor même qui produit l'action et,
mieux encore, parle. Ubu est bien une « abstraction
qui marche ».*

*Et la re-présentation de l'absolu : personnage
d'un texte qui l'englobe, il l'englobe à son tour en se
révélant l'auteur de son propre personnage, et ainsi
de tous les autres. Inverse du* Monsieur Teste *de
Valéry, il ne cherche nullement à « tuer la marionnette » mais se contente d'être pantin parmi les
pantins, sûr qu'il est, en définitive, de tirer les fils
et de pouvoir s'enfuir à temps, à l'intérieur de sa
gidouille.*

Ubu, roi de ce monde et, jusqu'à plus ample

informé, des autres, rassemble tout ce qui est en sa rotondité (laquelle est grosse alors de tous les possibles, les étant) et il donne de notre univers, à l'instar de Lichtenberg, l'image d'une sphère sans circonférence à laquelle il manque le centre.

*

« Si Jarry n'écrit pas demain qu'il s'est moqué de nous, il ne s'en relèvera pas », écrit Jules Renard dans son Journal, à la date du 10 décembre 1896. Et Jarry ne s'en relèvera pas, en effet! mais précisément parce qu'il n'a pas écrit ce à quoi l'invitait Jules Renard. A partir de cette représentation trop fameuse d'Ubu roi, Jarry va devenir Ubu. A la fin de sa vie, en 1906, n'écrira-t-il pas à Rachilde : « Le Père Ubu va mourir...»? A la lecture de cette lettre qui précède d'un peu plus d'un an sa mort « réelle », on saisit dans toute sa cruelle nudité combien, à porter un masque, on risque bientôt de faire corps avec lui. Dirons-nous qu'Ubu poursuit Jarry? Nous le dirions si Jarry n'en avait, selon toute apparence, pris son parti, s'il ne se prêtait lui-même, bon gré mal gré, à ce jeu. On aime à le voir jouer au Père Ubu, à l'entendre parler Ubu; lui si poli, si délicat, on le convie à dîner pour l'entendre proférer des incongruités et, quand il s'en garde, on est déçu : ce n'est donc que ça, Alfred Jarry, ce petit homme qui n'ose même pas crier « merdre » quand la maîtresse de maison apporte le gigot?! Il n'est guère que l'identification d'Henri Monnier avec son personnage de Monsieur Prudhomme qui lui soit comparable. Jarry put bien publier d'aussi admirables pages que celles de Les

Jours et les Nuits, L'Amour absolu, Le Surmâle, Messaline, La Dragonne, *pour tous et pour le dictionnaire il reste l'auteur d'*Ubu roi, *il est* Ubu. *C'est de cette date que naît une légende, qu'Ubu devient un mythe vivant, et Jarry un mort en sursis dont il est miraculeux que, vraiment mort, on ne l'ait pas mis en bière avec sa marionnette dans les bras.*

*Il lui faudra alimenter ce mythe et s'en alimenter — car l'existence de Jarry deviendra d'année en année moins assurée. Il écrit donc successivement, remaniées à partir de textes remontant à l'époque rennaise, les deux pièces d'*Ubu enchaîné, *cette « contrepartie » d'*Ubu roi, *et d'*Ubu cocu *(qui fut publié posthume). Bien plus, Jarry rédige, en 1899 et 1901, à l'instar de son maître Rabelais, deux* Almanachs *(le second avec la collaboration excellente de Fagus et, médiocre, d'Ambroise Vollard) pleins de connaissances utiles et inutiles, lesquelles voisinent avec un calendrier qui ne fit pas date en son temps mais est le seul que pratiquent aujourd'hui les pataphysiciens et des saynètes qui montrent dans leurs agitations dérisoires quelques grands hommes, et d'autres moindres, ou depuis oubliés, restitués à leur plus estimable état d'ubucules.*

En somme, et quoi qu'on dise, l'œuvre de Jarry s'est construite grâce à la gloire qu'Ubu lui apporta, même s'il fallut, très tôt, se battre contre cette renommée. Osons même avouer que cette œuvre serait peut-être restée passablement ignorée si Ubu n'avait, au cours des décennies, attiré sur elle l'attention de quelques esprits agiles (rappelons que c'est à Ubu que ces parfaits connaisseurs de l'œuvre d'Alfred Jarry que sont les membres du Collège de 'Pataphysique consacrèrent leur premier numéro spécial).

*

Enfin, vingt-cinq ans après la création d'Ubu roi, Chassé naît à l'ubuisme!

En dépit de tout et de nous-même, nous soutiendrons que l'action de Charles Chassé fut bénéfique. Cet universitaire breton, ancien élève du lycée de Rennes, s'emploie dans les années 1920 à collecter témoignages et documents tendant à accréditer l'idée que Jarry n'est pas l'auteur d'Ubu roi. Dans ce but, il recherche la trace des deux frères Morin, et les retrouve encore vivants, l'aîné bien abîmé, tonitruant, vindicatif, le cadet Henri qui reste pudiquement invisible et se borne à écrire ses témoignages et interprétations. Grâce à Chassé, et même si ses renseignements sont souvent trop imprécis, même si son livre est entaché d'approximations ou de jugements hâtifs sur la période symboliste, nous possédons les témoignages de ceux qu'il faut bien, jusqu'à preuve du contraire, considérer comme les premiers auteurs des Polonais qui deviendront Ubu roi. Nous irons plus loin dans notre hommage à l'auteur de Les Sources d'Ubu roi : jusqu'à la création du Collège de 'Pataphysique en 1950, il n'existait rien de vraiment sérieux sur Jarry et Ubu, en dehors des documents livrés par Chassé dans sa frénésie antijarryque, antiubique et antisymboliste.

*

*Puisque aussi bien elle est consubstantielle à
Ubu, il nous faut dire deux mots de cette science, la
'Pataphysique, qui est la Science. La lettre d'Henri
Morin à Charles Chassé, publiée dans nos documents, nous apprend que, dès le lycée, Jarry
développait la théorie de l'égalité des contraires. Ce
n'est guère étonnant. Cette doctrine qui, à bien des
égards (et dans tous les sens de ce mot), est
insaisissable, illumine l'œuvre de Jarry. Mais que
l'on ne se méprenne pas : Jarry n'a jamais écrit
que le vrai et le faux sont la même chose — ce qui
ne voudrait rien dire — mais bien que d'un certain
point de vue, qui ne peut être nôtre, étant seul
réservé au pataphysicien suprême (entendons :
Faustroll), cela est égal. Il nous est en effet
impossible de concevoir du vrai sans qu'il y ait du
faux, et affirmer qu'on peut être dans le vrai,
sphériquement parlant (ce qui seul importe),
reviendrait à dire que l'on est Dieu. Or, ne l'étant
jamais, on ne fait, comme on sait, que tendre à
l'être, ne serait-ce que pour être homme un peu —
car on ne peut l'être totalement, sinon l'on serait
Dieu également.*

*L'identité des contraires n'est donc ni un orne-
ment du discours ni un aspect superficiel du texte
jarryque, c'est avant tout une expression qui prête à
confusion. Le retour du balancier, comme le
retournement du sablier qui clôt les Minutes,
n'implique pas l'identité de toute chose, ce qui ne
serait qu'orientalement mystique, mais affirme
simplement l'impossibilité de définir le lieu où le*

Plus et le *Moins* s'engendrent. Jarry, d'instinct, exacerba la question qui reste sans réponse. Mais Jarry attendait-il une réponse? « Il n'y a pas de solution parce qu'il n'y a pas de problème » (Duchamp).

En vérité, le seul commentaire possible d'Ubu, c'est l'œuvre tout entière de Jarry, mais surtout — et ce serait suffisant — cette œuvre unique qu'est César-Antechrist. L'erreur de tous les éditeurs est de vouloir « autonomiser » Ubu. Avec, pour conséquence inévitable, cette erreur plus grave de faire d'Ubu une « satire », satire de l'un, satire de l'autre, selon le temps, les mœurs, les régimes et ce qu'il est convenu d'appeler les opinions. Cette erreur, les contemporains ne manquèrent pas de la commettre, à deux ou trois exceptions près dont l'inattendu Catulle Mendès. Il est consternant qu'elle se perpétue aujourd'hui, alors que nous avons aiguisé nos méthodes de lecture. Toute approche d'Ubu par la psychanalyse, par la socio-critique, par la linguistique, ne peut vraiment, hors César-Antechrist, que tourner autour d'Ubu, arracher quelques lambeaux de sa capeline.

Une psychanalyse d'Ubu roi a été tentée naguère, avec un succès des plus médiocres, en un temps où la « psychocritique » était bien loin de disposer des outils qui sont les siens aujourd'hui. Mais aboutirions-nous maintenant par la psychanalyse du texte d'Ubu roi et d'Ubu cocu — qui sont œuvres collectives, nées des fantasmes de plusieurs générations de lycéens — ou d'Ubu enchaîné — qui conserve, quoique atténués, maints éléments potachiques, à éclairer notre lanterne? Rien n'est moins sûr. (Fagus définissait, au début du siècle, Ubu

*comme une « autobiographie collective », mais il
songeait plus sans doute à une autobiographie de la
société tout entière qu'à celle des lycéens pervers qui
avaient fabriqué et empli d'eux-mêmes le fabuleux
et démiurgique Sagouin.) En revanche, il y aurait
sans doute profit à analyser Ubu dans l'œuvre
globale de Jarry. Pourquoi Jarry s'est-il approprié
Ubu qui n'était pas de lui, qui n'était pas lui?
Observer — en se fondant sur les témoignages
parfois contradictoires, des deux principaux co-
auteurs de la geste, les frères Charles et Henri
Morin — que Jarry y a instillé une dose de
sexualité absente des élucubrations originelles, qu'il
a haussé le texte du scatologique à l'érotique, trouver
preuve de cet infléchissement dans la transformation de certains mots (ainsi des Salopins aux
Palotins), c'est bien (et les études linguistiques ne
sont pas vaines); il demeure que les situations
ubiques et l'attirail de tortures du Père Ubu
existaient, tels quels, dans les premiers écrits de
Rennes; l'action personnelle de Jarry sur quelques
mots du texte initial n'a fait que rendre plus
évidentes des pulsions enfantines et puis adoles-
centes décelables avant même ce travail de réécriture.
Au demeurant, certains mots qui assurent, dit-on, le
lien — voire la confusion — du sexe et de la merdre
(ainsi cornegidouille) sont attestés dès l'aube hébertique. Enfin, le sexe traverse et meut tout Ubu cocu,
ce sexe fût-il connu de Jarry par des tas de
bouquins où il était traité avec une précision
médicale (voir dans nos documents la lettre d'Henri
Morin) et totalement ignoré, cher innocent, dudit
Henri Morin. On remarquera que le sexe (vu par
des « enfants » de quinze ou seize ans) marque sa*

*présence avec beaucoup plus d'insistance dans les premières versions rennaises d'*Ubu cocu *(auxquelles contribua Henri Morin) que dans le texte remanié par Jarry adulte à l'intention de la scène de l'*Œuvre *(voir notre notice relative à* Ubu cocu*).*

De plus, quel que soit l'intérêt — et il n'est pas mince — des études du lexique des Ubus, et nous ne pouvons mieux faire que de renvoyer à l'ouvrage de Michel Arrivé : Les Langages de Jarry *(il s'agit surtout du langage des Ubus), la question essentielle, pour nous, reste ouverte qui est de savoir ou pour mieux dire de comprendre, pourquoi Jarry a fait d'Ubu un personnage* littéraire *et pourquoi il le fait intervenir très volontairement et d'abord dans des œuvres nullement « satiriques » mais intensément poétiques comme* Les Minutes de sable mémorial *et dans* César-Antechrist, *machinerie dramatique somptueuse, jamais jouée de son temps et pas davantage de nos jours.*

L'œuvre de Jarry est un parfait modèle d'intertextualité; elle répond à toutes les définitions — fort variées — de ce concept, un des plus riches mis en valeur ces dernières décennies; pour retenir un unique aspect du phénomène, on remarquera l'incessante réutilisation des débris, scories et braises s'alimentant à l'inextinguible foyer d'Ubu dont l'ombilic symbolise l'éternelle création des mondes. Ubu est une œuvre littéraire *— et voulue telle par Jarry — parce qu'elle est productrice de littérature. Ubu œuvre littéraire, Ubu personnage littéraire et — mieux encore — auteur d'une œuvre littéraire (notre agnosticisme nous retient d'affirmer de toute œuvre littéraire), l'écrivain Jarry, un des plus purs et savants écrivains de son siècle, s'identifiera à lui* *comme on l'a dit cent fois (mais les témoignages, la biographie corroborent l'œuvre elle-même). Ubu sera aussi pour lui le suprême refuge devant l'indifférence, l'incompréhension, l'adversité. Littérairement (histoire littéraire), il y a quelque justesse à observer qu'Ubu a dissimulé tout le « reste » de l'œuvre de Jarry, reste immense qu'Ubu éclaire mais sans qui Ubu n'est rien. Risquant de tuer d'un coup de revolver le sculpteur Manolo, le Père Ubu (car cette défroque colle désormais à la peau de Jarry) conclura : « N'est-ce pas que c'était beau comme littérature? »*

Ubu c'est ce personnage lâché sur une scène de théâtre parce qu'il a été imaginé pour elle, rebâtissant le théâtre à son goût et selon sa souveraine décision, parce qu'il n'est que théâtre, étant tout le théâtre. On n'a donc pas reproduit ici — les exigences de l'édition aidant — les deux Almanachs du Père Ubu, *non parce que le texte en est moins bon — ce qui ne signifierait rien — non parce que nous n'avions rien à en dire — c'est même tout le contraire! — mais parce qu'il nous a semblé préférable de garder à la personne d'Ubu toute sa force qui atteint son acmé dans les pièces qu'il honore de sa présence et dirige lui-même sans partage. Les* Almanachs, *dans lesquels Jarry, comme dans ses* Gestes *et dans ses* Spéculations, *analyse les choses du temps à la lumière verte de la 'Pataphysique, seront regrettés peut-être. Nous n'avons pas prétendu donner ici* Tout Ubu, *comme l'a remarquablement fait Maurice Saillet naguère. Il suffisait à notre tâche — que nous respections tout de même assez pour tenter de découvrir un peu*

de neuf — de laisser le Gros Bonhomme s'ébattre
sur la scène, et mettre le théâtre dans tous ses états,
les siens. A lui de parler.

Noël Arnaud,
Henri Bordillon.

AVERTISSEMENT

Nous avons adopté l'ordre le plus simple de publication, si simple qu'il peut paraître inhabituel.

D'abord, sont donnés les textes définitifs de la trilogie ubique : *Ubu roi, Ubu cocu, Ubu enchaîné*, suivis d'*Ubu sur la Butte*.

Nous rejetons en seconde partie tous les textes d'Alfred Jarry procédant de ces quatre écrits cardinaux.

Dans un dossier, qui termine le volume, sont rassemblés témoignages, correspondance, documents et toutes les notices et notes que peuvent appeler les deux premières parties du livre et les pièces mêmes du dossier.

Nous avons recherché la clarté. Qu'Ubu fasse qu'elle ne soit pas à son tour aveuglante!

Véritable Portrait de Monsieur Ubu

(*dans l'édition originale d'Ubu roi,
éditions du Mercure de France, 1896*).

Ubu roi

Ubu roi *a été représenté au Théâtre de l'Œuvre (10 décembre 1896), avec le concours de* Mmes Louise France (*Mère Ubu*) *et* Irma Perrot (*la Reine Rosemonde); de MM.* Gémier (*Père Ubu*), Dujeu (*le Roi Venceslas*), Nolot (*le Czar*), G. Flandre (*Capitaine Bordure*), Buteaux, Charley, Séverin-Mars, Lugné-Poe, Verse, Dally, Ducaté, Carpentier, Michelez, *etc. — aux Pantins (janvier-février 1898)* [1].

CE DRAME EST DÉDIÉ[2]

A

MARCEL SCHWOB

> *Adonc le Père Ubu hoscha la poire, dont fut depuis nommé par les Anglois Shakespeare, et avez de lui sous ce nom maintes belles tragœdies par escript.*

PERSONNAGES

PÈRE UBU [3].

MÈRE UBU.

CAPITAINE BORDURE [4].

LE ROI VENCESLAS [5].

LA REINE ROSEMONDE [6].

BOLESLAS..
LADISLAS... } leurs fils
BOUGRELAS

LES OMBRES DES ANCÊTRES.

LE GÉNÉRAL LASCY [7].

STANISLAS LECZINSKI [8].

JEAN SOBIESKI [9].

NICOLAS RENSKY.

L'EMPEREUR ALEXIS [10].

GIRON.
PILE... } Palotins.
COTICE.

CONJURÉS ET SOLDATS.

PEUPLE.

MICHEL FÉDÉROVITCH.

NOBLES.

MAGISTRATS.

CONSEILLERS.

FINANCIERS.

LARBINS DE PHYNANCES.

PAYSANS.

TOUTE L'ARMÉE RUSSE.

TOUTE L'ARMÉE POLONAISE.

LES GARDES DE LA MÈRE UBU.

UN CAPITAINE.

L'OURS.

LE CHEVAL A PHYNANCES.

LA MACHINE A DÉCERVELER.

L'ÉQUIPAGE.

LE COMMANDANT.

ACTE PREMIER

SCÈNE PREMIÈRE

PÈRE UBU, MÈRE UBU

PÈRE UBU

Merdre [11].

MÈRE UBU

Oh! voilà du joli, Père Ubu, vous estes un fort grand voyou.

PÈRE UBU

Que ne vous assom'je, Mère Ubu!

MÈRE UBU

Ce n'est pas moi, Père Ubu, c'est un autre qu'il faudrait assassiner.

PÈRE UBU

De par ma chandelle verte, je ne comprends pas.

MÈRE UBU

Comment, Père Ubu, vous estes content de votre sort?

PÈRE UBU

De par ma chandelle verte, merdre, madame, certes oui, je suis content. On le serait à moins : capitaine de dragons, officier de confiance du roi Venceslas, décoré de l'ordre de l'Aigle Rouge de Pologne et ancien roi d'Aragon, que voulez-vous de mieux?

MÈRE UBU

Comment! après avoir été roi d'Aragon vous vous contentez de mener aux revues une cinquantaine d'estafiers armés de coupe-choux, quand vous pourriez faire succéder sur votre fiole la couronne de Pologne à celle d'Aragon?

PÈRE UBU

Ah! Mère Ubu, je ne comprends rien de ce que tu dis.

MÈRE UBU

Tu es si bête!

PÈRE UBU

De par ma chandelle verte, le roi Venceslas est encore bien vivant; et même en admettant qu'il meure, n'a-t-il pas des légions d'enfants?

MÈRE UBU

Qui t'empêche de massacrer toute la famille et de te mettre à leur place?

PÈRE UBU

Ah! Mère Ubu, vous me faites injure et vous allez passer tout à l'heure par la casserole.

MÈRE UBU

Eh! pauvre malheureux, si je passais par la casserole, qui te raccommoderait tes fonds de culotte?

PÈRE UBU

Eh vraiment! et puis après? N'ai-je pas un cul comme les autres?

MÈRE UBU

A ta place, ce cul, je voudrais l'installer sur un trône. Tu pourrais augmenter indéfiniment tes richesses, manger fort souvent de l'andouille et rouler carrosse par les rues.

PÈRE UBU

Si j'étais roi, je me ferais construire une grande capeline comme celle que j'avais en Aragon et que ces gredins d'Espagnols m'ont impudemment volée [12].

MÈRE UBU

Tu pourrais aussi te procurer un parapluie et un grand caban qui te tomberait sur les talons.

PÈRE UBU

Ah! je cède à la tentation. Bougre de merdre, merdre de bougre, si jamais je le rencontre au coin d'un bois, il passera un mauvais quart d'heure.

MÈRE UBU

Ah! bien, Père Ubu, te voilà devenu un véritable homme.

PÈRE UBU

Oh non! moi, capitaine de dragons, massacrer le roi de Pologne! plutôt mourir!

MÈRE UBU, *à part.*

Oh! merdre! *(Haut.)* Ainsi tu vas rester gueux comme un rat, Père Ubu.

PÈRE UBU

Ventrebleu, de par ma chandelle verte, j'aime mieux être gueux comme un maigre et brave rat que riche comme un méchant et gras chat.

MÈRE UBU

Et la capeline? et le parapluie? et le grand caban?

PÈRE UBU

Eh bien, après, Mère Ubu? *(Il s'en va en claquant la porte.)*

MÈRE UBU, *seule.*

Vrout, merdre, il a été dur à la détente, mais vrout, merdre, je crois pourtant l'avoir ébranlé. Grâce à Dieu et à moi-même, peut-être dans huit jours serai-je reine de Pologne.

SCÈNE II

La scène représente une chambre de la maison du
Père Ubu où une table splendide est dressée.

PÈRE UBU, MÈRE UBU

MÈRE UBU

Eh! nos invités sont bien en retard.

PÈRE UBU

Oui, de par ma chandelle verte. Je crève de
faim. Mère Ubu, tu es bien laide aujourd'hui.
Est-ce parce que nous avons du monde?

MÈRE UBU, *haussant les épaules.*

Merdre.

PÈRE UBU, *saisissant un poulet rôti.*

Tiens, j'ai faim. Je vais mordre dans cet
oiseau. C'est un poulet, je crois. Il n'est pas
mauvais.

MÈRE UBU

Que fais-tu, malheureux? Que mangeront nos
invités?

PÈRE UBU

Ils en auront encore bien assez. Je ne toucherai
plus à rien. Mère Ubu, va donc voir à la fenêtre si
nos invités arrivent.

MÈRE UBU, *y allant.*

Je ne vois rien. *(Pendant ce temps* le Père Ubu
dérobe une rouelle de veau.)

MÈRE UBU

Ah! voilà le capitaine Bordure et ses partisans
qui arrivent. Que manges-tu donc, Père Ubu?

PÈRE UBU

Rien, un peu de veau.

MÈRE UBU

Ah! le veau! le veau! veau! Il a mangé le veau!
Au secours!

PÈRE UBU

De par ma chandelle verte, je te vais arracher les yeux.

La porte s'ouvre.

SCÈNE III

PÈRE UBU, MÈRE UBU, CAPITAINE BORDURE *et ses
partisans.*

MÈRE UBU

Bonjour, messieurs, nous vous attendons avec
impatience. Asseyez-vous.

CAPITAINE BORDURE

Bonjour, madame. Mais où est donc le Père
Ubu?

PÈRE UBU

Me voilà! me voilà! Sapristi, de par ma chandelle verte, je suis pourtant assez gros.

CAPITAINE BORDURE

Bonjour, Père Ubu. Asseyez-vous, mes hommes. *(Ils s'asseyent tous.)*

PÈRE UBU

Ouf, un peu plus, j'enfonçais ma chaise.

CAPITAINE BORDURE

Eh! Mère Ubu! que nous donnez-vous de bon aujourd'hui?

MÈRE UBU

Voici le menu.

PÈRE UBU

Oh! ceci m'intéresse.

MÈRE UBU

Soupe polonaise, côtes de rastron [13], veau, poulet, pâté de chien, croupions de dinde, charlotte russe...

PÈRE UBU

Eh! en voilà assez, je suppose. Y en a-t-il encore?

MÈRE UBU, *continuant.*

Bombe, salade, fruits, dessert, bouilli, topinambours, choux-fleurs à la merdre.

PÈRE UBU

Eh! me crois-tu empereur d'Orient pour faire de telles dépenses?

MÈRE UBU

Ne l'écoutez pas, il est imbécile.

PÈRE UBU

Ah! je vais aiguiser mes dents contre vos mollets.

MÈRE UBU

Dîne plutôt, Père Ubu. Voilà de la polonaise.

PÈRE UBU

Bougre, que c'est mauvais.

CAPITAINE BORDURE

Ce n'est pas bon, en effet.

MÈRE UBU

Tas d'Arabes, que vous faut-il?

PÈRE UBU, *se frappant le front*.

Oh! j'ai une idée. Je vais revenir tout à l'heure. *Il s'en va.)*

MÈRE UBU

Messieurs, nous allons goûter du veau.

CAPITAINE BORDURE

Il est très bon, j'ai fini.

MÈRE UBU

Aux croupions, maintenant.

CAPITAINE BORDURE

Exquis, exquis! Vive la mère Ubu.

TOUS

Vive la mère Ubu.

PÈRE UBU, *rentrant.*

Et vous allez bientôt crier vive le Père Ubu.
(Il tient un balai innommable[14] *à la main et le
lance sur le festin.)*

MÈRE UBU

Misérable, que fais-tu?

PÈRE UBU

Goûtez un peu. *(Plusieurs goûtent et tombent
empoisonnés.)*

PÈRE UBU

Mère Ubu, passe-moi les côtelettes de rastron,
que je serve.

MÈRE UBU

Les voici.

PÈRE UBU

A la porte tout le monde! Capitaine Bordure,
j'ai à vous parler.

LES AUTRES

Eh! nous n'avons pas dîné.

PÈRE UBU

Comment, vous n'avez pas dîné! A la porte

tout le monde! Restez, Bordure. *(Personne ne bouge.)*

PÈRE UBU

Vous n'êtes pas partis? <u>De par ma chandelle verte,</u> je vais vous assommer de côtes de rastron. *(Il commence à en jeter.)*

TOUS

Oh! Aïe! Au secours! Défendons-nous! malheur! je suis mort!

PÈRE UBU

<u>Merdre, merdre, merdre.</u> A la porte! je fais mon effet.

TOUS

<u>Sauve qui peut! Misérable Père Ubu! traître et gueux voyou!</u>

PÈRE UBU

Ah! les voilà partis. Je respire, mais j'ai fort mal dîné. Venez, Bordure. *(Ils sortent avec la Mère Ubu.)*

SCÈNE IV

PÈRE UBU, MÈRE UBU, CAPITAINE BORDURE

PÈRE UBU

Eh bien, capitaine, avez-vous bien dîné?

CAPITAINE BORDURE

Fort bien, monsieur, sauf la <u>merdre</u>.

PÈRE UBU

Eh! la <u>merdre</u> n'était pas mauvaise.

MÈRE UBU

Chacun son goût.

PÈRE UBU

Capitaine Bordure, je suis décidé a vous faire duc de Lithuanie.

CAPITAINE BORDURE

Comment, je vous croyais fort gueux, Père Ubu.

PÈRE UBU

Dans quelques jours, si vous voulez, je règne en Pologne.

CAPITAINE BORDURE

Vous allez tuer Venceslas?

PÈRE UBU

Il n'est pas bête, ce bougre, il a deviné.

CAPITAINE BORDURE

S'il s'agit de tuer Venceslas, j'en suis. Je suis son mortel ennemi et je réponds de mes hommes.

PÈRE UBU,
se jetant sur lui pour l'embrasser.

Oh! Oh! je vous aime beaucoup, Bordure.

CAPITAINE BORDURE

Eh! vous empestez, Père Ubu. Vous ne vous lavez donc jamais?

PÈRE UBU

Rarement.

MÈRE UBU

Jamais!

PÈRE UBU

Je vais te marcher sur les pieds.

MÈRE UBU

Grosse merdre!

PÈRE UBU

Allez, Bordure, j'en ai fini avec vous. Mais par ma chandelle verte, je jure sur la Mère Ubu de vous faire duc de Lithuanie.

MÈRE UBU

Mais...

PÈRE UBU

Tais-toi, ma douce enfant.

Ils sortent.

SCÈNE V

PÈRE UBU

Monsieur, que voulez-vous? fichez le camp,
vous me fatiguez.

LE MESSAGER

Monsieur, vous êtes appelé de par le roi.

Il sort.

PÈRE UBU

Oh! merdre, jarnicotonbleu [15], de par ma chandelle verte, je suis découvert, je vais être décapité! hélas! hélas!!

MÈRE UBU

Quel homme mou! et le temps presse.

PÈRE UBU

Oh! j'ai une idée: je dirai que c'est la
Mère Ubu et Bordure.

MÈRE UBU

Ah! gros P. U., si tu fais ça...

PÈRE UBU

Eh! j'y vais de ce pas.

Il sort.

MÈRE UBU, *courant après lui.*

Oh! Père Ubu, Père Ubu, je te donnerai de l'andouille.

Elle sort.

PÈRE UBU, *dans la coulisse.*

Oh! merdre! tu en es une fière, d'andouille.

SCÈNE VI

Le palais du roi.

LE ROI VENCESLAS, *entouré de ses officiers;* BORDURE; *les fils du roi,* BOLESLAS, LADISLAS *et* BOUGRELAS. *Puis* LE PÈRE UBU.

PÈRE UBU, *entrant.*

Oh! vous savez, ce n'est pas moi, c'est la Mère Ubu et Bordure.

LE ROI

Qu'as-tu, Père Ubu?

BORDURE

Il a trop bu.

LE ROI

Comme moi ce matin.

PÈRE UBU

Oui, je suis saoul, c'est parce que j'ai bu trop de vin de France.

LE ROI

Père Ubu, je tiens à récompenser tes nombreux services comme capitaine de dragons, et je te fais aujourd'hui comte de Sandomir.

PÈRE UBU

O monsieur Venceslas, je ne sais comment vous remercier.

LE ROI

Ne me remercie pas, Père Ubu, et trouve-toi demain matin à la grande revue.

PÈRE UBU

J'y serai, mais acceptez, de grâce, ce petit mirliton.

> *Il présente au roi un mirliton.*

LE ROI

Que veux-tu à mon âge que je fasse d'un mirliton? Je le donnerai à Bougrelas.

LE JEUNE BOUGRELAS

Est-il bête, ce père Ubu.

PÈRE UBU

Et maintenant, je vais foutre le camp. *(Il tombe en se retournant.)* Oh! aïe! au secours! De par ma chandelle verte, je me suis rompu l'intestin et crevé la bouzine [16]!

LE ROI, *le relevant.*

Père Ubu, vous estes-vous fait mal?

PÈRE UBU

Oui certes, et je vais sûrement crever. Que
deviendra la Mère Ubu?

LE ROI

Nous pourvoirons à son entretien.

PÈRE UBU

Vous avez bien de la bonté de reste. *(Il sort.)*
Oui, mais, roi Venceslas, tu n'en seras pas moins
massacré.

SCÈNE VII

La maison du Père Ubu.

GIRON, PILE, COTICE, PÈRE UBU, MÈRE UBU,
Conjurés et Soldats, CAPITAINE BORDURE

PÈRE UBU

Eh! mes bons amis, il est grand temps d'arrêter le plan de la conspiration. Que chacun donne
son avis. Je vais d'abord donner le mien, si vous
le permettez.

CAPITAINE BORDURE

Parlez, Père Ubu.

PÈRE UBU

Eh bien, mes amis, je suis d'avis d'empoison-
ner simplement le roi en lui fourrant de l'arsenic

dans son déjeuner. Quand il voudra le brouter il tombera mort, et ainsi je serai roi.

TOUS

Fi, le sagouin!

PÈRE UBU

Eh quoi, cela ne vous plaît pas? Alors que Bordure donne son avis.

CAPITAINE BORDURE

Moi, je suis d'avis de lui ficher un grand coup d'épée qui le fendra de la tête à la ceinture [17].

TOUS

Oui! voilà qui est noble et vaillant.

PÈRE UBU

Et s'il vous donne des coups de pied? Je me rappelle maintenant qu'il a pour les revues des souliers de fer qui font très mal. Si je savais, je filerais vous dénoncer pour me tirer de cette sale affaire, et je pense qu'il me donnerait aussi de la monnaie.

MÈRE UBU

Oh! le traître, le lâche, le vilain et plat ladre.

TOUS

Conspuez le Père Ubu!

PÈRE UBU

Hé, messieurs, tenez-vous tranquilles si vous ne voulez visiter mes poches. Enfin je consens à m'exposer pour vous. De la sorte, Bordure, tu te charges de pourfendre le roi.

CAPITAINE BORDURE

Ne vaudrait-il pas mieux nous jeter tous à la fois sur lui en braillant et gueulant? Nous aurions chance ainsi d'entraîner les troupes.

PÈRE UBU

Alors, voilà. Je tâcherai de lui marcher sur les pieds, il regimbera, alors je lui dirai : <u>MERDRE</u>, et à ce signal vous vous jetterez sur lui.

MÈRE UBU

Oui, et dès qu'il sera mort tu prendras son sceptre et sa couronne.

CAPITAINE BORDURE

Et je courrai avec mes hommes à la poursuite de la famille royale.

PÈRE UBU

Oui, et je te recommande spécialement le jeune Bougrelas.

Ils sortent.

PÈRE UBU, *courant après et les faisant revenir.*

Messieurs, nous avons oublié une cérémonie indispensable, il faut jurer de nous escrimer vaillamment.

CAPITAINE BORDURE

Et comment faire? Nous n'avons pas de prêtre.

PÈRE UBU

La Mère Ubu va en tenir lieu.

TOUS

Eh bien, soit.

PÈRE UBU

Ainsi vous jurez de bien tuer le roi?

TOUS

Oui, nous le jurons. Vive le Père Ubu!

FIN DU PREMIER ACTE

ACTE II

SCÈNE PREMIÈRE

Le palais du roi.

VENCESLAS, LA REINE ROSEMONDE, BOLESLAS, LADISLAS *et* BOUGRELAS

LE ROI

Monsieur Bougrelas, vous avez été ce matin fort impertinent avec Monsieur Ubu, chevalier de mes ordres et comte de Sandomir [18]. C'est pourquoi je vous défends de paraître à ma revue.

LA REINE

Cependant, Venceslas, vous n'auriez pas trop de toute votre famille pour vous défendre.

LE ROI

Madame, je ne reviens jamais sur ce que j'ai dit. Vous me fatiguez avec vos sornettes.

LE JEUNE BOUGRELAS

Je me soumets, monsieur mon père.

LA REINE

Enfin, sire, êtes-vous toujours décidé à aller à cette revue?

LE ROI

Pourquoi non, madame?

LA REINE

Mais, encore une fois, ne l'ai-je pas vu en songe vous frappant de sa masse d'armes et vous jetant dans la Vistule, et un aigle comme celui qui figure dans les armes de Pologne lui plaçant la couronne sur la tête?

LE ROI

A qui?

LA REINE

Au Père Ubu.

LE ROI

Quelle folie. Monsieur de Ubu est un fort bon gentilhomme, qui se ferait tirer à quatre chevaux pour mon service.

LA REINE ET BOUGRELAS

Quelle erreur.

LE ROI

Taisez-vous, jeune sagouin. Et vous, madame, pour vous prouver combien je crains peu Monsieur Ubu, je vais aller à la revue comme je suis, sans arme et sans épée.

LA REINE

Fatale imprudence, je ne vous reverrai pas
vivant.

LE ROI

Venez, Ladislas, venez, Boleslas.

> *(Ils sortent.* La Reine *et* Bougrelas *vont à
> la fenêtre.)*

LA REINE ET BOUGRELAS

Que Dieu et le grand saint Nicolas vous
gardent.

LA REINE

Bougrelas, venez dans la chapelle avec moi
prier pour votre père et vos frères.

SCÈNE II

Le champ des revues.

L'armée polonaise, LE ROI, BOLESLAS, LADISLAS,
PÈRE UBU, CAPITAINE BORDURE *et ses hommes,*
GIRON, PILE, COTICE

LE ROI

Noble Père Ubu, venez près de moi avec votre
suite pour inspecter les troupes.

PÈRE UBU, *aux siens*.

Attention, vous autres. *(Au Roi.)* On y va, monsieur, on y va. *(Les hommes du Père Ubu entourent le Roi.)*

LE ROI

Ah! voici le régiment des gardes à cheval de Dantzick. Ils sont fort beaux, ma foi.

PÈRE UBU

Vous trouvez? Ils me paraissent misérables. Regardez celui-ci. *(Au soldat.)* Depuis combien de temps ne t'es-tu débarbouillé, ignoble drôle?

LE ROI

Mais ce soldat est fort propre. Qu'avez-vous donc, Père Ubu?

PÈRE UBU

Voilà! *(Il lui écrase le pied.)*

LE ROI

Misérable!

PÈRE UBU

MERDRE. A moi, mes hommes!

BORDURE

Hurrah! en avant! *(Tous frappent le Roi, un Palotin explose.)*

LE ROI

Oh! au secours! Sainte Vierge, je suis mort.

BOLESLAS, *à Ladislas.*

Qu'est-ce là? Dégaînons [19]

PÈRE UBU

Ah! j'ai la couronne! Aux autres, maintenant.

CAPITAINE BORDURE

Sus aux traîtres!! *(Les fils du Roi s'enfuient,
tous les poursuivent.)*

SCÈNE III

LA REINE *et* BOUGRELAS

LA REINE

Enfin, je commence à me rassurer.

BOUGRELAS

Vous n'avez aucun sujet de crainte.

*Une effroyable clameur se fait entendre au
dehors.*

BOUGRELAS

Ah! que vois-je? Mes deux frères poursuivis
par le Père Ubu et ses hommes.

LA REINE

O mon Dieu! Sainte Vierge, ils perdent, ils
perdent du terrain!

BOUGRELAS

Toute l'armée suit le Père Ubu. Le Roi n'est plus là. Horreur! Au secours!

LA REINE

Voilà Boleslas mort! Il a reçu une balle.

BOUGRELAS

Eh! *(Ladislas se retourne.)* Défends-toi! Hurrah, Ladislas.

LA REINE

Oh! Il est entouré.

BOUGRELAS

C'en est fait de lui. Bordure vient de le couper en deux comme une saucisse.

LA REINE

Ah! Hélas! Ces furieux pénètrent dans le palais, ils montent l'escalier.

La clameur augmente.

LA REINE ET BOUGRELAS, *à genoux.*

Mon Dieu, défendez-nous.

BOUGRELAS

Oh! ce Père Ubu! le coquin, le misérable, si je le tenais...

SCÈNE IV

LES MÊMES, *la porte est défoncée*, LE PÈRE UBU
et les forcenés pénètrent.

PÈRE UBU

Eh! Bougrelas, que me veux-tu faire?

BOUGRELAS

Vive Dieu! je défendrai ma mère jusqu'à la
mort! Le premier qui fait un pas est mort.

PÈRE UBU

Oh! Bordure, j'ai peur! laissez-moi m'en aller.

UN SOLDAT *avance.*

Rends-toi, Bougrelas!

LE JEUNE BOUGRELAS

Tiens, voyou! voilà ton compte! (*Il lui fend le
crâne.*)

LA REINE

Tiens bon, Bougrelas, tiens bon!

PLUSIEURS *avancent.*

Bougrelas, nous te promettons la vie sauve.

BOUGRELAS

Chenapans, sacs à vins, sagouins payés!

> *Il fait le moulinet avec son épée et en fait
> un massacre.*

PÈRE UBU

Oh! je vais bien en venir à bout tout de même!

BOUGRELAS

Mère, sauve-toi par l'escalier secret.

LA REINE

Et toi, mon fils, et toi?

BOUGRELAS

Je te suis.

PÈRE UBU

Tâchez d'attraper la reine. Ah! la voilà partie. Quant à toi, <u>misérable!</u>... *(Il s'avance vers Bougrelas.)*

BOUGRELAS

<u>Ah! vive Dieu! voilà ma vengeance!</u> *(Il lui découd la boudouille d'un terrible coup d'épée.)* <u>Mère, je te suis!</u> *(Il disparaît par l'escalier secret.)*

SCÈNE V

Une caverne dans les montagnes.

Le jeune BOUGRELAS *entre suivi de* ROSEMONDE.

BOUGRELAS

Ici nous serons en sûreté.

LA REINE

Oui, je le crois! Bougrelas, soutiens-moi! *(Elle tombe sur la neige.)*

BOUGRELAS

Ha! qu'as-tu, ma mère?

LA REINE

Je suis bien malade, crois-moi, Bougrelas. Je n'en ai plus que pour deux heures à vivre.

BOUGRELAS

Quoi! le froid t'aurait-il saisie?

LA REINE

Comment veux-tu que je résiste à tant de coups? Le roi massacré, notre famille détruite, et toi, représentant de la plus noble race qui ait jamais porté l'épée, forcé de t'enfuir dans les montagnes comme un contrebandier.

BOUGRELAS

Et par qui, grand Dieu! par qui? Un vulgaire Père Ubu, aventurier sorti on ne sait d'où, vile crapule, vagabond honteux! Et quand je pense que mon père l'a décoré et fait comte et que le lendemain ce vilain n'a pas eu honte de porter la main sur lui.

LA REINE

O Bougrelas! Quand je me rappelle combien nous étions heureux avant l'arrivée de ce Père Ubu! Mais maintenant, hélas! tout est changé [20]!

BOUGRELAS

Que veux-tu? Attendons avec espérance et ne
renonçons jamais à nos droits.

LA REINE

Je te le souhaite, mon cher enfant, mais pour
moi je ne verrai pas cet heureux jour.

BOUGRELAS

Eh! qu'as-tu? Elle pâlit, elle tombe, au
secours! Mais je suis dans un désert! O mon
Dieu! son cœur ne bat plus. Elle est morte! Est-
ce possible? Encore une victime du Père Ubu! (*Il
se cache la figure dans les mains et pleure.*) O mon
Dieu! qu'il est triste de se voir seul à
quatorze ans avec une vengeance terrible à poursuivre! (*Il tombe en proie au plus violent déses-
poir.*)

> *Pendant ce temps* les Ames de *Venceslas,
de Boleslas, de Ladislas, de Rosemonde*
entrent dans la grotte, leurs Ancêtres *les*
accompagnent et remplissent la grotte [21]. *Le*
plus vieux s'approche de Bougrelas et le
réveille doucement.

BOUGRELAS

Eh! que vois-je? toute ma famille, mes
ancêtres... Par quel prodige?

L'OMBRE

Apprends, Bougrelas, que j'ai été pendant ma
vie le seigneur Mathias de Kœnigsberg [22], le
premier roi et le fondateur de la maison. Je te

remets le soin de notre vengeance. *(Il lui donne
une grande épée.)* Et que cette épée que je te
donne n'ait de repos que quand elle aura frappé
de mort l'usurpateur.

>   *Tous disparaissent, et Bougrelas reste seul
>   dans l'attitude de l'extase.*

SCÈNE VI

Le palais du roi.

PÈRE UBU, MÈRE UBU, CAPITAINE BORDURE

PÈRE UBU

Non, je ne veux pas, moi! Voulez-vous me
ruiner pour ces bouffres?

CAPITAINE BORDURE

Mais enfin, Père Ubu, ne voyez-vous pas que le
peuple attend le don de joyeux avènement?

MÈRE UBU

Si tu ne fais pas distribuer des viandes et de
l'or, tu seras renversé d'ici deux heures.

PÈRE UBU

Des viandes, oui! de l'or, non! Abattez trois
vieux chevaux, c'est bien bon pour de tels
sagouins.

MÈRE UBU

Sagouin toi-même! Qui m'a bâti un animal de
cette sorte?

PÈRE UBU

Encore une fois, je veux m'enrichir, je ne
lâcherai pas un sou.

avarice

MÈRE UBU

Quand on a entre les mains tous les trésors de
la Pologne.

CAPITAINE BORDURE

Oui, je sais qu'il y a dans la chapelle un
immense trésor, nous le distribuerons.

PÈRE UBU

Misérable, si tu fais ça!

CAPITAINE BORDURE

Mais, Père Ubu, si tu ne fais pas de distributions le peuple ne voudra pas payer les impôts.

PÈRE UBU

Est-ce bien vrai?

MÈRE UBU

Oui, oui!

PÈRE UBU

Oh, alors je consens à tout. Réunissez trois
millions, cuisez cent cinquante bœufs et moutons,
d'autant plus que j'en aurai aussi!

Ils sortent.

SCÈNE VII

La cour du palais pleine de peuple.

PÈRE UBU *couronné,*
MÈRE UBU, CAPITAINE BORDURE,
LARBINS *chargés de viande.*

PEUPLE

Voilà le Roi! Vive le Roi! hurrah!

PÈRE UBU, *jetant de l'or.*

Tenez, voilà pour vous. Ça ne m'amusait guère
de vous donner de l'argent, mais vous savez, c'est
la Mère Ubu qui a voulu. Au moins promettez-
moi de bien payer les impôts.

TOUS

Oui, oui!

CAPITAINE BORDURE

Voyez, Mère Ubu, s'ils se disputent cet or.
Quelle bataille!

MÈRE UBU

Il est vrai que c'est horrible. Pouah! en voilà
un qui a le crâne fendu.

PÈRE UBU

Quel beau spectacle! Amenez d'autres caisses
d'or.

CAPITAINE BORDURE

Si nous faisions une course.

PÈRE UBU

Oui, c'est une idée. *(Au Peuple.)* Mes amis, vous voyez cette caisse d'or, elle contient trois cent mille nobles à la rose en or, en monnaie polonaise et de bon aloi. Que ceux qui veulent courir se mettent au bout de la cour. Vous partirez quand j'agiterai mon mouchoir et le premier arrivé aura la caisse. Quant à ceux qui ne gagneront pas, ils auront comme consolation cette autre caisse qu'on leur partagera.

TOUS

Oui! Vive le Père Ubu! Quel bon roi! On n'en voyait pas tant du temps de Venceslas.

PÈRE UBU, *à la Mère Ubu, avec joie.*

Écoute-les! *(Tout le Peuple va se ranger au bout de la cour.)*

PÈRE UBU

Une, deux, trois! Y êtes-vous?

TOUS

Oui! oui!

PÈRE UBU

Partez! *(Ils partent en se culbutant. Cris et tumulte.)*

CAPITAINE BORDURE

Ils approchent! ils approchent!

PÈRE UBU

Eh! le premier perd du terrain.

MÈRE UBU

Non, il regagne maintenant.

CAPITAINE BORDURE

Oh! il perd, il perd! fini! c'est l'autre! *(Celui qui était deuxième arrive le premier.)*

TOUS

Vive Michel Fédérovitch! Vive Michel Fédérovitch!

MICHEL FÉDÉROVITCH

Sire, je ne sais vraiment comment remercier Votre Majesté...

PÈRE UBU

Oh! mon cher ami, ce n'est rien. Emporte ta caisse chez toi, Michel; et vous, partagez-vous cette autre, prenez une pièce chacun jusqu'à ce qu'il n'y en ait plus.

TOUS

Vive Michel Fédérovitch! Vive le Père Ubu!

PÈRE UBU

Et vous, mes amis, venez dîner! Je vous ouvre aujourd'hui les portes du palais, veuillez faire honneur à ma table!

PEUPLE

Entrons! Entrons! Vive le Père Ubu! c'est le plus noble des souverains!

Ils entrent dans le palais. On entend le bruit de l'orgie qui se prolonge jusqu'au lendemain. La toile tombe.

FIN DU DEUXIÈME ACTE

ACTE III

SCÈNE PREMIÈRE

Le palais.

PÈRE UBU, MÈRE UBU

PÈRE UBU

De par ma chandelle verte, me voici roi dans ce pays. Je me suis déjà flanqué une indigestion et on va m'apporter ma grande capeline.

MÈRE UBU

En quoi est-elle, Père Ubu? car nous avons beau être rois, il faut être économes.

PÈRE UBU

Madame ma femelle, elle est en peau de mouton, avec une agrafe et des brides en peau de chien.

MÈRE UBU

Voilà qui est beau, mais il est encore plus beau d'être rois.

PÈRE UBU

Oui, tu as eu raison, Mère Ubu.

MÈRE UBU

Nous avons une grande reconnaissance au duc
de Lithuanie.

PÈRE UBU

Qui donc?

MÈRE UBU

Eh! le capitaine Bordure.

PÈRE UBU

De grâce, Mère Ubu, ne me parle pas de ce
bouffre. Maintenant que je n'ai plus besoin de lui
il peut bien se brosser le ventre, il n'aura point
son duché.

MÈRE UBU

Tu as grand tort, Père Ubu, il va se tourner
contre toi.

PÈRE UBU

Oh! je le plains bien, ce petit homme, je m'en
soucie autant que de Bougrelas.

MÈRE UBU

Eh! crois-tu en avoir fini avec Bougrelas?

PÈRE UBU

Sabre à finances, évidemment! que veux-tu
qu'il me fasse, ce petit sagouin de quatorze ans?

MÈRE UBU

Père Ubu, fais attention à ce que je te dis. Crois-moi, tâche de t'attacher Bougrelas par tes bienfaits.

PÈRE UBU

Encore de l'argent à donner. Ah! non, du coup! vous m'avez fait gâcher bien vingt-deux millions.

MÈRE UBU

Fais à ta tête, Père Ubu, il t'en cuira.

PÈRE UBU

Eh bien, tu seras avec moi dans la marmite.

MÈRE UBU

Écoute, encore une fois, je suis sûre que le jeune Bougrelas l'emportera, car il a pour lui le bon droit.

PÈRE UBU

Ah! saleté! le mauvais droit ne vaut-il pas le bon? Ah! tu m'injuries, Mère Ubu, je vais te mettre en morceaux. (*La Mère Ubu se sauve poursuivie par le Père Ubu.*)

SCÈNE II

La grande salle du palais.

PÈRE UBU, MÈRE UBU, OFFICIERS *et* SOLDATS,
GIRON, PILE, COTICE, NOBLES *enchaînés*, FINAN-
CIERS, MAGISTRATS, GREFFIERS

PÈRE UBU

Apportez la caisse à Nobles et le crochet à
Nobles et le couteau à Nobles et le bouquin à
Nobles ! ensuite, faites avancer les Nobles.

> *On pousse brutalement les Nobles.*

MÈRE UBU

De grâce, modère-toi, Père Ubu.

PÈRE UBU

J'ai l'honneur de vous annoncer que pour
enrichir le royaume je vais faire périr tous les
Nobles et prendre leurs biens.

NOBLES

Horreur ! à nous, peuple et soldats !

PÈRE UBU

Amenez le premier Noble et passez-moi le
crochet à Nobles. Ceux qui seront condamnés à
mort, je les passerai dans la trappe, ils tomberont
dans les sous-sols du Pince-Porc et de la Chambre-

à-Sous, où on les décervèlera [23]. — *(Au Noble.)*
Qui es-tu, bouffre?

LE NOBLE

Comte de Vitepsk.

ÈRE UBU

De combien sont tes revenus?

LE NOBLE

Trois millions de rixdales.

PÈRE UBU

Condamné! *(Il le prend avec le crochet et le
passe dans le trou.)*

MÈRE UBU

Quelle basse férocité!

PÈRE UBU

Second Noble, qui es-tu? *(Le Noble ne répond
rien.)* Répondras-tu, bouffre?

LE NOBLE

Grand-duc de Posen.

PÈRE UBU

Excellent! excellent! Je n'en demande pas plus
long. Dans la trappe. Troisième Noble, qui es-tu?
tu as une sale tête.

LE NOBLE

Duc de Courlande, des villes de Riga, de Revel
et de Mitau.

PÈRE UBU

Très bien! très bien! Tu n'as rien autre chose?

LE NOBLE

Rien.

PÈRE UBU

Dans la trappe, alors. Quatrième Noble, qui es-tu?

LE NOBLE

Prince de Podolie.

PÈRE UBU

Quels sont tes revenus?

LE NOBLE

Je suis ruiné.

PÈRE UBU

Pour cette mauvaise parole, passe dans la trappe. Cinquième Noble, qui es-tu?

LE NOBLE

Margrave de Thorn, palatin de Polock.

PÈRE UBU

Ça n'est pas lourd. Tu n'as rien autre chose?

LE NOBLE

Cela me suffisait.

PÈRE UBU

Eh bien! mieux vaut peu que rien. Dans la trappe. Qu'as-tu à pigner [24], Mère Ubu?

(pleurnicher)

MÈRE UBU

Tu es trop féroce, Père Ubu.

PÈRE UBU

Eh! je m'enrichis. Je vais faire lire MA liste de MES biens. Greffier, lisez MA liste de MES biens.

LE GREFFIER

Comté de Sandomir.

PÈRE UBU

Commence par les principautés, stupide bougre!

LE GREFFIER

Principauté de Podolie, grand-duché de Posen, duché de Courlande, comté de Sandomir, Comté de Vitepsk, palatinat de Polock, margraviat de Thorn.

PÈRE UBU

Et puis après?

LE GREFFIER

C'est tout.

PÈRE UBU

Comment, c'est tout! Oh bien alors, en avant les Nobles, et comme je ne finirai pas de m'enrichir je vais faire exécuter tous les Nobles, et ainsi j'aurai tous les biens vacants. Allez, passez les Nobles dans la trappe. *(On empile les Nobles dans la trappe.)* Dépêchez-vous plus vite, je veux faire des lois maintenant.

PLUSIEURS

On va voir ça.

PÈRE UBU

Je vais d'abord réformer la justice, après quoi nous procéderons aux finances.

PLUSIEURS MAGISTRATS

Nous nous opposons à tout changement.

PÈRE UBU

Merdre. D'abord les magistrats ne seront plus payés.

MAGISTRATS

Et de quoi vivrons-nous? Nous sommes pauvres.

PÈRE UBU

Vous aurez les amendes que vous prononcerez et les biens des condamnés à mort.

UN MAGISTRAT

Horreur.

DEUXIÈME

Infamie.

TROISIÈME

Scandale.

QUATRIÈME

Indignité.

Ubu roi

TOUS

Nous nous refusons à juger dans des conditions pareilles.

PÈRE UBU

A la trappe les magistrats! (*Ils se débattent en vain.*)

MÈRE UBU

Eh! que fais-tu, Père Ubu? Qui rendra maintenant la justice?

PÈRE UBU

Tiens! moi. Tu verras comme ça marchera bien.

MÈRE UBU

Oui, ce sera du propre.

PÈRE UBU

Allons, tais-toi, bouffresque. Nous allons maintenant, messieurs, procéder aux finances.

FINANCIERS

Il n'y a rien à changer.

PÈRE UBU

Comment, je veux tout changer, moi. D'abord je veux garder pour moi la moitié des impôts.

FINANCIERS

Pas gêné.

PÈRE UBU

Messieurs, nous établirons un impôt de dix
pour cent sur la propriété, un autre sur le
commerce et l'industrie, et un troisième sur les
mariages et un quatrième sur les décès, de
quinze francs chacun.

PREMIER FINANCIER

Mais c'est idiot, Père Ubu.

DEUXIÈME FINANCIER

C'est absurde.

TROISIÈME FINANCIER

Ça n'a ni queue ni tête.

PÈRE UBU

Vous vous fichez de moi! Dans la trappe les
financiers! *(On enfourne les financiers.)*

MÈRE UBU

Mais enfin, Père Ubu, quel roi tu fais, tu
massacres tout le monde.

PÈRE UBU

Eh merdre!

MÈRE UBU

Plus de justice, plus de finances.

PÈRE UBU

Ne crains rien, ma douce enfant, j'irai moi-
même de village en village recueillir les impôts.

SCÈNE III

*Une maison de paysans dans les environs de
Varsovie.*

PLUSIEURS PAYSANS *sont assemblés.*

UN PAYSAN, *entrant.*

Apprenez la grande nouvelle. Le roi est mort,
les ducs aussi et le jeune Bougrelas s'est sauvé
avec sa mère dans les montagnes. De plus, le Père
Ubu s'est emparé du trône.

UN AUTRE

J'en sais bien d'autres. Je viens de Cracovie,
où j'ai vu emporter les corps de plus de
trois cents nobles et de cinq cents magistrats
qu'on a tués, et il paraît qu'on va doubler les
impôts et que le Père Ubu viendra les ramasser
lui-même.

TOUS

Grand Dieu! qu'allons-nous devenir? le Père
Ubu est un affreux sagouin et sa famille est, dit-
on, abominable [25].

UN PAYSAN

Mais, écoutez : ne dirait-on pas qu'on frappe à
la porte?

UNE VOIX, *au dehors.*

Cornegidouille [26]! Ouvrez, de par ma merdre, par saint Jean, saint Pierre et saint Nicolas! ouvrez, sabre à finances, corne finances, je viens chercher les impôts! (*La porte est défoncée,* le Père Ubu *pénètre suivi d'une légion de* Grippe-Sous.)

SCÈNE IV

PÈRE UBU

Qui de vous est le plus vieux? (*Un Paysan s'avance.*) Comment te nommes-tu?

LE PAYSAN

Stanislas Leczinski [27].

PÈRE UBU

Eh bien, cornegidouille, écoute-moi bien, sinon ces messieurs te couperont les oneilles. Mais, vas-tu m'écouter enfin?

STANISLAS

Mais Votre Excellence n'a encore rien dit.

PÈRE UBU

Comment, je parle depuis une heure. Crois-tu que je vienne ici pour prêcher dans le désert?

STANISLAS

Loin de moi cette pensée.

PÈRE UBU

Je viens donc te dire, t'ordonner et te signifier que tu aies à produire et exhiber promptement ta finance, sinon tu seras massacré. Allons, messeigneurs les salopins de finance, voiturez ici le voiturin à phynances. *(On apporte le voiturin.)*

STANISLAS

Sire, nous ne sommes inscrits sur le registre que pour cent cinquante-deux rixdales que nous avons déjà payées, il y aura tantôt six semaines à la Saint Mathieu.

PÈRE UBU

C'est fort possible, mais j'ai changé le gouvernement et j'ai fait mettre dans le journal qu'on paierait deux fois tous les impôts et trois fois ceux qui pourront être désignés ultérieurement. Avec ce système j'aurai vite fait fortune, alors je tuerai tout le monde et je m'en irai.

PAYSANS

Monsieur Ubu, de grâce, ayez pitié de nous. Nous sommes de pauvres citoyens.

PÈRE UBU

Je m'en fiche. Payez.

PAYSANS

Nous ne pouvons, nous avons payé.

PÈRE UBU

Payez! ou ji vous mets dans ma poche avec

supplice et décollation du cou et de la tête!
Cornegidouille, je suis le roi peut-être!

TOUS

Ah, c'est ainsi! Aux armes! Vive Bougrelas,
par la grâce de Dieu roi de Pologne et de
Lithuanie!

PÈRE UBU

En avant, messieurs des Finances, faites votre
devoir.

> *Une lutte s'engage, la maison est détruite et
> le vieux Stanislas s'enfuit seul à travers la
> plaine. Le Père Ubu* [28] *reste à ramasser la
> finance.*

SCÈNE V

Une casemate des fortifications de Thorn.

CAPITAINE BORDURE *enchaîné*, PÈRE UBU

PÈRE UBU

Ah! citoyen, voilà ce que c'est, tu as voulu que
je te paye ce que je te devais, alors tu t'es révolté
parce que je n'ai pas voulu, tu as conspiré et te
voilà coffré. Cornefinance, c'est bien fait, et le
tour est si bien joué que tu dois toi-même le
trouver fort à ton goût.

CAPITAINE BORDURE

Prenez garde, Père Ubu. Depuis cinq jours que
vous êtes roi, vous avez commis plus de meurtres
qu'il n'en faudrait pour damner tous les saints du
Paradis. Le sang du roi et des nobles crie
vengeance et ses cris seront entendus.

PÈRE UBU

Eh! mon bel ami, vous avez la langue fort bien
pendue. Je ne doute pas que si vous vous
échappiez il en pourrait résulter des complica-
tions, mais je ne crois pas que les casemates de
Thorn aient jamais lâché quelqu'un des honnêtes
garçons qu'on leur avait confiés. C'est pourquoi,
bonne nuit, et je vous invite à dormir sur les
deux oneilles, bien que les rats dansent ici une
assez belle sarabande.

> *Il sort.* Les Larbins *viennent verrouiller
> toutes les portes.*

SCÈNE VI

Le palais de Moscou.

L'EMPEREUR ALEXIS *et sa Cour*, BORDURE

LE CZAR ALEXIS

C'est vous, infâme aventurier, qui avez coopéré
à la mort de notre cousin Venceslas?

BORDURE

Sire, pardonnez-moi, j'ai été entraîné malgré
moi par le Père Ubu.

ALEXIS

Oh! l'affreux menteur. Enfin, que desirez-
vous?

BORDURE

Le Père Ubu m'a fait emprisonner sous pré-
texte de conspiration, je suis parvenu à m'échapper et j'ai couru cinq jours et cinq nuits à cheval
à travers les steppes pour venir implorer Votre
gracieuse miséricorde.

ALEXIS

Que m'apportes-tu comme gage de ta soumis-
sion?

BORDURE

Mon épée d'aventurier et un plan détaillé de la
ville de Thorn.

ALEXIS

Je prends l'épée, mais, par Saint Georges,
brûlez ce plan, je ne veux pas devoir ma victoire
à une trahison.

BORDURE

Un des fils de Venceslas, le jeune Bougrelas,
est encore vivant, je ferai tout pour le rétablir.

ALEXIS

Quel grade avais-tu dans l'armée polonaise?

BORDURE

Je commandais le 5e régiment des dragons de Wilna et une compagnie franche au service du Père Ubu.

ALEXIS

C'est bien, je te nomme sous-lieutenant au 10e régiment de Cosaques, et gare à toi si tu trahis. Si tu te bats bien, tu seras récompensé.

BORDURE

Ce n'est pas le courage qui me manque, Sire.

ALEXIS

C'est bien, disparais de ma présence.

Bordure sort.

SCÈNE VII

La salle du Conseil d'Ubu.

**PÈRE UBU, MÈRE UBU
CONSEILLERS DE FINANCES** [29]

PÈRE UBU

Messieurs, la séance est ouverte et tâchez de bien écouter et de vous tenir tranquilles. D'abord, nous allons faire le chapitre des finances, ensuite nous parlerons d'un petit sys-

tème que j'ai imaginé pour faire venir le beau
temps et conjurer la pluie.

UN CONSEILLER

Fort bien, monsieur Ubu.

MÈRE UBU

Quel sot homme.

PÈRE UBU

Madame de ma merdre, garde à vous, car je ne
souffrirai pas vos sottises. Je vous disais donc,
messieurs, que les finances vont passablement.
Un nombre considérable de chiens à bas de
laine [30] se répand chaque matin dans les rues et
les salopins font merveille. De tous côtés on ne
voit que des maisons brûlées et des gens pliant
sous le poids de nos phynances.

LE CONSEILLER

Et les nouveaux impôts, monsieur Ubu, vont-
ils bien?

MÈRE UBU

Point du tout. L'impôt sur les mariages n'a
encore produit que 11 sous, et encore le Père Ubu
poursuit les gens partout pour les forcer à se
marier.

PÈRE UBU

Sabre à finances, corne de ma gidouille,
madame la financière, j'ai des oneilles pour parler
et vous une bouche pour m'entendre. (*Éclats de*

rire.) Ou plutôt non! Vous me faites tromper et vous êtes cause que je suis bête! Mais, corne d'Ubu! *(Un Messager entre.)* Allons, bon, qu'a-t-il encore celui-là? Va-t'en, sagouin, ou je te poche [31] avec décollation et torsion des jambes.

MÈRE UBU

Ah! le voilà dehors, mais il y a une lettre.

PÈRE UBU

Lis-la. Je crois que je perds l'esprit ou que je ne sais pas lire. Dépêche-toi, bouffresque, ce doit être de Bordure.

MÈRE UBU

Tout justement. Il dit que le czar l'a accueilli très bien, qu'il va envahir tes États pour rétablir Bougrelas et que toi tu seras tué.

PÈRE UBU

Ho! ho! J'ai peur! J'ai peur! Ha! je pense mourir. O pauvre homme que je suis. Que devenir, grand Dieu? Ce méchant homme va me tuer. Saint Antoine et tous les saints, protégez-moi, je vous donnerai de la phynance et je brûlerai des cierges pour vous. Seigneur, que devenir? *(Il pleure et sanglote.)*

MÈRE UBU

Il n'y a qu'un parti à prendre, Père Ubu.

PÈRE UBU

Lequel, mon amour?

MÈRE UBU

La guerre!!

TOUS

Vive Dieu! Voilà qui est noble!

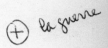

la guerre

PÈRE UBU

Oui, et je recevrai encore des coups.

PREMIER CONSEILLER

Courons, courons organiser l'armée.

DEUXIÈME

Et réunir les vivres.

TROISIÈME

Et préparer l'artillerie et les forteresses.

QUATRIÈME

Et prendre l'argent pour les troupes.

PÈRE UBU

Ah! non, par exemple! Je vais te tuer, toi, je ne veux pas donner d'argent. En voilà d'une autre! J'étais payé pour faire la guerre et maintenant il faut la faire à mes dépens. Non, de par ma chandelle verte, faisons la guerre, puisque vous en êtes enragés, mais ne déboursons pas un sou.

TOUS

Vive la guerre!

SCÈNE VIII

Le camp sous Varsovie.

SOLDATS ET PALOTINS

Vive la Pologne! Vive le Père Ubu!

PÈRE UBU

Ah! Mère Ubu, donne-moi ma cuirasse et mon petit bout de bois[32]. Je vais être bientôt tellement chargé que je ne saurais marcher si j'étais poursuivi.

MÈRE UBU

Fi, le lâche.

PÈRE UBU

Ah! voilà le sabre à merdre qui se sauve et le croc à finances qui ne tient pas!!! Je n'en finirai jamais, et les Russes avancent et vont me tuer.

UN SOLDAT

Seigneur Ubu, voilà le ciseau à oneilles qui tombe.

PÈRE UBU

Ji tou tue au moyen du croc à merdre et du couteau à figure.

ménages

MÈRE UBU

Comme il est beau avec son casque et sa cuirasse, on dirait une citrouille armée.

PÈRE UBU

Ah! maintenant je vais monter à cheval.
Amenez, messieurs, le cheval à phynances [33].

MÈRE UBU

Père Ubu, ton cheval ne saurait plus te porter,
il n'a rien mangé depuis cinq jours et est presque
mort.

PÈRE UBU

Elle est bonne celle-là! On me fait payer
12 sous par jour pour cette rosse et elle ne me
peut porter. Vous vous fichez, corne d'Ubu, ou bien
si vous me volez? (*La Mère Ubu rougit et baisse les
yeux.*) Alors, que l'on m'apporte une autre bête,
mais je n'irai pas à pied, cornegidouille!

On amène un énorme cheval.

PÈRE UBU

Je vais monter dessus. Oh! assis plutôt! car je
vais tomber. (*Le cheval part.*) Ah! arrêtez ma
bête. Grand Dieu, je vais tomber et être mort!!!

MÈRE UBU

Il est vraiment imbécile. Ah! le voilà relevé.
Mais il est tombé par terre.

PÈRE UBU

Corne physique, je suis à moitié mort! Mais
c'est égal, je pars en guerre et je tuerai tout le
monde. Gare à qui ne marchera pas droit. Ji lon
mets dans ma poche avec torsion du nez et des
dents et extraction de la langue.

les menaces du P. U.

MÈRE UBU

Bonne chance, monsieur Ubu.

PÈRE UBU

J'oubliais de te dire que je te confie la régence.
Mais j'ai sur moi le livre des finances, tant pis
pour toi si tu me voles. Je te laisse pour t'aider le
Palotin Giron. Adieu, Mère Ubu.

MÈRE UBU

Adieu, Père Ubu. Tue bien le czar.

PÈRE UBU

Pour sûr. Torsion du nez et des dents, extraction de la langue et enfoncement du petit bout de
bois dans les oneilles.

menace

L'armée s'éloigne au bruit des fanfares.

MÈRE UBU, *seule.*

Maintenant, que ce gros pantin est parti,
tâchons de faire nos affaires, tuer Bougrelas et
nous emparer du trésor.

FIN DU TROISIÈME ACTE

ACTE IV

SCÈNE PREMIÈRE

*La crypte des anciens rois de Pologne
dans la cathédrale de Varsovie.*

MÈRE UBU

Où donc est ce trésor? Aucune dalle ne sonne
creux. J'ai pourtant bien compté treize pierres
après le tombeau de Ladislas le Grand en allant
le long du mur, et il n'y a rien. Il faut qu'on
m'ait trompée. Voilà cependant : ici la pierre
sonne creux. A l'œuvre, Mère Ubu. Courage,
descellons cette pierre. Elle tient bon. Prenons ce
bout de croc à finances qui fera encore son office.
Voilà! voilà l'or au milieu des ossements des rois.
Dans notre sac, alors, tout! Eh! quel est ce bruit?
Dans ces vieilles voûtes y aurait-il encore des
vivants? Non, ce n'est rien, hâtons-nous. Prenons
tout. Cet argent sera mieux à la face du jour
qu'au milieu des tombeaux des anciens princes.
Remettons la pierre. Eh quoi! toujours ce bruit.

Ma présence en ces lieux me cause une étrange frayeur. Je prendrai le reste de cet or une autre fois, je reviendrai demain.

UNE VOIX, *sortant du tombeau de Jean Sigismond*.

Jamais, Mère Ubu!

    La Mère Ubu *se sauve affolée emportant l'or volé par la porte secrète*.

"visions," voix, rêves   présence des morts

SCÈNE II

La place de Varsovie.

BOUGRELAS *et* SES PARTISANS,
PEUPLE *et* SOLDATS,
puis GARDES, MÈRE UBU,
LE PALOTIN GIRON [34]

BOUGRELAS

En avant, mes amis! Vive Venceslas et la Pologne! le vieux gredin de Père Ubu est parti, il ne reste plus que la sorcière de Mère Ubu avec son Palotin. Je m'offre à marcher à votre tête et à rétablir la race de mes pères.

TOUS

Vive Bougrelas!

BOUGRELAS

Et nous supprimerons tous les impôts établis par l'affreux Père Ub.

TOUS

Hurrah! en avant! Courons au palais et massacrons cette engeance.

BOUGRELAS

Eh! voilà la mère Ubu qui sort avec ses gardes sur le perron!

MÈRE UBU

Que voulez-vous, messieurs? Ah! c'est Bougrelas.

La foule lance des pierres.

PREMIER GARDE

Tous les carreaux sont cassés.

DEUXIÈME GARDE

Saint Georges, me voilà assommé.

TROISIÈME GARDE

Cornebleu, je meurs.

BOUGRELAS

Lancez des pierres, mes amis.

LE PALOTIN GIRON

Hon! C'est ainsi! (*Il dégaine et se précipite faisant un carnage épouvantable.*)

BOUGRELAS

A nous deux! Défends-toi, lâche pistolet.

Ils se battent.

GIRON

Je suis mort !

BOUGRELAS

Victoire, mes amis ! Sus à la Mère Ubu !

On entend des trompettes.

BOUGRELAS

Ah ! voilà les Nobles qui arrivent. Courons, attrapons la mauvaise harpie !

TOUS

En attendant que nous étranglions le vieux bandit !

La Mère Ubu *se sauve poursuivie par tous les Polonais. Coups de fusil et grêle de pierres.*

SCÈNE III

L'armée polonaise en marche dans l'Ukraine.

PÈRE UBU

Cornebleu, jambedieu [35], tête de vache ! nous allons périr, car nous mourons de soif et sommes fatigué. Sire Soldat, ayez l'obligeance de porter notre casque à finances, et vous, sire Lancier, chargez-vous du ciseau à merdre et du bâton à

physique [36] pour soulager notre personne, car, je
le répète, nous sommes fatigué.

Les soldats obéissent.

PILE

Hon! Monsieuye! il est étonnant que les Russes
n'apparaissent point.

PÈRE UBU

Il est regrettable que l'état de nos finances ne
nous permette pas d'avoir une voiture à notre
taille; car, par crainte de démolir notre monture,
nous avons fait tout le chemin à pied, traînant
notre cheval par la bride. Mais quand nous serons
de retour en Pologne, nous imaginerons, au
moyen de notre science en physique et aidé des
lumières de nos conseillers, une voiture à vent
pour transporter toute l'armée.

COTICE

Voilà Nicolas Rensky qui se précipite.

PÈRE UBU

Et qu'a-t-il, ce garçon!

RENSKY

Tout est perdu, Sire, les Polonais sont révoltés,
Giron est tué et la mère Ubu est en fuite dans les
montagnes.

PÈRE UBU

Oiseau de nuit, bête de malheur, hibou à
guêtres! Où as-tu pêché ces sornettes? En voilà

d'une autre! Et qui a fait ça? Bougrelas, je parie
D'où viens-tu?

De Varsovie, noble seigneur.

PÈRE UBU

Garçon de ma merdre, si je t'en croyais je
ferais rebrousser chemin à toute l'armée. Mais,
seigneur garçon, il y a sur tes épaules plus de
plumes que de cervelle et tu as rêvé des sottises.
Va aux avant-postes, mon garçon, les Russes ne
sont pas loin et nous aurons bientôt à estocader
de nos armes, tant à merdre qu'à phynances et à
physique.

LE GÉNÉRAL LASCY

Père Ubu, ne voyez-vous pas dans la plaine les
Russes?

PÈRE UBU

C'est vrai, les Russes! Me voilà joli. Si encore il
y avait moyen de s'en aller, mais pas du tout,
nous sommes sur une hauteur et nous serons en
butte à tous les coups.

L'ARMÉE

Les Russes! L'ennemi!

PÈRE UBU

Allons, messieurs, prenons nos dispositions
pour la bataille. Nous allons rester sur la colline
et ne commettrons point la sottise de descendre

en bas. <u>Je me tiendrai au milieu comme une citadelle vivante et vous autres graviterez autour de moi</u>. J'ai à vous recommander de mettre dans les fusils autant de balles qu'ils en pourront tenir, car 8 balles peuvent tuer 8 Russes et c'est autant que je n'aurai pas sur le dos. Nous mettrons les fantassins à pied au bas de la colline pour recevoir les Russes et les tuer un peu, les cavaliers derrière pour se jeter dans la confusion, et l'artillerie autour du moulin à vent ici présent pour tirer dans le tas. Quant à nous, nous nous tiendrons dans le moulin à vent et tirerons avec le pistolet à phynances par la fenêtre, en travers de la porte nous placerons le bâton à physique, et <u>si quelqu'un essaye d'entrer, gare au croc à merdre!!!</u>

OFFICIERS

<u>Vos ordres, Sire Ubu, seront exécutés.</u>

PÈRE UBU

Eh! cela va bien, nous serons vainqueurs. Quelle heure est-il?

LE GÉNÉRAL LASCY

Onze heures du matin.

PÈRE UBU

<u>Alors, nous allons dîner, car les Russes n'atta-</u>queront pas avant midi. Dites aux soldats, seigneur Général, de faire leurs besoins et d'entonner la Chanson à Finances.

Lascy s'en va.

SOLDATS et PALOTINS

Vive le Père Ubé, notre grand Financier! Ting,
ting, ting; ting, ting, ting; ting, ting, tating!

PÈRE UBU

O les braves gens, je les adore [37]. *(Un boulet
russe arrive et casse l'aile du moulin.)* Ah! j'ai
peur, Sire Dieu, je suis mort! et cependant non,
je n'ai rien.

SCÈNE IV

LES MÊMES, UN CAPITAINE
puis L'ARMÉE RUSSE

UN CAPITAINE, *arrivant.*

Sire Ubu, les Russes attaquent.

PÈRE UBU

Eh bien, après, que veux-tu que j'y fasse? ce
n'est pas moi qui le leur ai dit. Cependant,
Messieurs des Finances, préparons-nous au combat.

LE GÉNÉRAL LASCY

Un second boulet.

PÈRE UBU

Ah! je n'y tiens plus. Ici il pleut du plomb et
du fer et nous pourrions endommager notre

précieuse personne. Descendons. *(Tous descendent au pas de course. La bataille vient de s'engager. Ils disparaissent dans des torrents de fumée au pied de la colline.)*

UN RUSSE, *frappant.*

Pour Dieu et le Czar!

RENSKY

Ah! je suis mort.

PÈRE UBU

En avant! Ah, toi, Monsieur, que je t'attrape, car tu m'as fait mal, entends-tu! sac à vin! avec ton flingot qui ne part pas.

LE RUSSE

Ah! voyez-vous ça. *(Il lui tire un coup de revolver.)*

PÈRE UBU

Ah! Oh! Je suis blessé, je suis troué, je suis perforé, je suis administré, je suis enterré. Oh, mais tout de même! Ah! je le tiens. *(Il le déchire.)* Tiens! recommenceras-tu, maintenant!

LE GÉNÉRAL LASCY

En avant, poussons vigoureusement, passons le fossé, la victoire est à nous.

PÈRE UBU

Tu crois? Jusqu'ici je sens sur mon front plus de bosses que de lauriers.

CAVALIERS RUSSES

Hurrah! Place au Czar!

Le Czar *arrive accompagné de* Bordure
déguisé.

UN POLONAIS

Ah! Seigneur! Sauve qui peut, voilà le Czar!

UN AUTRE

Ah! mon Dieu! il passe le fossé.

UN AUTRE

Pif! Paf! en voilà quatre d'assommés par ce
grand bougre de lieutenant.

BORDURE

Ah! vous n'avez pas fini, vous autres! Tiens,
Jean Sobiesky, voilà ton compte. (*Il l'assomme.*)
A d'autres, maintenant! (*Il fait un massacre de
Polonais.*)

PÈRE UBU

En avant, mes amis! Attrapez ce bélître! En
compote les Moscovites! La victoire est à nous.
Vive l'Aigle Rouge!

TOUS

En avant! Hurrah! Jambedieu! Attrapez le
grand bougre.

BORDURE

Par saint Georges, je suis tombé.

PÈRE UBU, *le reconnaissant.*

Ah! c'est toi, Bordure! Ah! mon ami. Nous sommes bien heureux ainsi que toute la compagnie de te retrouver. Je vais te faire cuire à petit feu. Messieurs des Finances, allumez du feu. Oh! Ah! Oh! Je suis mort. C'est au moins un coup de canon que j'ai reçu. Ah! mon Dieu, pardonnez-moi mes péchés. Oui, c'est bien un coup de canon.

BORDURE

C'est un coup de pistolet chargé à poudre.

PÈRE UBU

Ah! tu te moques de moi! Encore! A la pôche[38]! *(Il se rue sur lui et le déchire.)*

LE GÉNÉRAL LASCY

Père Ubu, nous avançons partout.

PÈRE UBU

Je le vois bien, je n'en peux plus, je suis criblé de coups de pied, je voudrais m'asseoir par terre. Oh! ma bouteille.

LE GÉNÉRAL LASCY

Allez prendre celle du Czar, Père Ubu.

PÈRE UBU

Eh! j'y vais de ce pas. Allons! sabre à merdre, fais ton office, et toi, croc à finances, ne reste pas en arrière. Que le bâton à physique travaille d'une généreuse émulation et partage avec le petit bout de bois l'honneur de massacrer, creuser et exploiter l'Empereur moscovite. En avant, Monsieur notre cheval à finances!

Il se rue sur le Czar.

UN OFFICIER RUSSE

En garde, Majesté!

PÈRE UBU

Tiens, toi! Oh! aïe! Ah! mais'tout de même. Ah! monsieur, pardon, laissez-moi tranquille. Oh! mais, je n'ai pas fait exprès!

Il se sauve. Le Czar *le poursuit.*

PÈRE UBU

Sainte Vierge, cet enragé me poursuit! Qu'ai-je fait, grand Dieu! Ah! bon, il y a encore le fossé à repasser. Ah! je le sens derrière moi et le fossé devant! Courage, fermons les yeux.

Il saute le fossé. Le Czar *y tombe.*

LE CZAR

Bon, je suis dedans.

POLONAIS

Hurrah! le Czar est à bas!

PÈRE UBU

Ah! j'ose à peine me retourner! Il est dedans. Ah! c'est bien fait et on tape dessus. Allons, Polonais, allez-y à tour de bras, il a bon dos le misérable! Moi je n'ose pas le regarder! Et

cependant notre prédiction s'est complètement
réalisée, le bâton à physique a fait merveilles et
nul doute que <u>je ne l'eusse complètement tué si
une inexplicable terreur n'était venue combattre
et annuler en nous les effets de notre courage.</u>
Mais nous avons dû soudainement tourner
casaque, et nous n'avons dû notre salut qu'à
notre habileté comme cavalier ainsi qu'à la
solidité des jarrets de notre cheval à finances,
dont la rapidité n'a d'égale que la stabilité et dont
la légèreté fait la célébrité, ainsi qu'à la profon-
deur du fossé qui s'est trouvé fort à propos sous
les pas de l'ennemi de nous l'ici présent Maître
des Phynances. Tout ceci est fort beau, mais
personne ne m'écoute. Allons! bon, ça recommence!

Les Dragons russes *font une charge et
délivrent* le Czar.

LE GÉNÉRAL LASCY

Cette fois, c'est la débandade.

PÈRE UBU

Ah! voici l'occasion de se tirer des pieds. Or
donc, Messieurs les Polonais, en avant! ou plutôt,
en arrière!

POLONAIS

Sauve qui peut!

PÈRE UBU

Allons! en route. Quel tas de gens, quelle fuite,
quelle multitude, comment me tirer de ce gâchis?

(Il est bousculé.) Ah! mais toi! fais attention, ou tu vas expérimenter la bouillante valeur du Maître des Finances. Ah! il est parti, sauvons-nous et vivement pendant que Lascy ne nous voit pas. *(Il sort, ensuite on voit passer* le Czar *et* l'Armée russe *poursuivant* les Polonais.*)*

SCÈNE V

Une caverne en Lithuanie (il neige).

PÈRE UBU, PILE, COTICE

PÈRE UBU

Ah! le chien de temps, il gèle à pierre à fendre et la personne du Maître des Finances s'en trouve fort endommagée.

PILE

Hon! Monsieuye Ubu, êtes-vous remis de votre terreur et de votre fuite?

PÈRE UBU

Oui! je n'ai plus peur, mais j'ai encore la fuite.

COTICE, *à part.*

Quel pourceau.

PÈRE UBU

Eh! sire Cotice, votre oneille, comment va-t-elle?

qqch pour l'oreille

COTICE

Aussi bien, Monsieuye, qu'elle peut aller tout en allant très mal. Par conséiquent de quóye, le plomb la penche vers la terre et je n'ai pu extraire la balle.

PÈRE UBU

Tiens, c'est bien fait! Toi, aussi, tu voulais toujours taper les autres. Moi j'ai déployé la plus grande valeur, et sans m'exposer j'ai massacré quatre ennemis de ma propre main, sans compter tous ceux qui étaient déjà morts et que nous avons achevés.

COTICE

Savez-vous, Pile, ce qu'est devenu le petit Rensky?

PILE

Il a reçu une balle dans la tête.

PÈRE UBU

Ainsi que le coquelicot et le pissenlit à la fleur de leur âge sont fauchés par l'impitoyable faux de l'impitoyable faucheur qui fauche impitoyablement leur pitoyable binette, — ainsi le petit Rensky a fait le coquelicot; il s'est fort bien battu cependant, mais aussi il y avait trop de Russes.

PILE ET COTICE

Hon, Monsieuye!

UN ÉCHO

Hhrron!

PILE

Qu'est-ce? Armons-nous de nos lumelles [39].

lames (Rabelais)

PÈRE UBU

Ah, non! par exemple, encore des Russes, je parie! J'en ai assez! et puis c'est bien simple, s'ils m'attrapent ji lon fous à la poche.

SCÈNE VI

LES MÊMES, *entre* UN OURS [40]

COTICE

Hon, Monsieuye des Finances!

PÈRE UBU

Oh! tiens, regardez donc le petit toutou. Il est gentil, ma foi.

PILE

Prenez garde! Ah! quel énorme ours : mes cartouches!

PÈRE UBU

Un ours! Ah! l'atroce bête. Oh! pauvre homme, me voilà mangé. Que Dieu me protège. Et il vient sur moi. Non, c'est Cotice qu'il attrape. Ah! je respire. (*L'Ours se jette sur* Cotice. Pile *l'attaque à coups de couteau.* Ubu *se réfugie sur un rocher.*)

COTICE

A moi, Pile! à moi! au secours, Monsieuye Ubu!

PÈRE UBU

Bernique! Débrouille-toi, mon ami; pour le moment, nous faisons notre Pater Noster. Chacun son tour d'être mangé.

PILE

Je l'ai, je le tiens.

COTICE

Ferme, ami, il commence à me lâcher.

PÈRE UBU

Sanctificetur nomen tuum.

COTICE

Lâche bougre!

PILE

Ah! il me mord! O Seigneur, sauvez-nous, je suis mort.

PÈRE UBU

Fiat volontas tua.

COTICE

Ah! j'ai réussi à le blesser.

PILE

Hurrah! il perd son sang. *(Au milieu des cris*

des Palotins, l'Ours *beugle de douleur et* Ubu
continue à marmotter.)

COTICE

Tiens-le ferme, que j'attrape mon coup-de-
poing explosif.

PÈRE UBU

Panem nostrum quotidianum da nobis hodie.

PILE

L'as-tu enfin, je n'en peux plus.

PÈRE UBU

Sicut et nos dimittimus debitoribus nostris.

COTICE

Ah! je l'ai. *(Une explosion retentit et* l'Ours
tombe mort.)

PILE ET COTICE

Victoire!

PÈRE UBU

Sed libera nos a malo. Amen. Enfin, est-il bien
mort? Puis-je descendre de mon rocher?

PILE, *avec mépris.*

Tant que vous voudrez.

PÈRE UBU, *descendant.*

Vous pouvez vous flatter que si vous êtes
encore vivants et si vous foulez encore la neige de

Lithuanie, vous le devez à la vertu magnanime du Maître des Finances, qui s'est évertué, échiné et égosillé à débiter des patenôtres [41] pour votre salut, et qui a manié avec autant de courage le glaive spirituel de la prière que vous avez manié avec adresse le temporel de l'ici présent Palotin Cotice coup-de-poing explosif [42]. Nous avons même poussé plus loin notre dévouement, car nous n'avons pas hésité à monter sur un rocher fort haut pour que nos prières aient moins loin à arriver au ciel.

PILE

Révoltante bourrique.

PÈRE UBU

Voici une grosse bête. Grâce a moi, vous avez de quoi souper. Quel ventre, messieurs! Les Grecs y auraient été plus à l'aise que dans le cheval de bois, et peu s'en est fallu, chers amis, que nous n'ayons pu aller vérifier de nos propres yeux sa capacité intérieure.

PILE

Je meurs de faim. Que manger?

COTICE

L'ours!

PÈRE UBU

Eh! pauvres gens, allez-vous le manger tout cru? Nous n'avons rien pour faire du feu.

PILE

N'avons-nous pas nos pierres à fusil?

PÈRE UBU

Tiens, c'est vrai. Et puis il me semble que voilà non loin d'ici un petit bois où il doit y avoir des branches sèches. Va en chercher, Sire Cotic *(Cotice s'éloigne à travers la neige.)*

PILE

Et maintenant, Sire Ubu, allez dépecer l'ours

PÈRE UBU

Oh non! Il n'est peut-être pas mort. Tandis que toi, qui es déjà à moitié mangé et mordu de toutes parts, c'est tout à fait dans ton rôle. Je vais allumer du feu en attendant qu'il apporte du bois. *(Pile commence à dépecer l'ours.)*

PÈRE UBU

Oh, prends garde! il a bougé.

PILE

Mais, Sire Ubu, il est déjà tout froid.

PÈRE UBU

C'est dommage, il aurait mieux valu le manger chaud. Ceci va procurer une indigestion au Maître des Finances.

PILE, *à part.*

C'est révoltant. *(Haut.)* Aidez-nous un peu, Monsieur Ubu, je ne puis faire toute la besogne.

PÈRE UBU

Non, je ne veux rien faire, moi! Je suis fatigué, bien sûr!

COTICE, *rentrant*.

Quelle neige, mes amis, on se dirait en Castille ou au pôle Nord. La nuit commence à tomber. Dans une heure il fera noir. Hâtons-nous pour voir encore clair.

PÈRE UBU

Oui, entends-tu, Pile? hâte-toi. Hâtez-vous tous les deux! Embrochez la bête, cuisez la bête, j'ai faim, moi!

PILE

Ah, c'est trop fort, à la fin! Il faudra travailler ou bien tu n'auras rien, entends-tu, goinfre!

PÈRE UBU

Oh! ça m'est égal, j'aime autant le manger tout cru, c'est vous qui serez bien attrapés. Et puis j'ai sommeil, moi!

COTICE

Que voulez-vous, Pile? Faisons le dîner tout seuls. Il n'en aura pas, voilà tout. Ou bien on pourra lui donner les os.

PILE

C'est bien. Ah, voilà le feu qui flambe.

PÈRE UBU

Oh! c'est bon ça, il fait chaud maintenant. Mais je vois des Russes partout. Quelle fuite, grand Dieu! Ah! (*Il tombe endormi.*)

COTICE

Je voudrais savoir si ce que disait Rensky est

vrai, si la Mère Ubu est vraiment détrônée. Ça n'aurait rien d'impossible.

PILE

Finissons de faire le souper.

COTICE

Non, nous avons à parler de choses plus importantes. Je pense qu'il serait bon de nous enquérir de la véracité de ces nouvelles.

PILE

C'est vrai, faut-il abandonner le Père Ubu ou rester avec lui?

COTICE

La nuit porte conseil. Dormons, nous verrons demain ce qu'il faut faire.

PILE

Non, il vaut mieux profiter de la nuit pour nous en aller.

COTICE

Partons, alors.

Ils partent.

SCÈNE VII

le rève

PÈRE UBU *parle en dormant.*

Ah! Sire Dragon russe, faites attention, ne tirez pas par ici, il y a du monde. Ah! voilà

Bordure, qu'il est mauvais, on dirait un ours [43].
Et Bougrelas qui vient sur moi! L'ours, l'ours!
Ah! le voilà à bas! qu'il est dur, grand Dieu! Je
ne veux rien faire, moi! Va-t'en, Bougrelas!
Entends-tu, drôle? Voilà Rensky maintenant, et
le Czar! Oh! ils vont me battre. Et la Rbue [44]. Où
as-tu pris tout cet or? Tu m'as pris mon or,
misérable, tu as été farfouiller dans mon tombeau
qui est dans la cathédrale de Varsovie, près de la
Lune. Je suis mort depuis longtemps, moi, c'est
Bougrelas qui m'a tué et je suis enterré à
Varsovie près de Vladislas le Grand, et aussi à
Cracovie près de Jean Sigismond, et aussi à Thorn
dans la casemate avec Bordure! Le voilà encore.
Mais va-t'en, maudit ours. Tu ressembles à
Bordure. Entends-tu, bête de Satan? Non, il
n'entend pas, les Salopins lui ont coupé les
oneilles. Décervelez, tudez, coupez les oneilles,
arrachez la finance et buvez jusqu'à la mort, c'est
la vie des Salopins, c'est le bonheur du Maître
des Finances. *(Il se tait et dort.)*

FIN DU QUATRIÈME ACTE

ACTE V

SCÈNE PREMIÈRE

Il fait nuit. LE PÈRE UBU *dort.*
Entre LA MÈRE UBU *sans le voir.*
L'obscurité est complète.

MÈRE UBU

Enfin, me voilà à l'abri. Je suis seule ici, ce n'est pas dommage, mais quelle course effrénée : traverser toute la Pologne en quatre jours! Tous les malheurs m'ont assaillie à la fois. Aussitôt partie cette grosse bourrique, je vais à la crypte m'enrichir. Bientôt après je manque d'être lapidée par ce Bougrelas et ces enragés. Je perds mon cavalier le Palotin Giron qui était si amoureux de mes attraits qu'il se pâmait d'aise en me voyant, et même, m'a-t-on assuré, en ne me voyant pas, ce qui est le comble de la tendresse. Il se serait fait couper en deux pour moi, le pauvre garçon. La preuve, c'est qu'il a été coupé en quatre par Bougrelas[45]. Pif paf pan! Ah! je pense mourir. Ensuite donc je prends la fuite, poursuivie par la

gironné = divisé en plusieurs parties

foule en fureur. Je quitte le palais, j'arrive à la
Vistule, tous les ponts étaient gardés. Je passe le
fleuve à la nage, espérant ainsi lasser mes
persécuteurs. De tous côtés la noblesse se rassemble et me poursuit. Je manque mille fois
périr, étouffée dans un cercle de Polonais achar-
nés à me perdre. Enfin je trompai leur fureur, et
après quatre jours de courses dans la neige de ce
qui fut mon royaume j'arrive me réfugier ici. Je
n'ai ni bu ni mangé ces quatre jours, Bougrelas
me serrait de près... Enfin me voilà sauvée. Ah!
je suis morte de fatigue et de froid. Mais je
voudrais bien savoir ce qu'est devenu mon gros
polichinelle, je veux dire mon très respectable
époux. Lui en ai-je pris, de la finance. Lui en ai-
je volé, des rixdales [46]. Lui en ai-je tiré, des
carottes. Et son cheval à finances qui mourait de
faim : il ne voyait pas souvent d'avoine, le
pauvre diable. Ah! la bonne histoire. Mais hélas!
j'ai perdu mon trésor! Il est à Varsovie, ira le
chercher qui voudra.

PÈRE UBU, *commençant à se réveiller*.

Attrapez la Mère Ubu, coupez les oneilles!

MÈRE UBU

Ah! Dieu! Où suis-je? Je perds la tête. Ah!
non, Seigneur!

Grâce au ciel j'entrevoi
Monsieur le Père Ubu qui dort auprès de moi [47].

Faisons la gentille. Eh bien, mon gros bonhomme, as-tu bien dormi?

PÈRE UBU

Fort mal! Il était bien dur cet ours! Combat des voraces contre les coriaces, mais les voraces ont complètement mangé et dévoré les coriaces, comme vous le verrez quand il fera jour : entendez-vous, nobles Palotins!

MÈRE UBU

Qu'est-ce qu'il bafouille? Il est encore plus bête que quand il est parti. A qui en a-t-il?

PÈRE UBU

Cotice, Pile, répondez-moi, sac à merdre! Où êtes-vous? Ah! j'ai peur. Mais enfin on a parlé. Qui a parlé? Ce n'est pas l'ours, je suppose. Merdre! Où sont mes allumettes? Ah! je les ai perdues à la bataille.

MÈRE UBU, *à part.*

Profitons de la situation et de la nuit, simulons une apparition surnaturelle et faisons-lui promettre de nous pardonner nos larcins.

PÈRE UBU

Mais, par saint Antoine! on parle. Jambedieu! Je veux être pendu!

MÈRE UBU, *grossissant sa voix.*

Oui, monsieur Ubu, on parle, en effet, et la trompette de l'archange qui doit tirer les morts de la cendre et de la poussière finale ne parlerait pas autrement! Ecoutez cette voix sévère. C'est celle de saint Gabriel qui ne peut donner que de bons conseils.

PÈRE UBU

Oh! ça, en effet!

MÈRE UBU

Ne m'interrompez pas ou je me tais et c'en sera fait de votre giborgne!

PÈRE UBU

Ah! ma gidouille! Je me tais, je ne dis plus mot. Continuez, madame l'Apparition!

MÈRE UBU

Nous disions, monsieur Ubu, que vous étiez un gros bonhomme!

PÈRE UBU

Très gros, en effet, ceci est juste.

MÈRE UBU

Taisez-vous, de par Dieu!

PÈRE UBU

Oh! les anges ne jurent pas!

MÈRE UBU, *à part*.

Merdre! *(Continuant.)* Vous êtes marié, Monsieur Ubu.

PÈRE UBU

Parfaitement, à la dernière des chipies!

MÈRE UBU

Vous voulez dire que c'est une femme charmante.

PÈRE UBU

Une horreur. Elle a des griffes partout, on ne sait par où la prendre.

MÈRE UBU

Il faut la prendre par la douceur, sire Ubu, et si vous la prenez ainsi vous verrez qu'elle est au moins l'égale de la Vénus de Capoue.

PÈRE UBU

Qui dites-vous qui a des poux?

MÈRE UBU

Vous n'écoutez pas, monsieur Ubu; prêtez-nous une oreille plus attentive. *(A part.)* Mais hâtons-nous, le jour va se lever. -- Monsieur Ubu, votre femme est adorable et délicieuse, elle n'a pas un seul défaut.

PÈRE UBU

Vous vous trompez, il n'y a pas un défaut qu'elle ne possède.

MÈRE UBU

Silence donc! Votre femme ne vous fait pas d'infidélités!

PÈRE UBU

Je voudrais bien voir qui pourrait être amoureux d'elle. C'est une harpie!

MÈRE UBU

Elle ne boit pas!

PÈRE UBU

Depuis que j'ai pris la clé de la cave. Avant, à sept heures du matin elle était ronde et elle se parfumait à l'eau-de-vie. Maintenant qu'elle se parfume à l'héliotrope elle ne sent pas plus mauvais. Ça m'est égal. Mais maintenant il n'y a plus que moi à être rond!

MÈRE UBU

Sot personnage! — Votre femme ne vous prend pas votre or.

PÈRE UBU

Non, c'est drôle!

MÈRE UBU

Elle ne détourne pas un sou!

PÈRE UBU

Témoin monsieur notre noble et infortuné cheval à Phynances, qui, n'étant pas nourri depuis trois mois, a dû faire la campagne entière traîné par la bride à travers l'Ukraine. Aussi est-il mort à la tâche, la pauvre bête!

MÈRE UBU

Tout ceci sont des mensonges, votre femme est un modèle et vous quel monstre vous faites!

PÈRE UBU

Tout ceci sont des vérités, ma femme est une coquine et vous quelle andouille vous faites!

MÈRE UBU

Prenez garde, Père Ubu.

PÈRE UBU

Ah! c'est vrai, j'oubliais à qui je parlais. Non,
je n'ai pas dit ça!

MÈRE UBU

Vous avez tué Venceslas.

PÈRE UBU

Ce n'est pas ma faute, moi, bien sûr. C'est la
Mère Ubu qui a voulu.

MÈRE UBU

Vous avez fait mourir Boleslas et Ladislas.

PÈRE UBU

Tant pis pour eux! Ils voulaient me taper!

MÈRE UBU

Vous n'avez pas tenu votre promesse envers
Bordure et plus tard vous l'avez tué.

PÈRE UBU

J'aime mieux que ce soit moi que lui qui règne
en Lithuanie. Pour le moment ça n'est ni l'un ni
l'autre. Ainsi vous voyez que ça n'est pas moi.

MÈRE UBU

Vous n'avez qu'une manière de vous faire
pardonner tous vos méfaits.

PÈRE UBU

Laquelle? Je suis tout disposé à devenir un
saint homme, je veux être évêque et voir mon
nom sur le calendrier.

MÈRE UBU

Il faut pardonner à la Mère Ubu d'avoir
détourné un peu d'argent.

PÈRE UBU

Eh bien, voilà! Je lui pardonnerai quand elle
m'aura rendu tout, qu'elle aura été bien rossée, et
qu'elle aura ressuscité mon cheval à finances.

MÈRE UBU

Il en est toque de son cheval! Ah! je suis
perdue, le jour se lève.

PÈRE UBU

Mais enfin je suis content de savoir maintenant
assurément que ma chère épouse me volait. Je le
sais maintenant de source sûre. Omnis a Deo
scientia, ce qui veut dire : Omnis, toute; a Deo,
science; scientia, vient de Dieu [48]. Voilà l'explication du phénomène. Mais madame l'Apparition
ne dit plus rien. Que ne puis-je lui offrir de quoi
se réconforter. Ce qu'elle disait était très amusant. Tiens, mais il fait jour! Ah! Seigneur, de
par mon cheval à finances, c'est la Mère Ubu!

MÈRE UBU, *effrontément.*

Ça n'est pas vrai, je vais vous excommunier.

PÈRE UBU

Ah! charogne!

MÈRE UBU

Quelle impiété.

PÈRE UBU

Ah! c'est trop fort. Je vois bien que c'est toi, <u>sotte chipie!</u> Pourquoi diable es-tu ici?

MÈRE UBU

Giron est mort et les Polonais m'ont chassée.

PÈRE UBU

Et moi, ce sont les Russes qui m'ont chassé : les beaux esprits se rencontrent.

MÈRE UBU

Dis donc qu'un bel esprit a rencontré une <u>bourrique!</u>

PÈRE UBU

Ah! eh bien, il va rencontrer un palmipède maintenant. *(Il lui jette l'ours.)*

MÈRE UBU, *tombant accablée sous le poids de l'ours.*

Ah! grand Dieu! Quelle horreur! Ah! je meurs! J'étouffe! il me mord! Il m'avale! il me digère!

PÈRE UBU

Il est mort! grotesque. Oh! mais, au fait, peut-être que non! Ah! Seigneur! non, il n'est pas mort, sauvons-nous. *(Remontant sur son rocher.)* Pater noster qui es...

MÈRE UBU, *se débarrassant.*

Tiens! où est-il?

PÈRE UBU

Ah! Seigneur! la voilà encore! Sotte créature, il n'y a donc pas moyen de se débarrasser d'elle. Est-il mort, cet ours?

MÈRE UBU

Eh oui, sotte bourrique, il est déjà tout froid. Comment est-il venu ici?

PÈRE UBU, *confus.*

Je ne sais pas. Ah! si, je sais! Il a voulu manger Pile et Cotice et moi je l'ai tué d'un coup de Pater Noster.

MÈRE UBU

Pile, Cotice, Pater Noster. Qu'est-ce que c'est que ça? il est fou, ma finance!

PÈRE UBU

C'est très exact ce que je dis! Et toi tu es idiote, ma giborgne!

MÈRE UBU

Raconte-moi ta campagne, Père Ubu.

PÈRE UBU

Oh! dame, non! C'est trop long. Tout ce que je sais, c'est que malgré mon incontestable vaillance tout le monde m'a battu.

MÈRE UBU

Comment, même les Polonais?

PÈRE UBU

Ils criaient : Vivent [49] Venceslas et Bougrelas.

J'ai cru qu'on voulait m'écarteler. Oh! les enragés! Et puis ils ont tué Rensky!

MÈRE UBU

Ça m'est bien égal! Tu sais que Bougrelas a tué le Palotin Giron!

PÈRE UBU

Ça m'est bien égal! Et puis ils ont tué le pauvre Lascy!

MÈRE UBU

Ça m'est bien égal!

PÈRE UBU

Oh! mais tout de même, arrive ici, charogne! Mets-toi à genoux devant ton maître *(il l'empoigne et la jette à genoux),* tu vas subir le dernier supplice.

MÈRE UBU

Ho, ho, monsieur Ubu!

PÈRE UBU

Oh! oh! oh! après, as-tu fini? Moi je commence : torsion du nez, arrachement des cheveux, pénétration du petit bout de bois dans les oneilles, extraction de la cervelle par les talons, lacération du postérieur, suppression partielle ou même totale de la moelle épinière (si au moins ça pouvait lui ôter les épines du caractère), sans oublier l'ouverture de la vessie natatoire et finalement la grande décollation renouvelée de saint Jean-Baptiste, le tout tiré des très saintes

Ecritures, tant de l'Ancien que du Nouveau Testament, mis en ordre, corrigé et perfectionné par l'ici présent Maître des Finances [50] ! <u>Ça te va-t-il, andouille?</u>

Il la déchire.

MÈRE UBU

Grâce, monsieur Ubu !

Grand bruit à l'entrée de la caverne.

— ——— —————————

SCÈNE II

LES MÊMES, BOUGRELAS
se ruant dans la caverne avec ses SOLDATS

BOUGRELAS

En avant, mes amis ! Vive la Pologne !

PÈRE UBU

Oh! oh! attends un peu, monsieur le Polognard. Attends que j'en aie fini avec madame ma moitié !

BOUGRELAS, *le frappant.*

<u>Tiens, lâche, gueux, sacripant, mécréant, musulman !</u>

PÈRE UBU, *ripostant.*

<u>Tiens! Polognard, soûlard, bâtard, hussard,</u>

tartare, calard, cafard, mouchard, savoyard,
communard!

MÈRE UBU, *le battant aussi.*

Tiens, capon, cochon, félon, histrion, fripon,
souillon, polochon!

> Les Soldats *se ruent sur* les Ubs, *qui se*
> *défendent de leur mieux.*

PÈRE UBU

Dieux! quels renfoncements!

MÈRE UBU

On a des pieds, messieurs les Polonais.

PÈRE UBU

De par ma chandelle verte, ça va-t-il finir, à la
fin de la fin? Encore un! Ah! si j'avais ici mon
cheval à phynances!

BOUGRELAS

Tapez, tapez toujours.

VOIX AU DEHORS

Vive le Père Ubé, notre grand financier!

PÈRE UBU

Ah! les voilà. Hurrah! Voilà les Pères Ubus.
En avant, arrivez, on a besoin de vous, messieurs
des Finances!

> *Entrent* les Palotins, *qui se jettent dans la*
> *mêlée.*

COTICE

A la porte les Polonais!

PILE

Hon! nous nous revoyons, Monsieuye des Finances. En avant, poussez vigoureusement, gagnez la porte, une fois dehors il n'y aura plus qu'à se sauver.

PÈRE UBU

Oh! ça, c'est mon plus fort. O comme il tape.

BOUGRELAS

Dieu! je suis blessé.

STANISLAS LECZINSKI

Ce n'est rien, Sire.

BOUGRELAS

Non, je suis seulement étourdi.

JEAN SOBIESKI

Tapez, tapez toujours, ils gagnent la porte, les gueux.

COTICE

On approche, suivez le monde. Par conséiquent de quoye, je vois le ciel.

PILE

Courage, sire Ubu.

PÈRE UBU

Ah! j'en fais dans ma culotte. En avant,

cornegidouille! Tudez, saignez, écorchez, massacrez, corne d'Ubu! Ah! ça diminue!

COTICE

Il n'y en a plus que deux à garder la porte.

PÈRE UBU, *les assommant à coups d'ours.*

Et d'un, et de deux! Ouf! me voilà dehors! Sauvons-nous! suivez, les autres, et vivement!

SCÈNE III

La scène représente la province de Livonie couverte de neige.

LES UBS ET LEUR SUITE *en fuite.*

PÈRE UBU

Ah! je crois qu'ils ont renoncé à nous attraper.

MÈRE UBU

Oui, Bougrelas est allé se faire couronner.

PÈRE UBU

Je ne la lui envie pas, sa couronne.

MÈRE UBU

Tu as bien raison, Père Ubu.

Ils disparaissent dans le lointain

SCÈNE IV

Le pont d'un navire
courant au plus près sur la Baltique.
Sur le pont le PÈRE UBU *et toute sa bande.*

LE COMMANDANT

Ah! quelle belle brise.

PÈRE UBU

Il est de fait que nous filons avec une rapidité qui tient du prodige. Nous devons faire au moins un million de nœuds à l'heure, et ces nœuds ont ceci de bon qu'une fois faits ils ne se défont pas. Il est vrai que nous avons vent arrière.

PILE

Quel triste imbécile.

Une risée arrive, le navire couche et blanchit la mer.

PÈRE UBU

Oh! Ah! Dieu! nous voilà chavirés. Mais il va tout de travers, il va tomber ton bateau.

LE COMMANDANT

Tout le monde sous le vent, bordez la misaine!

PÈRE UBU

Ah! mais non, par exemple! Ne vous mettez pas tous du même côté! C'est imprudent ça. Et

supposez que le vent vienne à changer de côté :
tout le monde irait au fond de l'eau et les
poissons nous mangeront.

LE COMMANDANT

N'arrivez pas, serrez près et plein !

PÈRE UBU

Si ! Si ! Arrivez. Je suis pressé, moi ! Arrivez,
entendez-vous ! C'est ta faute, brute de capitaine,
si nous n'arrivons pas. Nous devrions être arrivés. Oh ! oh, mais je vais commander, moi, alors !
Pare à virer ! A Dieu vat. Mouillez, virez vent
devant, virez vent arrière. Hissez les voiles,
serrez les voiles, la barre dessus, la barre dessous,
la barre à côté. Vous voyez, ça va très bien.
Venez en travers à la lame et alors ce sera
parfait.

Tous se tordent, la brise fraîchit.

LE COMMANDANT

Amenez le grand foc, prenez un ris aux
huniers !

PÈRE UBU

Ceci n'est pas mal, c'est même bon ! Entendez-
vous, monsieur l'Equipage? amenez le grand coq
et allez faire un tour dans les pruniers.

*Plusieurs agonisent de rire. Une lame
embarque.*

PÈRE UBU

Oh ! quel déluge ! Ceci est un effet des
manœuvres que nous avons ordonnées.

MÈRE UBU ET PILE

Délicieuse chose que la navigation.

> *Deuxième lame embarque.*

PILE, *inondé.*

Méfiez-vous de Satan et de ses pompes.

PÈRE UBU

Sire garçon, apportez-nous à boire.

> *Tous s'installent à boire.*

MÈRE UBU

Ah! quel délice de revoir bientôt la douce France, nos vieux amis et notre château de Mondragon [51] !

PÈRE UBU

Eh! nous y serons bientôt. Nous arrivons à l'instant sous le château d'Elseneur.

PILE

Je me sens ragaillardi à l'idée de revoir ma chère Espagne [52].

COTICE

Oui, et nous éblouirons nos compatriotes des récits de nos aventures merveilleuses.

PÈRE UBU

Oh! ça, évidemment! Et moi je me ferai nommer Maître des Finances à Paris.

MÈRE UBU

C'est cela! Ah! quelle secousse!

COTICE

Ce n'est rien, nous venons de doubler la pointe d'Elseneur.

PILE

Et maintenant notre noble navire s'élance à toute vitesse sur les sombres lames de la mer du Nord.

PÈRE UBU

Mer farouche et inhospitalière qui baigne le pays appelé Germanie, ainsi nommé parce que les habitants de ce pays sont tous cousins germains.

MÈRE UBU

Voilà ce que j'appelle de l'érudition. On dit ce pays fort beau.

PÈRE UBU

Ah! messieurs! si beau qu'il soit il ne vaut pas la Pologne. S'il n'y avait pas de Pologne il n'y aurait pas de Polonais [53]!

Et maintenant, comme vous avez bien écouté et vous êtes tenus tranquilles, on va vous chanter

LA CHANSON DU DÉCERVELAGE [54]

Je fus pendant longtemps ouvrier ébéniste,
Dans la ru' du Champ d' Mars, d' la paroiss' de
    Toussaints.
Mon épouse exerçait la profession d' modiste,
    Et nous n'avions jamais manqué de rien.
    Quand le dimanch' s'annonçait sans nuage,
    Nous exhibions nos beaux accoutrements

Et nous allions voir le décervelage
Ru' d' l'Echaudé, passer un bon moment.

> *Voyez, voyez la machin' tourner,*
> *Voyez, voyez la cervell' sauter,*
> *Voyez, voyez les Rentiers trembler;*
(Chœur) : *Hourra, cornes-au-cul, vive le Père Ubu!*

Nos deux marmots chéris, barbouillés d' confitures,
Brandissant avec joi' des poupins en papier,
Avec nous s'installaient sur le haut d' la voiture
  Et nous roulions gaîment vers l'Echaudé. —
  On s' précipite en foule à la barrière,
  On s' fich' des coups pour être au premier rang;
  Moi je m' mettais toujours sur un tas d' pierres
  Pour pas salir mes godillots dans l' sang.   *godasses*

> *Voyez, voyez la machin' tourner,*
> *Voyez, voyez la cervell' sauter,*
> *Voyez, voyez les Rentiers trembler;*
(Chœur) : *Hourra, cornes-au-cul, vive le Père Ubu!*

Bientôt ma femme et moi nous somm's tout blancs d'
  cervelle,
Les marmots en boulott'nt et tous nous trépignons
En voyant l' Palotin qui brandit sa lumelle,
  Et les blessur's et les numéros d' plomb. —
  Soudain j' perçois dans l' coin, près d' la machine,
  La gueul' d'un bonz' qui n' m' revient qu'à moitié.
  Mon vieux, que j' dis, je r'connais ta bobine,
  Tu m'as volé, c'est pas moi qui t' plaindrai.

> *Voyez, voyez la machin' tourner,*
> *Voyez, voyez la cervell' sauter,*
> *Voyez, voyez les Rentiers trembler;*
(Chœur) : *Hourra, cornes-au-cul, vive le Pere Ubu!*

Soudain j' me sens tirer la manch' par mon épouse :
Espèc' d'andouill', qu'ell' m' dit, v'là l' moment d'te
  montrer :
Flanque-lui par la gueule un bon gros paquet d' bouse.
  V'là l' Palotin qu'a just' le dos tourné. —
  En entendant ce raisonn'ment superbe,

J'attrap' sus l' coup mon courage à deux mains :
J' flanque au Rentier une gigantesque merdre
Qui s'aplatit sur l' nez du Palotin.

> *Voyez, voyez la machin' tourner,*
> *Voyez, voyez la cervell' sauter,*
> *Voyez, voyez les Rentiers trembler;*
(CHŒUR) : *Hourra, cornes-au-cul, vive le Père Ubu!*

Aussitôt j' suis lancé par-dessus la barrière,
Par la foule en fureur je me vois bousculé
Et j' suis précipité la tête la première
    Dans l' grand trou noir d'ous qu'on n' revient jamais. —
Voilà c' que c'est qu' d'aller s' prom'ner l' dimanche
    Rue d' l'Echaudé pour voir décerveler,
Marcher l' Pinc'-Porc ou bien l' Démanch'-Comanche,
On part vivant et l'on revient tudé.

> *Voyez, voyez la machin' tourner,*
> *Voyez, voyez la cervell' sauter,*
> *Voyez, voyez les Rentiers trembler;*
(CHŒUR) : *Hourra, cornes-au-cul, vive le Père Ubu!*

FIN

Ubu cocu

Restitué en son intégrité
tel qu'il a été représenté
par les marionnettes du
Théâtre des Phynances

CINQ ACTES

Ce texte a été publié par les
Éditions des Trois Collines
en 1944.

PERSONNAGES

PÈRE UBU
SA CONSCIENCE
MÈRE UBU
ACHRAS [1]
REBONTIER [2]
MEMNON [3]
LES TROIS PALOTINS
LE SAVETIER SCYTOTOMILLE
LE CROCODILE
UN LARBIN
UN CHIEN A BAS DE LAINE

La scène se passe chez Achras. Deux portes latérales, une porte au fond s'ouvrant dans un cabinet.

ACTE PREMIER

SCÈNE PREMIÈRE

ACHRAS

O mais c'est qué, voyez-vous bien, je n'ai point
sujet d'être mécontent de mes polyèdres : ils font
des petits toutes les six semaines, c'est pire que des
lapins. Et il est bien vrai de dire que les polyèdres
réguliers sont les plus fidèles et les plus attachés
à leur maître; sauf que l'Icosaèdre [4] s'est révolté
ce matin et que j'ai été forcé, voyez-vous bien, de
lui flanquer une gifle sur chacune de ses faces. Et
que comme ça c'était compris. Et mon traité,
voyez-vous bien, sur les mœurs des polyèdres qui
s'avance: n'y a plus que vingt-cinq volumes à faire.

SCÈNE II

ACHRAS, un Larbin

LE LARBIN

Monsieur, y a z'un bonhomme qui veut parler
à Monsieur. Il a arraché la sonnette à force de

tirer dessus, il a cassé trois chaises en voulant
s'asseoir.

Il lui remet une carte.

ACHRAS

Qu'est-ce qué c'est que ça? Monsieur Ubu,
ancien roi de Pologne et d'Aragon, docteur en
pataphysique. Ça n'est point compris du tout.
Qu'est-ce qué c'est que ça, la pataphysique?
Enfin, c'est égal, ça doit être quelqu'un de
distingué. Je veux faire acte de bienveillance
envers cet étranger en lui montrant mes
polyèdres. Faites entrer ce Monsieur.

SCÈNE III

ACHRAS, UBU
en costume de voyage, portant une valise[5].

PÈRE UBU

Cornegidouille! Monsieur, votre boutique est
fort pitoyablement installée : on nous a laissé
carillonner[6] à la porte pendant plus d'une heure;
et lorsque messieurs vos larbins se sont décidés à
nous ouvrir, nous n'avons aperçu devant nous
qu'un orifice tellement minuscule, que nous ne
comprenons point encore comment notre
gidouille est venue à bout d'y passer.

ACHRAS

O mais c'est qué, excusez : je ne m'attendais

point à la visite d'un aussi gros personnage... sans
ça, soyez sûr qu'on aurait fait élargir la porte.
Mais vous excuserez l'embarras d'un vieux collec-
tionneur, qui est en même temps, j'ose le dire, un
grand savant.

PÈRE UBU

Ceci vous plaît à dire, Monsieur, mais vous
parlez à un grand pataphysicien.

ACHRAS

Pardon, Monsieur, vous dites?...

PÈRE UBU

Pataphysicien. La pataphysique est une
science que nous avons inventée et dont le besoin
se faisait généralement sentir.

ACHRAS

O mais c'est qué, si vous êtes un grand
inventeur, nous nous entendrons, voyez-vous
bien ; car entre grands hommes...

PÈRE UBU

Soyez plus modeste, Monsieur ! Je ne vois
d'ailleurs ici de grand homme que moi. Mais
puisque vous y tenez, je condescends à vous faire
un grand honneur. Vous saurez que votre maison
nous convient, et que nous avons résolu de nous
y installer.

ACHRAS

O mais c'est qué, voyez-vous bien...

PÈRE UBU

Je vous dispense des remerciements. — Ah! à propos, j'oubliais : comme il n'est point juste que le père soit séparé de ses enfants, nous serons incessamment rejoint par notre famille : Madame Ubu, nos fils Ubu et nos filles Ubu. Ce sont des gens fort sobres et fort bien élevés.

ACHRAS

O mais c'est qué, voyez-vous bien, je crains de...

PÈRE UBU

Nous comprenons : vous craignez de nous gêner. Aussi bien ne tolérerons-nous plus votre présence ici qu'à titre gracieux. De plus, pendant que nous inspecterons vos cuisines et votre salle à manger [7], vous allez aller chercher nos trois caisses de bagages, que nous avons omises dans votre vestibule.

ACHRAS

O mais c'est qué — y a point d'idée du tout de s'installer comme ça chez les gens. C'est une imposture manifeste.

PÈRE UBU

Une posture magnifique! Parfaitement, Monsieur, vous avez dit vrai une fois en votre vie.

Achras sort [8].

SCÈNE IV

PÈRE UBU, *puis sa* Conscience

PÈRE UBU

Avons-nous raison d'agir ainsi? Cornegidouille, de par notre chandelle verte, nous allons prendre conseil de notre Conscience. Elle est là, dans cette valise, toute couverte de toiles d'araignée. On voit bien qu'elle ne nous sert pas souvent.

Il ouvre la valise. Sort la Conscience sous les espèces d'un grand bonhomme en chemise.

LA CONSCIENCE

Monsieur, et ainsi de suite, veuillez prendre quelques notes.

PÈRE UBU

Monsieur, pardon! nous n'aimons point à écrire, quoique nous ne doutions pas que vous ne deviez nous dire des choses fort intéressantes[9]. Et à ce propos je vous demanderai pourquoi vous avez le toupet de paraître devant nous en chemise?

LA CONSCIENCE

Monsieur, et ainsi de suite, la Conscience, comme la vérité, ne porte habituellement pas de chemise. Si j'en ai arboré une, c'est par respect pour l'auguste assistance.

PÈRE UBU

Ah çà, monsieur ou madame ma Conscience, vous faites bien du tapage. Répondez plutôt à cette question : ferai-je bien de tuer Monsieur Achras, qui a osé venir m'insulter dans ma propre maison?

LA CONSCIENCE

Monsieur, et ainsi de suite, il est indigne d'un homme civilisé de rendre le mal pour le bien. Monsieur Achras vous a hébergé, Monsieur Achras vous a ouvert ses bras et sa collection de polyèdres, Monsieur Achras, et ainsi de suite, est un fort brave homme, bien inoffensif, ce serait une lâcheté, et ainsi de suite, de tuer un pauvre vieux incapable de se défendre.

PÈRE UBU

Cornegidouille! Monsieur ma Conscience, êtes-vous sûr qu'il ne puisse se défendre?

LA CONSCIENCE

Absolument, Monsieur. Aussi serait-il bien lâche de l'assassiner.

PÈRE UBU

Merci, Monsieur, nous n'avons plus besoin de vous. Nous tuerons Monsieur Achras, puisqu'il n'y a pas de danger, et nous vous consulterons plus souvent, car vous savez donner de meilleurs conseils que nous ne l'aurions cru. Dans la valise!

Il la renferme.

LA CONSCIENCE

Dans ce cas, Monsieur, je crois que nous pouvons, et ainsi de suite, en rester là pour aujourd'hui.

SCÈNE V

PÈRE UBU, ACHRAS, le Larbin

*Achras entre à reculons, saluant d'effroi
devant les trois caisses rouges
poussées par le Larbin.*

PÈRE UBU, au Larbin.

Va-t'en, sagouin. — Et vous [10], Monsieur, j'ai à vous parler. Je vous souhaite mille prospérités et je viens quémander de votre bonne grâce un service d'ami.

ACHRAS

Tout ce qué, voyez-vous bien, on peut attendre d'un vieux savant qui a consacré, voyez-vous bien, à étudier les mœurs des polyèdres soixante ans de sa vie.

PÈRE UBU

Monsieur, nous avons appris que Madame Ubu, notre vertueuse épouse, nous trompe indignement avec un Egyptien nommé Memnon, qui cumule les fonctions d'horloge à l'aurore, la nuit

de vidangeur au tonneau, et le jour, de nous faire
cocu. Nous avons projeté de tirer de lui, cornegidouille! une terrifique vengeance.

ACHRAS

Pour ce qui est de ça, voyez-vous bien,
Monsieur, que vous êtes cocu, je vous approuve.

PÈRE UBU

Nous avons donc résolu de sévir. Et nous ne
voyons rien de plus convenable, pour châtier
l'infâme, que le supplice du pal.

ACHRAS

Pardon, je ne vois pas bien encore, voyez-vous
bien, comment je peux vous être utile.

PÈRE UBU

De par notre chandelle verte, Monsieur, dési-
rant ne rater point notre œuvre de justice, nous
serions ravi qu'un homme respectable essayât
préparatoirement le pal, afin de voir s'il fonctionne bien.

ACHRAS

O mais c'est qué, voyez-vous bien, jamais de la
vie. C'est trop fort. Je regrette, voyez-vous bien,
de ne pouvoir vous rendre ce petit service; mais y
a point d'idée du tout. Vous m'avez volé ma
maison, voyez-vous bien, vous m'avez foutu à la
porte, et maintenant vous voulez me mettre à
mort, ô bien alors, vous abusez.

PÈRE UBU

Ne vous désolez pas, Monsieur notre ami. Ceci

était simplement une plaisanterie. Nous reviendrons quand vous aurez entièrement cessé de manifester de la terreur.

Il sort.

SCÈNE VI

ACHRAS, *puis les trois Palotins*
sortant des caisses [11]

LES TROIS PALOTINS [12]

C'est nous les Palotins,
C'est nous les Palotins,
On a des gueul's d' lapins,
Mais ça n'empêche pas
Qu'on est sal'ment calé
Pour tuder les Rentiers.
C'est nous les Pa,
C'est nous les Tins,
C'est nous les Palotins.

MERDANPO

Dans de grandes boît's en fer-blanc [13]
Empilés la semaine entière,
C'est le dimanche seulement
Qu'on peut respirer le libre air.
L'oreille au vent, sans s'épater,
On marche d'un pas assur
Et les gens qui nous voient passer
Nous prennent pour des militaires.

LES TROIS

C'est nous les Palotins, etc.

MOUSCHED-GOGH

Chaqu' matin nous nous réveillons
A forc' de coups d' pied dans l' derrière ;
Puis il faut descendre à tâtons
Tout en bouclant nos gibecières.
Tout l'rest' du jour, à coups d'marteau
On cass' des gueul's en mill' morceaux
Et l'on rapporte au Père Ubé
L'argent des gens qu'on a tudés.

LES TROIS

C'est nous les Palotins, etc.

Ils dansent. Achras horrifié tombe assis sur une chaise.

QUATREZONEILLES

Dans un grotesque accoutrement
Nous parcourons la ville entière
Afin d'casser la gueule aux gens
Qui n'ont pas l'bonheur de nous plaire.
Nous boulottons par une charnière,
Nous pissons par un robinet
Et nous respirons l'atmosphère
Au moyen d'un tub' recourbé [14] !

LES TROIS

C'est nous les Palotins, etc.

Ronde autour d'Achras.

ACHRAS

O mais c'est qué, voyez-vous bien, c'est absurde, y a point d'idée du tout.

Le pal surgit sous sa chaise.

O bien alors, ça n'est point compris. Si vous étiez mes polyèdres, voyez-vous bien... Ayez pitié

d'un malheureux savant... Voyez... voyez-vous
bien. Y a point d'idée !

> *Il est empalé et élevé en l'air malgré ses
> hurlements.*
> *Il fait nuit noire.*

LES PALOTINS, *fouillant les meubles
et en retirant des sacs de phynance.*

Donnez finance — au Père Ubu. Donnez toute
la finance — au Père Ubu. Qu'il n'en reste rien
— et que pas un sou — n'échappe — aux grigous
— qui viennent la chercher. Donnez toute la
finance — au Père Ubu !

> *Rentrant dans leurs caisses.*

C'est nous les Palotins,
                    etc.

> *Achras perd connaissance.*

SCÈNE VII

ACHRAS, *empalé*, PÈRE UBU, MÈRE UBU

PÈRE UBU

De par ma chandelle verte, ma douce enfant,
serons-nous heureux dans cette maison !

MÈRE UBU

Une seule chose manque à mon bonheur, mon
ami : voir l'hôte respectable qui nous a fait ces
loisirs.

PÈRE UBU

Qu'à cela ne tienne : prévoyant votre souhait,
je l'ai fait installer à la place d'honneur.

> *Il montre le pal. Cris et crise de nerfs de la
> Mère Ubu.*

FIN DU PREMIER ACTE

ACTE II

SCÈNE PREMIÈRE

ACHRAS *empalé*, LA CONSCIENCE
sortant à demi de la valise.

LA CONSCIENCE

Monsieur.

ACHRAS

Hhron.

LA CONSCIENCE

Et ainsi de suite.

ACHRAS

C' qu'y a encore, rhon mais c'est qué? Je dois
être mort, laissez-moi tranquille.

LA CONSCIENCE

Monsieur, bien que ma philosophie condamne

absolument l'action, ce qu'a fait Monsieur Ubu étant trop indigne, je vais vous désempaler.

Il s'allonge jusqu'à la hauteur d'Achras.

ACHRAS, *désempalé.*

Ça n'est pas de refus, Monsié.

LA CONSCIENCE

Monsieur, et ainsi de suite, je désire avoir avec vous un moment d'entretien, asseyez-vous, je vous prie.

ACHRAS

O mais c'est qué, voyez-vous bien, ne parlons point de ça. Je n'aurais point l'impolitesse de m'asseoir en présence d'un pur esprit qui est mon sauveur, et puis, voyez-vous bien, ça m'est désagréable.

LA CONSCIENCE

Mon sens intime et le sentiment de l'équité me font un devoir de châtier Monsieur Ubu. Quelle vengeance allez-vous projeter?

ACHRAS

Hon mais c'est qué, voyez-vous bien, y a longtemps que c'est tout réfléchi. Je vais simple-ment décrocher la trappe de la cave... hon... placer le fauteuil au bord, voyez-vous bien; et quand ce bonhomme, voyez-vous bien, va rentrer de dîner, il va tout effondrer, ô bien alors, et comme ça ce sera compris!

LA CONSCIENCE

Justice sera faite, et ainsi de suite.

SCÈNE II

LES MÊMES, PÈRE UBU
La Conscience se cache dans la valise.

PÈRE UBU

Cornegidouille! Monsieur, vous n'êtes point
resté où je vous avais mis. Au fait, puisque vous
êtes encore utilisable, vous n'oublierez pas de dire
à votre cuisinière qu'elle a l'habitude de servir la
soupe trop salée et le rôti beaucoup trop cuit.
Nous ne les aimons point ainsi. Ce n'est pas que
nous ne puissions, par notre science en pataphysique, faire surgir de terre les mets les plus
exquis; mais ce sont vos procédés, Monsieur, qui
nous indignent!

ACHRAS

O mais c'est qué, ça ne se renouvellera plus.

Le Père Ubu s'engloutit dans la trappe.

Voyez-vous bien.

PÈRE UBU

Cornegidouille, Monsieur [15]! que signifie cette
plaisanterie? Vos planchers sont déplorables.
Nous allons être obligé de sévir.

ACHRAS

C'est seulement une trappe, voyez-vous bien.

LA CONSCIENCE

Monsieur Ubu est trop gros, il ne pourra jamais passer.

PÈRE UBU

De par ma chandelle verte, il faut qu'une trappe soit ouverte ou fermée. La beauté du théâtre à phynances gît dans le bon fonctionnement des trappes. Celle-ci nous étrangle, nous écorche le côlon transverse et le grand épiploon. Nous allons périr si vous ne nous tirez de là.

ACHRAS

Tout ce qui est en mon pouvoir, c'est, voyez-vous bien, de charmer vos instants par la lecture de quelques passages caract'istiques, voyez-vous bien, de mon traité sur les mœurs des polyèdres et de la thèse que j'ai mis soixante ans à composer sur la surface du canré. Vous ne voulez pas? O bien alors, je m'en vais, je ne veux point voir ça, c'est trop triste.

Il sort.

SCÈNE III

PÈRE UBU, LA CONSCIENCE

PÈRE UBU

Ma conscience, où êtes-vous? Cornegidouille, vous me donniez de bons conseils. Nous ferons pénitence et restituerons entre vos mains quelque fraction de ce que nous avons pris. Nous ne décervèlerons plus.

LA CONSCIENCE

Monsieur, je n'ai jamais voulu la mort du pécheur, et ainsi de suite. Je vous tends une main secourable.

PÈRE UBU

Dépêchez-vous, Monsieur, nous périssons. Hâtez-vous de nous tirer de cette trappe et nous vous octroierons hors de votre valise un jour de congé.

La Conscience, après avoir délivré Ubu, jette la valise dans la trappe.

LA CONSCIENCE, *gesticulant.*

Merci, Monsieur. Monsieur, il n'y a pas d'exercice plus salutaire que la gymnastique. Demandez à tous les hygiénistes.

PÈRE UBU

Cornegidouille, Monsieur, vous faites bien du tapage. Pour vous prouver notre supériorité en ceci comme en tout, nous allons faire le saut périgiglyeux, ce qui peut paraître étonnant, étant donné l'énormité de notre gidouille.

Il commence à courir et bondir.

LA CONSCIENCE

Monsieur, je vous en supplie, n'en faites rien, vous allez défoncer le plancher et disparaître

encore dans quelque trappe. Admirez notre légèreté. *(Il reste pendu par les pieds.)* Oh! au
secours! je vais me briser les reins, venez à mon
aide, Monsieur Ubu.

PÈRE UBU, *assis.*

O non. Nous n'en ferons rien, Monsieur. Nous
faisons en ce moment notre digestion, et la
moindre dilatation de notre gidouille nous ferait
périr à l'instant. Dans deux ou trois heures au
plus, notre digestion sera terminée et nous
volerons à votre secours. Et d'ailleurs, nous
n'avons point l'habitude de décrocher des guenilles.

> *La Conscience s'agite et tombe sur la
> gidouille d'Ubu.*

PÈRE UBU

Ah ça, Monsieur, nous ne tolérons point que
l'on nous fasse du tapage, et ce n'est pas vous qui
commencerez!

> *Ne trouvant pas la valise, il prend la
> Conscience par les pieds, ouvre la porte du
> fond et la fait disparaître la tête la première
> dans le trou entre les deux semelles de
> pierre*[16].

SCÈNE IV

PÈRE UBU, LES TROIS PALOTINS
debout dans leurs caisses

LES TROIS PALOTINS

Ceux qui se fichent de sa barbiche — sont tous
des sots et des idiots — qui pourraient bien —
avant demain — avoir à s'en r'pentir. Car il
n' veut pas — que sa personne — soit maltraitée — ou plaisantée. Car il n' veut pas — que sa
giborgne — soit ri-di-cu-li-sée.

Ce tonneau qui s'avance, neau qui s'avance,
neau qui s'avance, c'est le Père Ubu [17].

> *Cependant le Père Ubu allume sa chandelle
> verte, flamme de l'hydrogène dans la vapeur
> de soufre, et qui, construite d'après le principe
> de l'Orgue philosophique, émet un son de flûte
> continu. Et il append au mur deux écriteaux :
> Ici on pique à la machine — coupe les chats
> et les oneilles.*

MERDANPO

Hon, Monsieuye! Il y a des gens qui ont bien
de la peine. Monsieur Rebontier il a passé onze
fois ce matin au Pince-Porc, place de la
Concorde. Hon!

MOUSCHED-GOGH

Monsieuye, comme vous me l'avez dit, j'ai été

porter une caisse de coups de poings explosifs [18]
chez Monsieuye ***, et un plein pot de merdre
chez Monsieuye ***. Hon !

QUATREZONEILLES

J'ai été en Egypte, Monsieuye, et j'ai rapporté
le Memnon chanteur. Par conseiquent de quoye,
comme je ne sais pas s'il faut le remonter pour
qu'il chante tous les matins, je l'ai déposé dans là
Chambre à Sous. Hon !

PÈRE UBU

Silence, stupides bougres. Laissez-nous méditer. — La sphère est la forme parfaite, le soleil
est l'astre parfait, en nous rien n'est si parfait
que la tête, toujours vers le soleil levée, et
tendant vers sa forme, sinon l'œil, miroir de cet
astre et semblable à lui.

La sphère est la forme des anges. A l'homme
n'est donné que d'être ange incomplet. Plus
parfait que le cylindre, moins parfait que la
sphère, du tonneau radie le corps hyperphysique.
Nous, son isomorphe, sommes beau [19].

LES PALOTINS

Ceux qui se fichent — de sa barbiche — sont
tous des sots — et des idiots — qui pourraient
bien — avant demain — passer à la machine.

> *Le Père Ubu, qui était assis à sa table, se
> lève et marche.*

LES PALOTINS

Ce tonneau qui s'avance, neau qui s'avance,
neau qui s'avance, c'est le Père Ubu. Et sa

gidouille immense, gidouille immense, gidouille
immense, est telle qu'un...

Non cum vacaveris, pataphysicandum est, a dit
Sénèque. Il serait urgent de faire remettre une
pièce à notre habit en laine philosophique. *Omnia
alia negligenda sunt,* il est certainement irrévérencieux, *ut huic assideamus,* d'employer à d'infâmes
usages de vidange des barriques et des tonneaux,
ce qui est insulter gravement à l'ici présent
maître des Finances. *Cui nullum tempus vitae
satis magnum est,* c'est pourquoi nous avons
inventé cet instrument, que nous n'hésitons
nullement à qualifier du nom de pompe à
merdre!

> *Il le tire de sa poche et le pose sur la table.*

LES PALOTINS

Hon, Monsieuye!

PÈRE UBU

Et maintenant il se fait tard, nous allons aller
dormir. — Ah! j'oubliais : vous nous apporterez,
en revenant d'Egypte, de la graisse de momies
pour notre machine, quoiqu'il paraisse que ça
court très vite, cornegidouille! et soit difficile à
capturer.

> *Il emporte sa chandelle verte et sa pompe et
> sort.*

SCÈNE V

Les Palotins immobiles chantent,
cependant que s'érige au milieu de la scène
la statue de Memnon,
dont le socle est un tonneau.

LES PALOTINS

Craignez et redoutez le maître des Finances,
Vous, les petits Rentiers qui, les mains dans les poches,
Ne pensez à crier que quand on vous écorche!
Un Palotin graisseux vient leur couper la tête,
Regardant de travers par-dessus ses lunettes...
Le Père Ubu, debout avant le point du jour,
Aussitôt éveillé commence ses cent tours.
Il ouvre à grand fracas la porte de la salle
Où dort des Palotins la pouilleuse canaille.
Son oreille se tord et s'abat en sifflant;
Un Palotin giflé, tous, au son du tambour,
Dégringolent en rang s'aligner dans la cour.
Le Père Ubu leur lit les dispositions
Qui fixent à chacun sa destination;
Il leur donne un croûton, deux ou trois oignons crus,
Et les pousse dehors à coups de pied au cul...
Puis d'un pas magistral il rentre dans sa chambre
Et va regarder l'heure à sa pendule d'ambre...
— Six heures! grand bon Dieu! que je suis en retard!
Allons, réveillez-vous, dame la Mère Ubance,
Donnez le sabre à merdre et le croc à finances.
— Mais, dit la Mère Ubu, Monsieur le Père Ubon,
De te laver la gueule il n'est point question?
Mais ce propos déplaît au maître des Finances.
De sa poche abhorrée il passe la bretelle

Et, quelque temps qu'il fasse, ou qu'il vente ou qu'il
  gèle,
Il part, courbant le dos sous le vent du matin [20].

FIN DU DEUXIÈME ACTE

ACTE III

SCÈNE PREMIÈRE

LES PALOTINS *traversent la scène.*

Marchons avec prudence et veillons avec soin.
Montrons la vigilance des braves Palotins; et
Sachons sagement distinguer si les gens sont de noirs
sacripants ou bien de simples passants.

Voyez ses bas chinés, son habit, ses plumets, pas
d'erreur, c'est un rentier!

Abominable face, lâche gueux, nous allons te donner
sur la place mille coups de bâton.

Le Rentier tâche en vain d'apaiser les Palotins. Il est
chargé de liens et bourré de coups de poing.

Monsieur le Père Ubu sera content tant et plus:
Il aura pour dîner des cervelles de Rentiers [21].

Ils sortent.

SCÈNE II

venant l'un de droite, l'autre de gauche.
Le premier couplet en même temps.

REBONTIER

Costume de rentier, bas chinés, plumets, etc.

Ha c'est indigne, c'est révoltant! Un malheureux fonctionnaire. Je n'ai que 3 700 francs de
traitement et Monsieur Ubu exige de moi chaque
matin le payement d'une carte à finances de
80 000 francs. Faute de pouvoir payer comptant,
il me fait passer au Pince-Porc, établi en perma-
nence place de la Concorde; et le coût de chaque
séance est de 15 000 francs. C'est indigne, c'est
révoltant!

ACHRAS

O mais c'est qué, y a point moyen de rester
chez moi. Monsieur Ubu m'a signifié depuis
longtemps, voyez-vous bien, d'avoir à passer la
porte; et d'ailleurs il a installé, sauf votre
respect, une pompe à merdre, voyez-vous bien,
dans ma chambre à coucher. O! quelqu'un. C'est
encore un Palotin!

REBONTIER

Que vois-je? Un émissaire de Monsieur des
Finances? Flattons-le. Vive Monsieur Ubu!

ACHRAS

Sous peine d'être encore empalé, faut dire comme lui, voyez-vous bien. Tudez, voyez-vous bien! Décervelez, coupez les oneilles!

REBONTIER

Au Pince-Porc! Mort aux Rentiers! A la machine!

ACHRAS

Au pal, voyez-vous bien.

> *Ils s'avancent l'un vers l'autre.*

REBONTIER

Aïe! au secours! à l'assassin!

ACHRAS

Hon! au secours!

> *Ils se bousculent en voulant fuir* [22].

ACHRAS, *à genoux.*

Monsié le Palotin, pardon! voyez-vous bien. Je ne l'ai pas fait exprès. Je suis un dévoué serviteur de Monsieur Ubu.

REBONTIER

C'est révoltant! je suis le défenseur zélé de Monsieur des Finances!

ACHRAS

O mais c'est qué, voyez-vous bien, Monsié, êtes-vous maître d'armes?

REBONTIER

C'est indigne, Monsieur, mais je n'ai pas cet honneur.

ACHRAS

Pasqué c'est qué, voyez-vous bien, ô bien alors, si vous n'êtes point maître d'armes, je vais vous donner ma carte [23].

REBONTIER

Monsieur, dans ce cas je crois inutile de dissimuler plus longtemps. Je suis en effet maître d'armes.

ACHRAS

O bien alors –– *(il lui flanque une gifle)* –– donnez-moi votre carte maintenant, s'il vous plaît, voyez-vous bien. Que je flanque des gifles à tous les maîtres d'armes pour qu'ils me donnent leur carte, voyez-vous bien ; et que moi après je montre les cartes des maîtres d'armes aux non-maîtres d'armes pour leur faire peur, parce que je suis un homme pacifique, et que comme ça c'est compris, ô bien alors !

REBONTIER

C'est révoltant, Monsieur. Mais vous avez beau faire, je ne me battrai pas avec vous. D'ailleurs la lutte serait trop inégale.

ACHRAS

Pour ce qui est de ça, voyez-vous bien, ne vous inquiétez point, je serai magnanime dans la victoire [24].

Un chien à bas de laine [25] *traverse la scène.*

REBONTIER

C'est indigne! Cet animal envoyé par Monsieur Ubu a dépouillé mes pieds de leurs enveloppes.

ACHRAS

Vos bas chinés et vos chaussures, voyez-vous bien. Moi qui allais vous proposer de fuir avec moi.

REBONTIER

Fuir? où ça?

ACHRAS

Fuir, pour nous battre, j'entends, mais loin de Monsieur Ubu.

REBONTIER

En Belgique?

ACHRAS

Ou mieux [26], voyez-vous bien, en Égypte. Je ramasserai quelques pyramides pour ma collection de polyèdres. Quant à vos souliers, voyez-vous bien, je vais faire monter le savetier du coin et le malheur sera réparé.

SCÈNE III

REBONTIER, LES PALOTINS,
MEMNON *sur son tonneau*

Rebontier va s'asseoir,
au même instant Memnon prélude sur sa flûte,
car le jour se lève.
Rebontier écoute horrifié ce qui suit,
placé devant le socle,
ce qui fait que les Palotins,
qui se montreront de l'autre côté
pour accompagner au refrain,
ne pourront l'apercevoir.

MEMNON

Je fus pendant longtemps ouvrier ébéniste
Dans la ru' du Champ-d'Mars, d'la paroiss' de
  Toussaints;
Mon épouse exerçait la profession d'modiste,
  Et nous n'avions jamais manqué de rien.
  Quand le dimanch' s'annonçait sans nuages,
  Nous exhibions nos beaux accoutrements,
  Et nous allions voir le décervelage
  Ru' d' l'Échaudé, passer un bon moment.

  Voyez, voyez la machin' tourner
  Voyez, voyez la cervell' sauter
  Voyez, voyez les rentiers trembler...

LES PALOTINS

Hourra! Cornes-au-cul, vive le Père Ubu!

MEMNON

Nos deux marmots chéris, barbouillés
　　d'confitures,
Brandissant avec joi' des poupins en papier
Avec nous s'installaient sur le haut d'la voiture
　　Et nous roulions gaîment vers l'Échaudé.
　　On s'précipite en foule à la barrière,
　　On s'flanque des coups pour être au premier
　　　rang;
　　Moi je m'mettais toujours sur un tas d'pierres
　　Pour pas salir mes godillots dans l'sang.
　　　Voyez, etc.

LES PALOTINS

Hourra! Cornes-au-cul, vive le Père Ubu!

MEMNON

Bientôt ma femme et moi nous somm's tout blancs
　　d'cervelle.
Les marmots en boulott'nt et tous nous trépignons
En voyant l'Palotin qui brandit sa lumelle
　　Et les blessur's et les numéros d'plomb.
　　Soudain, j'perçois dans l'coin, près d'la machine,
　　La gueule d'un bonz' qui n'm'revient qu'à
　　　moitié.
　　Mon vieux, que j'dis, je r'connais ta bobine :
　　Tu m'as volé, c'est pas moi qui t'plaindrai.
　　　Voyez, etc.

LES PALOTINS

Hourra! Cornes-au-cul, vive le Père Ubu!

MEMNON

Soudain, j'me sens tirer la manch' par mon épouse;
Espèc' d'andouill', qu'ell' m'dit, v'là l'moment d'te
　　montrer :
Flanque-lui par la gueule un bon gros paquet d'bouse.
　　V'la l'Palotin qu'à just' le dos tourné.
　　En entendant ce raisonn'ment superbe,

Tahar Ben Jelloun
Les Yeux Baissés

Driss Chraïbi
Une enquête au pays.

Est-il vrai que l'h̃
parviendra finalement
à donner l'univers entier,
à l'except° de lui-m̄ ?

Lester Ward
Dynamic Sociology

J'attrap' sur l'coup mon courage à deux mains :
J'flanque au Rentier un' gigantesque merdre
Qui s'aplatit sur l'nez du Palotin.

LES PALOTINS ET MEMNON

Voyez, etc.

MEMNON

Aussitôt j'suis lancé par-dessus la barrière,
Par la foule en fureur je me vois bousculé
Et j'suis précipité la tête la première
 Dans l'grand trou noir d'ousqu'on n'revient jamais
Voilà c'que c'est qu'd'aller s'prom'ner l'dimanche
Ru' d'l'Échaudé pour voir décerveler,
Marcher l'Pinc'-Porc ou bien l'Démanch'-Comanche
On part vivant et l'on revient tudé !

LES PALOTINS ET MEMNON

 Voyez, voyez la machin' tourner,
 Voyez, voyez la cervell' sauter,
 Voyez, voyez les rentiers trembler...
Hourra! Cornes-au-cul, vive le Père Ubu [27] *!*

SCÈNE IV

Les Palotins rentrent dans les caisses
en voyant la lumière.
Achras arrive suivi de Scytotomille
portant son enseigne
et un assortiment de chaussures sur un éventaire.

MEMNON, REBONTIER,
ACHRAS, SCYTOTOMILLE

ACHRAS

Pour ne point nuire, voyez-vous bien, à l'unité
de lieu, nous n'avons pu nous transporter jusqu'à

votre échoppe. Installez-vous *(il ouvre la porte du fond)* dans ce petit réduit, votre enseigne au-dessus de la porte, et mon jeune ami va vous présenter sa requête [28].

REBONTIER

Sire Savetier, c'est moi qui fais la fuite en Égypte avec mon respectable ami Monsieur Achras. Les chiens à bas de laine m'ayant dénudé les pieds, j'impètre de vous des chaussures.

SCYTOTOMILLE

Voici, Monsieur, un excellent article, quoique innommable, la spécialité de la maison, les Écrase-Merdres. De même qu'il y a différentes espèces de merdres, il y a des Écrase-Merdres pour la pluralité des goûts. Voici pour les estrons récents, voici pour le crottin de cheval, voici pour les spyrates [29] antiques, voici pour la bouse de vache, voici pour le méconium d'enfant au berceau, voici pour le fiant de gendarme, voici pour les selles d'un homme entre deux âges [30].

REBONTIER

Ah! Monsieur! je prends cette paire, je crois qu'elle m'ira bien. Combien la vendez-vous, s'il vous plaît, sire Savetier?

SCYTOTOMILLE

Quatorze francs, parce que vous honorez les savetiers.

ACHRAS

Vous avez eu tort, voyez-vous bien, de ne

point prendre plutôt les — voyez-vous bien —
pour fiant de gendarme. Ça vous aurait fait plus
d'usage.

REBONTIER

Vous avez raison, Monsieur. Sire Savetier, je
prends cette autre paire.

Il s'en va.

SCYTOTOMILLE

Eh! le paiement, Monsieur?

REBONTIER

Puisque je les ai changés contre les...
machins [31] pour homme entre deux âges.

SCYTOTOMILLE

Vous n'avez pas payé ceux-là non plus.

ACHRAS

Puisqu'il ne les prend pas, voyez-vous bien [32].

SCYTOTOMILLE

C'est juste.

ACHRAS, *à Rebontier.*

C'est un truc qui n'est point neuf, voyez-vous
bien; mais pour un savetier en vieux, c'est plus,
voyez-vous bien, proportionné : il le ressemellera.

*Achras et Rebontier, prêts à sortir, se
rencontrent nez à nez avec les Palotins [33].*

SCÈNE V

LES MÊMES, LES PALOTINS

LES PALOTINS, *au-dehors*.

Marchons avec prudence,
etc.

MOUSCHED-GOGH

Dépêchons-nous de rentrer, il fait grand jour, et nos caisses seront fermées.

MERDANPO

Hon! le Palotin 3246, en voilà une, attrape-la, fourre-la dans ta caisse.

QUATREZONEILLES

Je vous tiens, Monsieur la Momie, Monsieur Ubu sera content.

ACHRAS

O mais c'est qué, y a point d'idée du tout. Voulez-vous me lâcher, voyez-vous bien! Vous ne me reconnaissez pas? C'est moi Monsieur Achras, déjà empalé une fois.

REBONTIER

Monsieur, laissez-moi tranquille, c'est une atteinte révoltante à la liberté individuelle. Et puis on m'attend tout le temps au Pince-Porc.

MERDANPO

Attention, en voilà un grand qui se sauve.

QUATREZONEILLES

Oh! comme il marche vite.

Lutte.

REBONTIER

Au secours, sire Savetier, je vous payerai vos chaussures.

ACHRAS

Chassez-les, voyez-vous bien, battez-les.

SCYTOTOMILLE

Je bats la semelle.

Un palotin lui met le feu dans les cheveux.

Quelle nuit! j'ai mal aux cheveux.

LES PALOTINS

Abominable face,
    etc.

Ils flambent le Savetier, puis referment la porte. Une dernière flamme sort par le carreau. On précipite Achras et Rebontier dans le tonneau-socle de Memnon, lequel, pour être détrôné, est flanqué par terre.

LES PALOTINS, *s'éloignant.*

Les chiens z'à bas de laine, z'à bas de laine...
Les lapins à finance, pince à finance...

M'sieur Rebontier, c'pauvre rentier, est em... d'la tête
aux pieds; et les passants s'en vont s'tordant, sans
qu'aucun le console...
Les chameaux à finance marchent les derniers.
Les chameaux à finance... ils n'ont point gagné [34].

FIN DU TROISIÈME ACTE

ACTE IV

SCÈNE PREMIÈRE

Cependant Memnon s'est relevé,
a rajusté sa casquette triplement pontée
et ses houzeaux de vidangeur,
et va faire signe à la porte.

MEMNON, MÈRE UBU

MEMNON

O douce Mère Ubu, tu peux venir, nous
sommes seuls.

MÈRE UBU

O mon ami, que j'ai eu peur pour toi en
entendant tout ce tapage.

MEMNON

C'est mon tonneau que je regrette [35].

MÈRE UBU

Je ne regrette pas le Père Ubu.

MEMNON

On nous regarde : poursuivons ailleurs cet
entretien.

Ils entrent au fond.

SCÈNE II

*Les Mêmes, dans le cabinet du fond,
dont la porte reste entr'ouverte.
Voix du Père Ubu et des Palotins au-dehors.*

VOIX D'UBU

Cornegidouille ! Nous avons ravi sa phynance à
Monsieur Achras, nous l'empalâmes et prîmes sa
maison ; et dans cette maison nous cherchons
maintenant, poussé par nos remords, où nous
pourrions lui rendre la part matérielle de ce que
nous lui avons pris, savoir de son repas.

LES PALOTINS

Dans de grandes boîtes en fer-blanc...

MÈRE UBU

C'est Monsieur Ubu, je suis perdue !

MEMNON

Par le guichet en as de carreau, je vois au loin
ses cornes qui fulgurent. Où me cacher ? Ah ! là-
dedans.

MÈRE UBU

Y penses-tu, mon doux enfant, tu vas te tuer!

MEMNON

Me tuer? Par Gog et Magog, on vit, on respire là-dedans. C'est là-dedans que je travaille. Une, deux, houp!

SCÈNE III

Les Mêmes, LA CONSCIENCE

LA CONSCIENCE, *émergeant comme un ver au moment où Memnon plonge.*

Ouf! quel choc! mon crâne en bourdonne!

MEMNON

Comme un tonneau vide.

LA CONSCIENCE

Le vôtre ne bourdonne[36] pas?

MEMNON

Aucunement.

LA CONSCIENCE

Comme un pot fêlé. J'y ai l'œil.

MEMNON

Plutôt l'air d'un œil au fond d'un pot de chambre.

LA CONSCIENCE

J'ai en effet l'honneur d'être la Conscience de Monsieur Ubu.

MEMNON

C'est lui qui a précipité dans ce trou votre immatérielle personne?

LA CONSCIENCE

Je l'ai mérité, je l'ai tourmenté, il m'a puni.

MÈRE UBU

Pauvre jeune homme...

VOIX DES PALOTINS,
très rapprochées.

L'oreille au vent, sans s'épater...

MEMNON

C'est pourquoi tu vas rentrer, et moi aussi, et Madame Ubu aussi!

Ils descendent.

LES PALOTINS, *derrière la porte.*

Nous boulottons par un' charnière [37]...

PÈRE UBU

Entrez, cornegidouille!

Ils font irruption.

SCÈNE IV

LES PALOTINS,
portant des chandelles vertes.
PÈRE UBU, *en chemise.*

PÈRE UBU

*Sans mot dire, il prend siège. Tout s'ef-
fondre. Il ressort en vertu du principe d'Ar-
chimède. Alors, très simple et digne, en
costume devenu plus sombre :*

La pompe à merdre ne fonctionne donc point?
Répondez, ou je vais vous décerveler.

SCÈNE V

LES MÊMES,
MEMNON, *montrant sa tête.*

LA TÊTE DE MEMNON

Elle ne marche point, elle est arrêtée. C'est
comme votre machine à décerveler, une sale
boutique, je ne la crains guère. Vous voyez bien
qu'y a rien d'tel que les tonneaux. En tombant et
en ressortant, vous avez fait plus de la moitié de
l'ouvrage.

PÈRE UBU

De par ma chandelle verte, je te vais arracher les yeux, tonneau, citrouille, rebut de l'humanité [38] !

> *Il le renfonce, puis il s'enferme dans le cabinet avec les Palotins.*

FIN DU QUATRIÈME ACTE

ACTE V

SCÈNE PREMIÈRE

ACHRAS, REBONTIER

REBONTIER

Monsieur, j'ai assisté à un spectacle bien
curieux.

ACHRAS

Monsieur, je crois, voyez-vous bien, que j'ai vu
précisément le même. N'importe, dites toujours,
on verra si c'est compris.

REBONTIER

Monsieur, j'ai vu à la Gare de Lyon les
douaniers ouvrir une caisse expédiée devinez à
qui?

ACHRAS

Je crois que j'ai entendu dire que c'était
adressé à Monsieur Ubu, rue de l'Échaudé [39].

REBONTIER

Parfaitement, Monsieur, il y avait dedans un homme et un singe empaillé.

ACHRAS

Un grand singe?

REBONTIER

Qu'entendez-vous par un grand singe? Les Simiens sont toujours de dimensions médiocres, reconnaissables à leur pelage noirâtre et leur collier pileux blanc. La grande taille est l'indice de la tendance de l'âme à s'élever vers le ciel.

ACHRAS

Comme les mouches, voyez-vous bien. Voulez-vous que je vous dise? je crois plutôt que c'étaient des momies.

REBONTIER

Des momies d'Égypte?

ACHRAS

Oui, Monsieur, et que c'est compris. Il y en avait une qui avait l'air d'un crocodile, voyez-vous bien, desséché, le crâne déprimé comme les êtres primitifs; l'autre, Monsieur, voyez-vous bien, qui avait le front d'un penseur et l'air respectable, ô bien alors, la barbe et les cheveux tout blancs.

REBONTIER

Monsieur, je ne sais ce que vous voulez dire. D'ailleurs les momies, y compris le respectable

vieux singe, ont bondi hors de leur caisse au
milieu des cris des employés de l'octroi et ont pris
à la grande stupeur des passants le tramway du
pont de l'Alma.

ACHRAS

O bien alors! c'est étonnant, nous sommes
venus aussi par ce véhicule, ou mieux, voyez-
vous bien, ce tramway.

REBONTIER

C'est ce que je me disais aussi, Monsieur. Il est
extraordinaire que nous ne les ayons pas rencon-
trés [40].

SCÈNE II

LES MÊMES, PÈRE UBU,
ouvrant la porte, des Palotins l'illuminent.

PÈRE UBU

Ah! Cornegidouille! *(A Achras)* Vous, Monsieur, fichez-moi le camp, on vous l'a déjà dit.

ACHRAS

O mais c'est qué, voyez-vous bien, je suis ici
chez moi.

PÈRE UBU

Corne d'Ubu, Monsieur Rebontier, c'est vous,

je n'en doute plus, qui venez chez moi me faire
cocu, j'entends confondre notre vertueuse épouse
avec un pisse-pot. Nous serons père quelque jour,
grâce à vous, d'un archéoptéryx [41] pour le moins,
qui nous ressemblera assez mal! Au fond, nous
pensons que cocuage implique mariage, donc que
le mariage sans cocuage n'est point valable. Mais
pour la forme, nous avons résolu de sévir.
Palotins, fichez-le-moi par terre!

> *Les Palotins bourrent Rebontier de coups.*

Éclairez ici, et vous, Monsieur, répondez-moi.
Suis-je cocu?

REBONTIER

Ououou, ououououou!

PÈRE UBU

Ceci est sale. Il ne peut répondre, car il est
tombé sur la tête. Son cerveau s'est endommagé
sans doute à la circonvolution de Broca, en
laquelle réside la faculté de discourir. Cette
circonvolution est la troisième circonvolution
frontale à gauche en entrant. Demandez au
concierge... Messieurs, pardon! demandez à tous
les philosophes : « Cette dissolution * intellectuelle a pour cause une atrophie qui envahit peu
à peu l'écorce du cerveau, puis la substance
blanche, produisant une dégénérescence graisseuse et athéromateuse des cellules, des tubes et
des capillaires de la substance nerveuse! » — Il
n'y a rien à faire de Monsieur. On se contentera

---

* Th. Ribot : *Maladies de la mémoire*, p. 93 [42].

de lui tordre le nez et les oneilles avec extraction
de la langue et ablation des dents, lacération du
postérieur, déchiquètement de la moelle épinière
et arrachement partiel ou total de la cervelle par
les talons. Il sera empalé d'abord, décapité
ensuite, et finalement découpé. Ensuite, Monsieur sera, de par notre mansuétude, libre d'aller
se faire pendre ailleurs. Il ne lui sera pas fait
d'autre mal, car je le veux bien traiter.

LES PALOTINS

Hon! Monsieuye.

PÈRE UBU

Cornegidouille! j'ai oublié de consulter ma
Conscience.

> *Il rentre dans le cabinet. Pendant ce temps
> Rebontier s'enfuit, les Palotins à ses trousses
> hurlant et chantant. Le Père Ubu reparaît, sa
> Conscience à la main.*

SCÈNE III

ACHRAS, PÈRE UBU, LA CONSCIENCE

PÈRE UBU, *à Achras.*

Cornegidouille, Monsieur! Vous ne voulez donc
point foutre le camp. Comme ma Conscience,
dont je ne puis me débarrasser.

LA CONSCIENCE

Monsieur, n'insultez pas au malheur d'Épictète.

PÈRE UBU

Le pique-tête est sans doute un instrument
ingénieux, mais la pièce dure depuis assez longtemps et nous n'avons point l'intention de nous
en servir aujourd'hui.

> *On entend sonner comme pour annoncer un*
> *train, puis le Crocodile, soufflant, traverse la*
> *scène.*

SCÈNE IV

LES MÊMES, LE CROCODILE

ACHRAS

O mais c'est qué, voyez-vous bien, qu'est-ce
qué c'est que ça?

PÈRE UBU

C'est un z'oiseau.

LA CONSCIÉNCE

C'est un reptile bien caractérisé, et d'ailleurs
(le touchant) ses mains jouissent de toutes les
propriétés de celles des serpents [43].

PÈRE UBU

Alors, c'est une baleine, car la baleine est le z'oiseau le plus enflé qui existe, et cet animal paraît assez enflé.

LA CONSCIENCE

Je vous dis que c'est un serpent.

PÈRE UBU

Ceci doit prouver à Monsieur ma Conscience sa stupidité et son absurdité. Nous l'avions pensé bien avant qu'il l'eût dit, c'est en effet un serpent! voire même, à sonnettes!

ACHRAS, *le flairant.*

C'qu'y a d'sûr, voyez-vous bien, c'est que ça n'est point un polyèdre.

FIN

Ubu enchaîné

5 ACTES

AUX PLUSIEURS MAITRES

QUI AFFERMIRENT

SA COURONNE QUAND IL ÉTAIT ROI

UBU ENCHAINÉ

OFFRE L'HOMMAGE DE

SES FERS

> PÈRE UBU. — *Cornegidouille! nous n'aurons point tout démoli si nous ne démolissons même les ruines! Or je n'y vois d'autre moyen que d'en équilibrer de beaux édifices bien ordonnés* [1].

PERSONNAGES

PÈRE UBU.
MÈRE UBU.
ÉLEUTHÈRE [2].
PISSEDOUX.
PISSEMBOCK [3].
LORD CATOBLEPAS [4].
JACK, son domestique.
FRÈRE TIBERGE.
LES TROIS HOMMES LIBRES.
SOLIMAN, sultan des Turcs.
LE VIZIR.
LE GEOLIER.
DÉVOTES.
LE PRÉSIDENT.
JUGES.
AVOCATS.
GREFFIERS.
HUISSIERS.
GARDES.
POLICIERS.
DÉMOLISSEURS.
ARGOUSINS.
LE DOYEN DES FORÇATS.
FORÇATS.
PEUPLE.

ACTE PREMIER

SCÈNE PREMIÈRE

PÈRE UBU, MÈRE UBU

PÈRE UBU

S'avance et ne dit rien [5].

MÈRE UBU

Quoi! tu ne dis rien, Père Ubu. As-tu donc oublié le mot?

PÈRE UBU

Mère... Ubu! je ne veux plus prononcer le mot, il m'a valu trop de désagréments.

MÈRE UBU

Comment, des désagréments! Le trône de Pologne, la grande capeline, le parapluie...

PÈRE UBU

Mère Ubu, je ne tiens plus au parapluie, c'est trop difficile à manœuvrer, j'aurai plus tôt fait,

par ma science en physique, d'empêcher de
pleuvoir!

MÈRE UBU

Sotte bourrique!... les biens des nobles confis-
qués, les impôts perçus près de trois fois, mon
aimable présence à ton réveil dans la caverne de
l'ours, le passage gratuit sur le navire qui nous
ramena en France, où, par la vertu de ce
bienheureux mot, tu vas être nommé quand il te
plaira Maître des Finances! Nous voici en France,
Père Ubu. Est-ce le moment de ne plus savoir
parler français?

PÈRE UBU

Cornegidouille, Mère Ubu, je parlais français
quand nous étions en Pologne; cela n'a pas
empêché le jeune Bougrelas de me découdre la
boudouille, le capitaine Bordure de me trahir de
la façon la plus indigne, le Czar de faire peur à
mon cheval à phynances en se laissant sottement
tomber dans un fossé, les ennemis de tirer,
malgré nos recommandations, du côté de notre
précieuse personne; l'ours de déchirer nos palotins, bien que nous lui parlassions latin de sur
notre rocher, et vous, madame notre épouse, de
dilapider nos trésors et les douze sous par jour de
notre cheval à phynances [6]!

MÈRE UBU

Oublie comme moi ces petites misères. Mais de
quoi vivrons-nous si tu ne veux plus être Maître
des Finances ni roi?

PÈRE UBU

Du travail de nos mains, Mère Ubu !

MÈRE UBU

Comment, Père Ubu, tu veux assommer les passants?

PÈRE UBU

O non ! ils n'auraient qu'à me rendre les coups ! Je veux être bon pour les passants, être utile aux passants, travailler pour les passants, Mère Ubu. Puisque nous sommes dans le pays où la liberté est égale à la fraternité, laquelle n'est comparable qu'à l'égalité de la légalité, et que je ne suis pas capable de faire comme tout le monde et que cela m'est égal d'être égal à tout le monde puisque c'est encore moi qui finirai par tuer tout le monde, je vais me mettre esclave, Mère Ubu !

MÈRE UBU

Esclave ! mais tu es trop gros, Père Ubu !

PÈRE UBU

Je ferai mieux la grosse besogne. Et vous, madame notre femelle, allez nous préparer notre tablier d'esclave, et notre balai d'esclave, et notre crochet d'esclave, et notre boîte à cirer d'esclave, et vous, restez telle que vous êtes, afin que chacun voie à n'en pas douter que vous avez revêtu votre beau costume de cuisinière esclave !

SCÈNE II

Le Champ-de-Mars

LES TROIS HOMMES LIBRES, LE CAPORAL

LES TROIS HOMMES LIBRES

Nous sommes les hommes libres, et voici notre
caporal. — Vive la liberté, la liberté, la liberté!
Nous sommes libres. — N'oublions pas que notre
devoir, c'est d'être libres. Allons moins vite, nous
arriverions à l'heure. La liberté, c'est de n'arriver jamais à l'heure — jamais, jamais! pour
nos exercices de liberté. Désobéissons avec
ensemble... Non! pas ensemble : une, deux, trois!
le premier à un, le deuxième à deux, le troisième
à trois. Voilà toute la différence. Inventons
chacun un temps différent, quoique ce soit bien
fatigant. Désobéissons individuellement — au
caporal des hommes libres!

LE CAPORAL

Rassemblement!

Ils se dispersent.

Vous, l'homme libre numéro trois, vous me
ferez deux jours de salle de police, pour vous être
mis, avec le numéro deux, en rang. La théorie
dit : Soyez libres! — Exercices individuels de
désobéissance... L'indiscipline aveugle et de tous
les instants fait la force principale des hommes
libres. — Portez... arme!

LES TROIS HOMMES LIBRES

Parlons sur les rangs.   Désobéissons. — Le premier à un, le deuxième à deux, le troisième à trois.   Une, deux, trois!

LE CAPORAL

Au temps! Numéro un, vous deviez poser l'arme à terre; numéro deux, la lever la crosse en l'air; numéro trois, la jeter à six pas derrière et tâcher de prendre ensuite une attitude libertaire. Rompez vos rangs! Une, deux! une, deux!

Ils se rassemblent et sortent en évitant de marcher au pas.

SCÈNE III

PÈRE UBU, MÈRE UBU

MÈRE UBU

Père Ubu, Père Ubu, que tu es beau avec ta casquette et ton tablier. Cherche maintenant quelque homme libre, afin d'essayer sur lui ton crochet et ta brosse à cirer, et d'entrer au plus vite en tes nouvelles fonctions.

PÈRE UBU

Eh! j'en vois trois ou quatre qui se sauvent par là-bas.

MÈRE UBU

Attrape-s-en un, Père Ubu.

PÈRE UBU

Cornegidouille! je ne demande pas autre chose!
Cirage des pieds, coupage des cheveux, brûlure de
la moustache, enfoncement du petit bout de bois
dans les oneilles...

MÈRE UBU

Eh! tu perds la tête, Père Ubu! Tu te crois
encore roi de Pologne.

PÈRE UBU

Madame ma femelle, je sais ce que je fais, et
vous, vous ignorez ce que vous dites. Quand
j'étais roi, je faisais tout cela pour ma gloire et
pour la Pologne; et maintenant je vais avoir un
petit tarif d'après lequel on me paiera : torsion
du nez, 3 fr. 25 par exemple. Pour une somme
moindre encore, je vous ferai passer par votre
propre casserole.

La Mère Ubu *s'enfuit.*

Suivons tout de même ces gens, afin de leur
faire nos offres de service.

SCÈNE IV

PÈRE UBU, LE CAPORAL,
LES TROIS HOMMES LIBRES

Le Caporal *et* les Hommes libres *défilent
quelque temps;* le Père Ubu *leur emboîte le
pas.*

LE CAPORAL

Portez... arme !

Le Père Ubu *obéit avec son balai.*

PÈRE UBU

Vive l'armerdre !

LE CAPORAL

Arrêtez, arrêtez ! ou plutôt, non ! Désobéissants, ne vous arrêtez pas !

Les Hommes libres *s'arrêtent,* le Père Ubu *se détache.*

Quelle est cette nouvelle recrue, plus libre que vous tous, qui a inventé un maniement d'arme que je n'ai jamais vu, depuis sept ans que je commande : Portez... arme !

PÈRE UBU

Nous avons obéi, Monsieur, pour remplir nos devoirs d'esclave. J'ai fait : portez arme.

LE CAPORAL

J'ai expliqué bien des fois ce mouvement, mais c'est la première que je le vois exécuter. Vous savez mieux que moi la théorie de la liberté. Vous prenez celle de faire même ce qui est ordonné. Vous êtes un plus grand homme libre, Monsieur ?...

PÈRE UBU

Monsieur Ubu, ancien roi de Pologne et d'Aragon, comte de Mondragon, comte de Sandomir,

marquis de Saint-Grégeois. Actuellement, esclave,
pour vous servir, Monsieur?...

LE CAPORAL

Le Caporal des hommes libres, Pissedoux...
mais, quand il y a des dames, le marquis de
Granpré. Rappelez-vous, je vous prie, qu'il
convient de ne me donner que mon titre, même
s'il vous arrive d'avoir à me commander, car je
vous reconnais sergent pour le moins, par le
savoir.

PÈRE UBU

Caporal Pissedoux, on s'en souviendra, monsieur. Mais je suis venu dans ce pays pour être
esclave et non pour donner des ordres, quoique
j'aie été sergent, comme vous dites, quand j'étais
petit, et même capitaine de dragons. Caporal
Pissedoux, au revoir.

Il sort.

LE CAPORAL

Au revoir, comte de Saint-Grégeois. — Escouade, halte!

Les Hommes libres *se mettent en marche et
sortent de l'autre côté.*

SCÈNE V

ÉLEUTHÈRE, PISSEMBOCK

PISSEMBOCK

Ma petite Éleuthère, nous sommes, je crois, un peu en retard.

ÉLEUTHÈRE

Mon oncle Pissembock...

PISSEMBOCK

Ne m'appelle donc pas ainsi, même quand il n'y a personne! Marquis de Grandair, n'est-ce pas un nom plus simple, comme on en peut juger à ce qu'il ne fait pas retourner les gens? Et puis tu peux bien dire, tout court : Mon oncle.

ÉLEUTHÈRE

Mon oncle, cela ne fait rien que nous soyons en retard. Depuis que vous m'avez obtenu l'emploi...

PISSEMBOCK

Par mes hautes relations.

ÉLEUTHÈRE

... De cantinière des hommes libres, j'ai retenu quelques mots de leur théorie de la liberté. J'arrive en retard, ils ne boivent pas, ils ont soif

et comprennent d'autant mieux l'utilité d'une
cantinière.

PISSEMBOCK

Ainsi, ils ne te voient jamais, et il serait
beaucoup plus intelligent de ne pas venir du tout,
rôtir quotidiennement ton oncle au grand soleil
de ce champ de manœuvres.

ÉLEUTHÈRE

Mon oncle Piss... Mon oncle, qu'à cela ne
tienne, que ne restez-vous chez vous?

PISSEMBOCK

Ce ne serait pas convenable, ma nièce. Ma
petite Éleuthère, il ne faut pas laisser les hommes
libres prendre trop de libertés. Un oncle, s'il
n'empêche rien, est une pudeur vivante. On n'est
pas une femme... libre, on est une nièce. J'ai déjà
ingénieusement exigé, quoique l'usage de ce pays
libre soit d'aller tout nu, que tu ne sois décolletée
que par les pieds...

ÉLEUTHÈRE

Et vous ne m'achetez jamais de bottines.

PISSEMBOCK

Je crains moins d'ailleurs les hommes libres
que ton fiancé, le marquis de Granpré.

ÉLEUTHÈRE

Quoique vous donniez un bal en son honneur,
ce soir... Que son nom est beau, mon oncle!

PISSEMBOCK

C'est pourquoi, chère enfant, je te fais souvenir

avec quelque insistance qu'il est malséant de m'appeler devant lui...

ÉLEUTHÈRE

Pissembock, je n'oublierai pas, mon oncle.

SCÈNE VI

LES MÊMES, PÈRE UBU

PÈRE UBU

Ces militaires ne sont pas riches, c'est pourquoi j'aimerais mieux servir d'autres personnages. Eh! cette fois, je découvre une jeune personne charmante, qui a une ombrelle de soie verte et une décoration rouge que lui porte un monsieur respectable. Tâchons de ne pas l'effrayer. — Cornegidouille! de par ma chandelle verte, ma douce enfant, je prends la liberté, votre liberté de vous faire mes offres de service. Torsion du nez, extraction de la cervelle... non, je me trompe : cirage des pieds...

ÉLEUTHÈRE

Laissez-moi.

PISSEMBOCK

Vous rêvez, Monsieur, elle a les pieds nus.

SCÈNE VII

PÈRE UBU

Mère Ubu! apporte le crochet à cirer et la boîte à cirer et la brosse à cirer, et viens me la tenir solidement par les pieds!

A Pissembock.

Quant à vous, Monsieur!...

ÉLEUTHÈRE et PISSEMBOCK

Au secours!

MÈRE UBU, *accourant.*

Voilà! Voilà! Père Ubu. Je t'obéis. Mais que fais-tu avec ton attirail à chaussures? Elle n'a pas de chaussures.

PÈRE UBU

Je veux lui cirer les pieds avec la brosse à cirer les pieds. Je suis esclave, cornegidouille! Personne ne m'empêchera de faire mon devoir d'esclave. Je vais servir sans miséricorde. Tudez, décervelez!

La Mère Ubu *tient* Éleuthère. Le Père Ubu *se précipite sur* Pissembock.

MÈRE UBU

Quelle brutalité stupide! La voilà évanouie maintenant.

PISSEMBOCK, *tombant*.

Et moi, je suis mort !

PÈRE UBU, *cirant*.

Je savais bien que je les ferais tenir tranquilles. Je n'aime pas que l'on me fasse du tapage ! Je n'ai plus qu'à leur réclamer le salaire qui m'est dû, que j'ai honnêtement gagné à la sueur de mon front.

MÈRE UBU

Réveille-la pour qu'elle te paye.

PÈRE UBU

O non ! Elle voudrait me donner un pourboire, sans doute ; je ne réclame que le juste prix de mon travail ; et puis, pour éviter toute partialité, il faudrait ressusciter le bonhomme que j'ai massacré, et ce serait trop long ; et enfin je dois, en bon esclave, prévenir ses moindres gestes. Eh ! voici le porte-finance de la jeune dame et le portefeuille du monsieur. A la pôche !

MÈRE UBU

Tu gardes tout, Père Ubu ?

PÈRE UBU

Crois-tu que je vais gaspiller le fruit de mon travail à te faire des cadeaux, sotte chipie ? *(Lisant des papiers.)* Cinquante francs... cinquante francs... mille francs... Monsieur Pissembock, marquis de Grandair.

MÈRE UBU

Je veux dire : vous ne lui laissez rien, Monsieur Ubu?

PÈRE UBU

Mère Ubu! ji vous pôche avec exorbitation des yeux! Et d'ailleurs il n'y a dans cette bourse que quatorze pièces d'or, avec le portrait de la Liberté dessus.

> Éleuthère *se ranime et cherche à fuir.*

Et maintenant, va chercher une voiture, Mère Ubu.

MÈRE UBU

O le pleutre! Tu n'as pas le courage de te sauver à pied, à présent!

PÈRE UBU

Non, je veux une grande diligence afin d'y déposer cette aimable enfant et de la reconduire à sa demeure.

MÈRE UBU

Père Ubu, tu n'as aucune suite dans les idées. Je vois que tu te gâtes, tu tournes à l'honnête homme. Tu as pitié de tes victimes, tu deviens fou, Père Ubu! — Et puis, tu laisses traîner ce cadavre que l'on va voir.

PÈRE UBU

Eh! je m'enrichis... comme d'habitude. Je continue mon travail d'esclave. Nous la fourrerons dans la voiture...

MÈRE UBU

Et le Pissembock?

PÈRE UBU

Dans le coffre de la voiture, pour faire disparaître les traces du crime. Tu monteras avec elle pour lui servir de garde-malade, de cuisinière et de dame de compagnie; et moi, je grimperai derrière.

MÈRE UBU, *amenant la diligence.*

Tu auras de beaux bas blancs et un habit doré, Père Ubu?

PÈRE UBU

Sans doute : je l'aurai bien gagné par mon zèle! — Au fait, comme je ne les ai pas encore, c'est moi qui vais accompagner Mademoiselle là-dedans et toi qui te percheras derrière.

MÈRE UBU

Père Ubu, Père Ubu...

PÈRE UBU

En route.

Il entre avec Éleuthère. *La voiture s'ébranle.*

FIN DU PREMIER ACTE

ACTE II

SCÈNE PREMIÈRE

Le coupé de la diligence.

PÈRE UBU, ÉLEUTHÈRE

PÈRE UBU

Ma douce enfant, vous voyez en moi le plus dévoué de vos esclaves : un mot de vous, cornegidouille! que je sache si vous agréez mes services.

ÉLEUTHÈRE

Ce ne serait pas convenable, Monsieur. Je me souviens des leçons de mon oncle. Je ne dois permettre aucune liberté à aucun homme qu'en présence de mon oncle Pissembock.

PÈRE UBU

Votre oncle Pissembock! Qu'à cela ne tienne, ma douce enfant! Nous avons eu la prévoyance de l'emporter avec nous dans le coffre de cette voiture! *(Il brandit le cadavre de* Pissembock. Éleuthère *s'évanouit.)*

PÈRE UBU

De par ma chandelle verte, cette jeune personne n'a pas bien compris que nous ne lui faisions pas la cour, ayant eu la précaution, comme de nous pourvoir de l'oncle, d'accrocher derrière la voiture notre bien-aimée Mère Ubu, qui nous crèverait la bouzine! Nous quémandions près d'elle un poste de laquais! Son oncle ne nous l'a pas refusé. Et maintenant, cornegidouille! je veux aller monter la garde à la porte de cette dame pendant que la Mère Ubu lui prodiguera ses soins, vu qu'elle s'évanouit fort souvent. Je refuserai le cordon à ceux qui demanderont à la voir. Je la claquemurerai dans mes services de tous les instants. Je ne l'abandonnerai point. Vive l'esclavage!

SCÈNE II

Le vestibule de Pissembock.

PÈRE UBU, MÈRE UBU

MÈRE UBU

On sonne, Père Ubu.

PÈRE UBU

Corne finance! c'est sans doute notre fidèle

maîtresse. Les gens sages, afin de ne point perdre
leurs chiens, leur pendent un grelot au cou, et il
est prescrit aux bicyclistes de s'annoncer, de peur
d'accident, par une clochette qu'on entende au
moins à cinquante pas. De même, on juge de la
fidélité d'un maître quand il carillonne pendant
cinquante minutes. Il veut dire : Je suis là, soyez
en repos, je veille sur vos loisirs.

MÈRE UBU

Mais enfin, Père Ubu, tu es son valet de
chambre, son cuisinier, son maître d'hôtel; elle a
peut-être faim et essaye de se rappeler discrète-
ment à ta bienveillante attention, afin de s'infor-
mer si tu as donné ordre que Madame soit servie.

PÈRE UBU

Madame n'est pas servie, Mère Ubu! Madame
sera servie quand nous le jugerons à propos, que
nous aurons fini de nous restaurer nous-même, et
s'il reste quelque desserte de notre table!

MÈRE UBU

Il y a toujours le petit balai ?

PÈRE UBU

Je ne m'en sers plus fort souvent. Ceci était
bon quand j'étais roi, pour faire rire les petits
enfants. A présent nous avons plus d'expérience
et remarquons que ce qui fait rire les petits
enfants risque de faire peur aux grandes personnes. Mais, de par ma chandelle verte! cette
sonnette est insupportable; nous savons suffisamment que Madame est là; un maître bien stylé ne

doit pas faire de tapage hors de saison ni hors du service.

MÈRE UBU

S'il ne reste rien à manger, tu pourrais peut-être lui offrir à boire, Père Ubu?

PÈRE UBU

Cornegidouille! afin qu'on nous laisse tranquille, nous aurons cette extrême complaisance!

Il descend en colère à la cave et rapporte en plusieurs voyages douze bouteilles [8].

MÈRE UBU

Hélas! Au secours! Je disais bien qu'il venait fou! Lui si ladre, offrir douze bouteilles! Et où les a-t-il déterrées? Il ne me restait plus à vider la plus petite fiole.

PÈRE UBU

Voilà, madame notre épouse. Allez rendre témoignage à notre maîtresse de notre galanterie et notre générosité. En égouttant soigneusement toutes ces choses vides, j'espère que vous trouverez de quoi lui offrir de notre part un verre de vin.

La Mère Ubu, rassurée, commence d'obéir. De l'une des bouteilles s'échappe une énorme araignée. La Mère Ubu se sauve en poussant des cris perçants. Le Père Ubu s'empare de la bête et la met dans sa tabatière.

SCÈNE III

La chambre d'Éleuthère.

ÉLEUTHÈRE, *le corps de* PISSEMBOCK

ÉLEUTHÈRE

Hélas! au secours! Mieux vaut sonner pour appeler le couple abject qui s'est imposé à mon service que demeurer seule avec un mort!

Elle sonne.

Personne ne vient. Peut-être n'ont-ils pas eu l'effronterie de s'installer dans la maison de leur victime. Ignoble Père Ubu! Son horrible épouse!

Elle sonne.

Personne! Infortuné Pissembock! Mon oncle! Mon cher oncle! Mon oncle Pissembock!

PISSEMBOCK, *se mettant sur son séant.*

Marquis de Grandair, ma chère enfant!

ÉLEUTHÈRE

Ah!

Elle s'évanouit.

PISSEMBOCK

Bon, c'est elle qui fait la morte, à présent! Ça change. Ma petite Éleuthère!

ÉLEUTHÈRE

Mon oncle?

PISSEMBOCK

Tiens! tu n'es plus évanouie?

ÉLEUTHÈRE

Et vous mon oncle P..., p...ourquoi n'êtes-vous
plus mort?

PISSEMBOCK

Comment, pppourquoi?

ÉLEUTHÈRE

Marquis de Grandair. Je commençais à dire
Pissembock.

PISSEMBOCK

Tu sais m'apaiser. Je n'étais pas mort du tout.
Je n'ai fait qu'exagérer ma méthode de t'accompagner partout sans être gênant, d'assister à tout
sans autre geste que d'être ton oncle.

ÉLEUTHÈRE

Et ça vous a ramené chez vous, dans le coffre
de la voiture. Mais puisque vous n'êtes pas mort,
je compte sur votre courage et votre autorité
pour mettre à la porte ce Père Ubu et sa digne
épouse.

PISSEMBOCK

A quoi bon? Je leur ai payé, sans un geste,
plusieurs mois de gages. Ce sont de bons servi-

teurs. Et ils savent se styler eux-mêmes, car le premier soin du Père Ubu a été de lire mes papiers et d'apprendre par cœur : marquis de Grandair, marquis de Grandair! Ce soir, au bal de tes fiançailles avec Monsieur de Granpré, je veux que ce soit le Père Ubu qui annonce les gens.

ÉLEUTHÈRE

Mais les Ubu n'obéissent pas du tout!

Elle sonne.

PISSEMBOCK

Pourquoi les appelles-tu, puisque ça ne te plaît pas de les voir? Ce sont de bons serviteurs, ma nièce. Et d'ailleurs, si tu tiens à ce que quelqu'un les mette à la porte, le caporal marquis de Granpré, qui a l'habitude de commander à des désobéissants professionnels, s'en chargera bien ce soir. Il est prié à ce bal en uniforme : or l'escouade de ses hommes libres lui est un uniforme à distance hiérarchique.

SCÈNE IV

Le vestibule.

PÈRE UBU, MÈRE UBU

PÈRE UBU, placidement

On sonne toujours.

MÈRE UBU

Ce n'est plus chez Madame qu'on sonne : elle a
compris sans doute que nous n'y étions pas, ne
recevions pas d'ordres aujourd'hui. C'est à la
porte.

PÈRE UBU

A la porte, Mère Ubu? Que notre zèle ne
néglige point ses fonctions d'esclave portier. Mets
les verrous, tire les barres de fer, cadenasse les
douze serrures et vérifie si le petit pot que tu sais,
à la fenêtre au-dessus des visiteurs, est prêt à
choir au premier signe, et bien rempli.

MÈRE UBU

La sonnette est arrachée, mais on tape maintenant. Ce doit être un visiteur considérable.

PÈRE UBU

Alors, Mère Ubu, attache le bout de la chaîne
de notre collier à l'anneau de fer du vestibule, et
accroche dans l'escalier l'antique écriteau : PRE-
NEZ GARDE AU CHIEN. Je vais mordre les gens,
s'ils ont l'audace de s'introduire, et leur marcher
sur les pieds.

SCÈNE V

LES MÊMES, PISSEDOUX

Pissedoux *enfonce la porte. Bataille grotesque avec* les Ubs.

PISSEDOUX

Esclave... Tiens, sergent des hommes libres, vous êtes domestique ici? Annoncez Monsieur de Granpré.

PÈRE UBU

Madame est sortie! Monsieur Pissedoux. Ou plus exactement ce n'est pas aujourd'hui le jour où nous lui permettons de recevoir personne. Je vous défends de la voir.

PISSEDOUX

C'est le moment de prouver que je sais par cœur ma théorie d'indiscipline. J'entrerai, après vous avoir corrigé par le fouet!

Il tire de sa poche un fouet à chiens.

PÈRE UBU

Le fouet! entends-tu, Mère Ubu? Je monte en grade : cireur de pieds, laquais, portier, esclave fouetté, je serai bientôt en prison et quelque jour. si Dieu me prête vie, aux galères. Notre fortune est assurée, Mère Ubu.

PISSEDOUX

Il y a de la besogne, si je veux lui battre dos et ventre. Quelle surface!

PÈRE UBU

Eh! quelle gloire! Cette lanière obéit à toutes les courbes de ma gidouille. Je me fais l'effet d'un charmeur de serpents.

MÈRE UBU

Tu as l'air d'un sabot qui vire à la peau d'anguille, Père Ubu.

PISSEDOUX

Ouf, je n'en puis plus. Et maintenant, Père Ubu, je vous ordonne de m'annoncer à votre maîtresse.

PÈRE UBU

Et d'abord, qui êtes-vous pour donner des ordres? Ici ne commandent que les esclaves. Avez-vous quelque grade en esclavage?

PISSEDOUX

Un caporal, un militaire, esclave! Je ne suis qu'esclave d'amour. Éleuthère de Grandair, la belle cantinière des hommes libres, ma fiancée, est en effet ma *maîtresse,* si vous l'entendez ainsi.

PÈRE UBU

Cornegidouille, monsieur! Je n'y pensais pas. Je suis ici esclave à tout faire. Vous me rappelez mes devoirs. Ce service est de mon ressort; je vais m'en acquitter au plus vite à votre place...

MÈRE UBU

Eh! mon gros bonhomme! que vas-tu faire?

PÈRE UBU

Monsieur, *qui est libre,* me remplacera, ma douce enfant, auprès de toi.

Le Père Ubu, *poursuivi par* la Mère Ubu *et* Pissedoux, *monte l'escalier.*

SCÈNE VI

Le bal chez Pissembock.

ÉLEUTHÈRE, PISSEMBOCK,
PÈRE UBU, MÈRE UBU

PÈRE UBU

valse avec Éleuthère.

ÉLEUTHÈRE

Au secours! mon oncle! défendez-moi!

PISSEMBOCK

Je fais tout ce que je puis. Je suis ton oncle.

MÈRE UBU, *accourant, les bras au ciel.*

Père Ubu, Père Ubu, tu valses d'une façon
ridicule, tu as englouti en un instant tout le
buffet, tu as de la confiture jusqu'aux yeux et
jusqu'aux coudes, tu tiens ta danseuse sous ton
bras, tu n'as plus le fouet du Caporal pour t'aider
à tourner, tu vas tomber sur ta gidouille!

PÈRE UBU, *à Éleuthère.*

Eh! ma douce enfant, que les plaisirs mondains
ont de charme pour nous! J'ai voulu remplir mes
devoirs de domestique en annonçant les gens,
mais il n'y avait personne (on m'avait dit
d'annoncer, on ne m'avait pas dit d'ouvrir); en

servant au buffet, mais on ne s'en servait point,
alors je l'ai mangé tout! Il faut bien que
quelqu'un vous invite à valser maintenant, cornegidouille! Alors je me dévoue, de par ma
chandelle verte! Il restera autant de moins à la
Mère Ubu à cirer de vos parquets!

Ils valsent.

SCÈNE VII

LES MÊMES, PISSEDOUX
et LES TROIS HOMMES LIBRES
font irruption.

PISSEDOUX

Ne touchez pas à cet homme! Il ne périra que
de ma main! Ne l'arrêtez pas!

LES TROIS HOMMES LIBRES

Désobéissons. Non, pas ensemble! Une, deux,
trois!

Au Père Ubu.

En prison! En prison! En prison!

Ils l'emmènent, conduits par Pissedoux.

ÉLEUTHÈRE, *se jette dans les bras de* Pissembock.

Mon oncle Pissembock!

PISSEMBOCK

Marquis de Grandair, ma chère enfant.

MÈRE UBU, *courant après* le Père Ubu.

Père Ubu! j'ai toujours partagé ta mauvaise fortune, je n'hésite point à te suivre dans la prospérité!

FIN DU DEUXIÈME ACTE

ACTE III

SCÈNE PREMIÈRE

Une prison.

PÈRE UBU, MÈRE UBU

PÈRE UBU

Corne finance! nous commençons à être bien
vêtus : on nous a troqué notre livrée, un peu
étroite pour notre giborgne, contre ces beaux
costumes gris. Je me crois de retour en Pologne.

MÈRE UBU

Et bien logés. On est aussi tranquille que dans
le palais de Venceslas. Personne ne sonne plus ni
n'enfonce de portes.

PÈRE UBU

Eh oui! les maisons de ce pays ne fermaient
pas, on y entrait comme le vent dans un moulin à
vent, alors j'ai fait fortifier celle-ci de bonnes

portes de fer et de solides grilles à toutes les
fenêtres. Les Maîtres observent exactement la
consigne de venir deux fois par jour nous
apporter notre repas; et au moyen de notre
science en physique nous avons inventé un
dispositif ingénieux pour qu'il pleuve tous les
matins à travers le toit, afin de maintenir
suffisamment humide la paille de notre cachot.

MÈRE UBU

Mais nous ne pourrons plus sortir quand nous
voudrons, Père Ubu.

PÈRE UBU

Sortir! J'en ai assez, des marches à la queue de
mes armées à travers l'Ukraine. Je ne bouge plus,
cornegidouille! je reçois maintenant chez moi, et
les bêtes curieuses ont permission, à des jours
marqués, de venir nous voir.

SCÈNE II

La grande salle du Tribunal.

PÈRE UBU, MÈRE UBU, PISSEDOUX,
PISSEMBOCK, ÉLEUTHÈRE, JUGES, AVOCATS,
GREFFIERS, HUISSIERS, GARDES, PEUPLE

PÈRE UBU

Nous constatons avec plaisir, Messieurs, que
toute la justice est mise en branle en notre

honneur, que nos gardes n'ont point oublié leurs
moustaches bien dorées des fêtes et dimanches
afin d'entourer de plus de prestige notre banc de
notre infamie, et que notre peuple écoute bien et
se tient tranquille!

L'HUISSIER

Silence

MÈRE UBU

Tais-toi donc, Père Ubu, tu vas te faire mettre
à la porte.

PÈRE UBU

Mais non, j'ai des gardes pour m'empêcher de
sortir. Et il faut bien que je parle, puisque tous
ces gens ne sont là que pour m'interroger. — Et
maintenant, introduisez ceux qui se plaignent de
nous!

LE PRÉSIDENT

Faites avancer le prévenu et sa complice. *(On
leur distribue quelques bourrades.)*
Votre nom?

PÈRE UBU

François Ubu [9], ancien roi de Pologne et d'Aragon, docteur en pataphysique, comte de Mondragon, comte de Sandomir, marquis de Saint-
Grégeois.

PISSEDOUX

Autrement dit : Père Ubu.

MÈRE UBU

Victorine Ubu, ancienne reine de Pologne...

PISSEMBOCK

Autrement dit : Mère Ubu.

LE GREFFIER, *écrivant.*

Père Ubu et Mère Ubu.

LE PRÉSIDENT

Prévenu, votre âge?

PÈRE UBU

Je ne sais pas bien, je l'ai donné à garder à la Mère Ubu, et il y a si longtemps, elle a oublié même le sien.

MÈRE UBU

Malappris voyou!

PÈRE UBU

Madame de ma... J'ai dit que je ne dirais plus le mot, il me porterait chance, il me ferait acquitter, et je veux aller aux galères.

LE PRÉSIDENT, *aux plaignants.*

Vos noms?

PISSEMBOCK

Marquis de Grandair.

PÈRE UBU, *furieusement.*

Autrement dit : Pissembock!

LE GREFFIER, *écrivant*.

Pissembock, et sa nièce, Éleuthère Pissembock.

ÉLEUTHÈRE

Hélas! mon oncle!

PISSEMBOCK

Soyez calme, ma nièce, je suis toujours votre oncle.

PISSEDOUX

Marquis de Granpré [10].

MÈRE UBU, *furieusement*.

Autrement dit : Pissedoux!

ÉLEUTHÈRE

Ah!!!

Elle s'évanouit. On l'emporte.

PÈRE UBU

Que ce petit incident ne vous retarde point, monsieur le Président de notre tribunal, de nous rendre la justice qui nous est due.

L'AVOCAT GÉNÉRAL

Oui, Messieurs, ce monstre déjà souillé de tant de crimes...

LE DÉFENSEUR

Oui, Messieurs, cet honnête homme à l'irréprochable passé...

L'AVOCAT GÉNÉRAL

Ayant étendu ses noirs desseins au moyen d'une brosse à cirer sur les pieds nus de sa victime...

LE DÉFENSEUR

Malgré qu'il demandât grâce à genoux à cette infâme gourgandine...

L'AVOCAT GÉNÉRAL

L'enleva, de complicité avec sa mégère d'épouse, dans une diligence...

LE DÉFENSEUR

Se vit séquestré avec sa vertueuse épouse dans le coffre d'une diligence...

PÈRE UBU, *à son Défenseur.*

Monsieur, pardon! taisez-vous! vous dites des menteries et empêchez que l'on écoute le récit de nos exploits. Oui, Messieurs, tâchez d'ouvrir vos oneilles et de ne point faire de tapage : nous avons été roi de Pologne et d'Aragon, nous avons massacré une infinité de personnes, nous avons perçu de triples impôts, nous ne rêvons que de saigner, écorcher, assassiner; nous décervelons tous les dimanches publiquement, sur un tertre, dans la banlieue, avec des chevaux de bois et des marchands de coco autour [11]... ces vieilles affaires sont classées, parce que nous avons beaucoup d'ordre; — nous avons tué monsieur Pissembock, qui vous le certifiera lui-même, et nous avons accablé de coups de fouet, dont nous portons encore les marques, monsieur Pissedoux, ce qui nous a empêché d'entendre les coups de sonnette de mademoiselle Pissembock; c'est pourquoi nous ordonnons à messieurs nos juges de nous condamner à la plus grave peine qu'ils soient capables d'imaginer, afin qu'elle nous soit proportionnée; non point à mort cependant, car il faudrait voter des crédits exorbitants pour la construction d'une assez énorme guillotine. Nous nous verrions volontiers forçat, avec un beau bonnet vert, repu aux frais de l'État et occupant nos loisirs à de menus travaux. La Mère Ubu...

MÈRE UBU

Mais...

PÈRE UBU

Tais-toi, ma douce enfant — ... fera de la tapisserie sur des chaussons de lisière. Et comme nous aimons assez peu à nous inquiéter de l'avenir, nous souhaiterions que cette condamnation fût perpétuelle, et notre villégiature près de la mer, en quelque sain climat.

PISSEDOUX, *à Pissembock*.

Il y a donc des gens que cela embête d'être libres.

PISSEMBOCK

Vous vouliez bien épouser ma nièce! Mais jamais je ne la sacrifierai à un homme que déshonore le nom de Pissedoux.

PISSEDOUX

Jamais je n'épouserai une fille dont l'oncle est indigne même du nom de Pissembock!

L'HUISSIER

La Cour... délibère.

MÈRE UBU

Père Ubu, ces gens vont t'acquitter de toute manière, tu as eu tort de ne pas leur dire simplement le mot.

PISSEDOUX, *à Pissembock*.

Je vois avec plaisir que nous sommes d'accord.

PISSEMBOCK

Venez dans mes bras, mon gendre.

LE PRÉSIDENT

La Cour... Père Ubu, savez-vous ramer?

PÈRE UBU

Je ne sais pas si je sais; mais je sais faire marcher, par des commandements variés, un bateau à voiles ou à vapeur dans n'importe quelle direction, en arrière, à côté ou en bas.

LE PRÉSIDENT

Ça ne fait rien. — La Cour... condamne François Ubu, dit Père Ubu, aux galères à perpétuité. Il sera ferré à deux boulets dans sa prison et joint au premier convoi de forçats pour les galères de Soliman.

... Condamne sa complice, dite Mère Ubu, au ferrage à un boulet et la réclusion à vie dans sa prison.

PISSEDOUX ET PISSEMBOCK

Vivent les hommes libres!

PÈRE UBU ET MÈRE UBU

Vive l'esclavage!

SCÈNE III

La prison.

PÈRE UBU, MÈRE UBU *entrent.*
On entend dès la coulisse
le bruit de leurs boulets de forçats.

MÈRE UBU

Père Ubu, tu embellis de jour en jour, tu es fait
pour porter le bonnet vert et les menottes!

PÈRE UBU

Et on est en train de me forger, Madame, mon
grand carcan de fer à quatre rangs!

MÈRE UBU

Comment est-il fait, Père Ubu?

PÈRE UBU

Madame ma femelle, il est de tout point
semblable au hausse-col du général Lascy, qui
vous aidait à loucher, en Pologne; mais il n'est

8

point doré, car vous m'avez recommandé d'être économe. C'est tout du solide, du même métal que nos boulets, non point du fer-blanc ni du fer doux, mais du fer à repasser!

MÈRE UBU

Idiote brute! Mais tes boulets aux pieds sont une stupide invention; tu vas te ficher par terre, Père Ubu. Quel tapage!

PÈRE UBU

Nullement, Mère Ubu; mais je vous vais marcher ainsi plus efficacement sur les pieds!

MÈRE UBU

Grâce, Monsieur Ubu!

SCÈNE IV

Un salon de dévote.

Plusieurs VIEILLES FILLES

PREMIÈRE VIEILLE FILLE

Oui, mesdemoiselles : dans ce pays libre il est venu un gros bonhomme qui a dit qu'il voulait servir tout le monde, être domestique de tout le monde, et faire de tous les hommes libres des Maîtres. Ceux qui n'ont pas voulu se laisser faire,

il les a fourrés dans sa poche et dans des coffres
de diligence.

DEUXIÈME VIEILLE FILLE

Ce n'est pas tout. En revenant de l'église, une
grosse foule m'a retenue devant la prison, ce
monument ruiné qui n'était conservé que par
l'administration des Beaux-Arts, et dont le geôlier est membre de l'Institut. On y loge le Père
Ubu aux frais de l'État en attendant qu'assez de
gens se soient mis, à son exemple, à mériter les
honneurs de la justice pour former un convoi
présentable vers les galères de Soliman. Ce ne
sera pas long, car on a déjà été forcé de démolir
plusieurs quartiers pour agrandir les prisons.

TOUTES

Puisse le ciel préserver cette maison !

SCÈNE V

LES MÊMES, FRÈRE TIBERGE

FRÈRE TIBERGE

La paix soit avec vous !

PREMIÈRE VIEILLE FILLE

Ah ! mon Dieu... Je ne vous avais pas entendu
frapper.

FRÈRE TIBERGE

Il ne sied pas aux messagers de douceur d'apporter le trouble nulle part, même par un léger bruit. Je viens implorer votre habituelle charité pour de nouveaux pauvres : les pauvres prisonniers.

DEUXIÈME VIEILLE FILLE

Les pauvres prisonniers !

PREMIÈRE VIEILLE FILLE

Mais les pauvres sont des gens libres, errants, qui viennent en grand équipage de béquilles sonner de porte en porte, alors tout le monde se met aux fenêtres et vous regarde leur faire l'aumône dans la rue.

FRÈRE TIBERGE, *tendant la main*.

Pour les pauvres prisonniers ! Le Père Ubu a dit qu'il se fortifierait dans la prison avec la Mère Ubu et ses nombreux disciples si l'on ne subvenait mieux aux douze repas qu'il entend faire par jour. Il a déclaré l'intention de mettre tout le monde sur le pavé, nu comme la main, pendant l'hiver, qu'il prédit fort rigoureux, tandis qu'il serait à l'abri, ainsi que ses suppôts, sans autre labeur que de découper ses griffes à la petite scie et de considérer la Mère Ubu broder des chaussons de lisière pour tenir chaud aux boulets des forçats !

TOUTES

Douze repas ! Découper ses griffes ! Des pan-

toufles pour les boulets! Nous ne lui donnerons
rien, bien sûr!

FRÈRE TIBERGE

Dans ce cas, la paix soit avec vous, mes sœurs!
D'autres frapperont plus fort, vous entendrez
mieux.

> *Il sort. Entrent les Policiers et Démolis-
> seurs. Les Dévotes s'enfuient. On casse les
> carreaux et grille les fenêtres. Les meubles
> sont enlevés et remplacés par de la paille
> qu'on humecte avec un arrosoir. Le salon est
> entièrement transformé au décor de la scène
> suivante :*

SCÈNE VI

La prison.

PÈRE UBU, *enchaîné;* PISSEDOUX

PÈRE UBU

Hé, Pissedoux, mon ami! te voilà sans abri,
courant les chemins avec tes trois va-nu-pieds.
Tu viens mendier des secours au coffre de nos
phynances. Tu n'auras même pas celui de la
diligence pour ta nuit de noces avec mademoiselle
Pissembock. Elle est libre aussi, elle n'a d'autre
prison que son oncle, ce n'est pas très imper-

méable quand il pleut. Regarde, moi je ne sors
pas, j'ai un joli boulet à chaque pied, et je n'ira
pas les rouiller à l'humidité, bien sûr, parce que
ne reculant devant aucune dépense, je les ai fait
nickeler !

PISSEDOUX

Ah ! c'est trop fort, Père Ubu ! Je vais vous
prendre par les épaules et vous arracher de cette
coquille.

PÈRE UBU

Votre liberté est trop simple, mon bel ami,
pour faire une bonne fourchette à escargot,
instrument bifide. Et je suis scellé dans la
muraille. Bonne nuit. Les becs de gaz s'allument
dehors par nos ordres au cas où la comète que
vous filerez — nous le savons par notre science en
météorologie — ne serait point un astre suffisant.
Vous verrez très loin dans le froid, la faim et le
vide. Il est l'heure de notre repos. Notre geôlier va
vous congédier.

SCÈNE VII

LES MÊMES, LE GEOLIER

LE GEOLIER

On ferme.

SCÈNE VIII

Un détour du sérail.

SOLIMAN, LE VIZIR, SUITE [12]

LE VIZIR

Sire, le Pays libre annonce enfin à Votre Majesté le tribut qu'il n'avait pu encore amasser, la chaîne des deux cents forçats, et parmi eux l'illustre Père Ubu, plus gros, quoiqu'il se manifeste marié à la non moins célèbre Mère Ubu, que le plus énorme de Vos eunuques.

SOLIMAN

J'ai en effet entendu parler de ce Père Ubu. Il a, dit-on, été roi de Pologne et d'Aragon, et eu de merveilleuses aventures. Mais il mange de la viande de pourceau et pisse tout debout. Je le prends pour un fou ou un hérétique !

LE VIZIR

Sire, il est très versé dans toutes sortes de sciences et pourra être utile à divertir Votre Majesté. Il n'ignore rien de la météorologie ni de l'art nautique.

SOLIMAN

C'est bien, il ramera avec plus de précision sur mes galères.

FIN DU TROISIÈME ACTE

ACTE IV

SCÈNE PREMIÈRE

La place devant la prison.

LES TROIS HOMMES LIBRES

PREMIER HOMME LIBRE, *au Deuxième.*

Où allez-vous, compagnon? A l'exercice, comme chaque matin? Eh! vous obéissez, je crois.

DEUXIÈME HOMME LIBRE

Le Caporal m'a défendu de jamais aller à l'exercice, le matin, à cette heure-ci. Je suis un homme libre. J'y vais tous les matins.

PREMIER ET TROISIÈME HOMMES LIBRES

Et c'est ainsi que nous nous rencontrons comme par hasard tous les jours, pour désobéir ensemble, de telle heure à telle heure.

DEUXIÈME HOMME LIBRE

Mais aujourd'hui le Caporal n'est pas venu.

TROISIÈME HOMME LIBRE

Il est libre de ne pas venir.

PREMIER HOMME LIBRE

Et comme il pleut...

DEUXIÈME HOMME LIBRE

Nous sommes libres de ne pas aimer la pluie.

PREMIER HOMME LIBRE

Je vous le disais : vous devenez obéissants.

DEUXIÈME HOMME LIBRE

C'est le Caporal qui a l'air de le devenir. Il manque fréquemment aux exercices d'indiscipline.

TROISIÈME HOMME LIBRE

... Nous nous amusons à monter la garde devant cette prison. Il y a des guérites.

DEUXIÈME HOMME LIBRE

Elles sont libres.

TROISIÈME HOMME LIBRE

Et d'ailleurs, s'abriter dedans est une des choses qui nous sont défendues formellement.

PREMIER HOMME LIBRE

Vous êtes les hommes libres !

DEUXIÈME
ET TROISIÈME HOMMES LIBRES

Nous sommes les hommes libres.

SCÈNE II

LES MÊMES, LORD CATOBLEPAS,
SON DOMESTIQUE

LORD CATOBLEPAS

Oh! cette ville n'est remarquable que parce
qu'elle est composée de maisons, comme toutes
les villes, et que toutes ses maisons ressemblent à
toutes les maisons! Ce n'est pas curious du tout.
Enfin, je pense être arrivé devant le palace du
roi. — Jack!

LE DOMESTIQUE

salue

LORD CATOBLEPAS

Cherchez dans le dictionary. Cherchez : *palace*.

JACK, *lisant.*

Palace : édifice en pierres de taille, orné de
grilles forgées. *Royal-Palace, LOUVRE :* même
modèle, avec une barrière en plus et des gardes
qui veillent et défendent d'entrer.

LORD CATOBLEPAS

C'est bien cela, mais ce n'est pas sufficient.
Jack! demandez à ce garde si c'est bien ici le
palace du roi.

JACK,
au Premier Homme libre.

Militaire, est-ce bien ici le palace du roi?

DEUXIÈME HOMME LIBRE,
au Premier.

La vérité te force d'avouer que nous n'avons
pas de roi et qu'ainsi cette maison n'est pas le
palais du roi. Nous sommes les hommes libres !

PREMIER HOMME LIBRE,
au Deuxième.

La vérité me force...? Nous sommes les
hommes libres ! Nous devons donc désobéir,
même à la vérité. -- Oui, seigneur étranger, cette
maison est le palais du roi.

LORD CATOBLEPAS

Oh ! vous faites à moi beaucoup de pleasure.
Voici pour vous bonne pourboire. -- Jack !

LE DOMESTIQUE

salue.

LORD CATOBLEPAS

Allez frapper à la porte et demandez si l'on
peut entrer visiter le roi.

LE DOMESTIQUE

frappe.

SCÈNE III

LES MÊMES, LE GEOLIER

LE GEOLIER

On n'entre pas, messieurs.

LORD CATOBLEPAS

Oh! ce gentleman est le gentleman qui veille sur le roi. Il n'aura pas de pourboire puisqu'il ne laisse pas entrer les touristes anglais.

Au Premier Homme libre.

Il ne serait pas possible de faire venir ici Sa Majesté? Je serais fort curious de voir le roi, et, s'il veut bien se déranger, il y aura pour lui bonne pourboire.

TROISIÈME HOMME LIBRE,
au Premier.

D'abord il n'y a ni roi ni reine ni là-dedans ni ailleurs; ensuite, les gens qui sont là-dedans ne sortent pas.

PREMIER HOMME LIBRE

C'est juste.

A Lord Catoblepas.

Seigneur étranger, le roi et la reine qui sont là-dedans sortent quotidiennement avec leur suite pour recueillir les pourboires aes touristes anglais!

LORD CATOBLEPAS

Oh! je vous suis très reconnaissant. Voilà pour boire encore à ma santé. — Jack! Dépliez la tente et ouvrez les boîtes de corned-beef. Je vais attendre ici l'heure de l'audience du roi et du baisemain de Sa Gracious Majesty the Queen!

SCÈNE IV

La cour de la prison.

PÈRE UBU, MÈRE UBU,
FORÇATS, ARGOUSINS

LES FORÇATS

Vive l'esclavage! Vive le Père Ubu!

PÈRE UBU

Mère Ubu, as-tu un bout de ficelle, que je rafistole la chaîne de mes boulets? Ils sont si lourds que j'ai toujours peur de les laisser en route.

MÈRE UBU

Stupide personnage!

PÈRE UBU

Voilà le carcan qui se dégrafe et les menottes qui me passent par-dessus les mains. Je vais me trouver en liberté, sans ornements, sans escorte, sans honneurs, et forcé de subvenir moi-même à tous mes besoins!

Seigneur Ubu, voilà votre bonnet vert qui s'envole par-dessus les moulins [13].

PÈRE UBU

Quels moulins? Nous ne sommes plus sur la colline de l'Ukraine. Je ne recevrai plus de coups. Tiens, mais je n'ai plus de cheval à phynances.

MÈRE UBU

Tu disais toujours qu'il ne savait point te porter.

PÈRE UBU

Parce qu'il ne mangeait rien, corne d'Ubu! Mon boulet non plus, il est vrai : il ne dira rien si tu le voles, et je n'ai sur moi aucun livre des finances. Mais ça ne m'avance guère. C'est l'administration des galères turques qui me volera à ta place, Mère Ubu. Adieu, Mère Ubu : notre séparation manque vraiment de musique militaire.

MÈRE UBU

Voici venir l'escorte des argousins avec leurs passe-poils jaunes.

PÈRE UBU

Contentons-nous donc de notre monotone cliquetis de ferraille. Adieu, Mère Ubu. Je me réjouirai bientôt au bruit des vagues et des rames! Mon Geôlier veillera sur toi.

MÈRE UBU

Adieu, Père Ubu; si tu reviens chercher quelque repos, tu me retrouveras dans la même chambrette bien close : je t'aurai tressé une belle paire de pantoufles. Ha! nos adieux sont trop déchirants, je vais t'accompagner jusque sur la porte!

Le Père Ubu, la Mère Ubu et les Forçats s'éloignent, traînant leurs chaînes et se bousculant, vers la grande porte, qui est au fond.

SCÈNE V

La place devant la prison.

LORD CATOBLEPAS, LE DOMESTIQUE, LES TROIS HOMMES LIBRES, LE GEOLIER

Le Geôlier ôte les barres, verrous et cadenas extérieurs de la porte.

LORD CATOBLEPAS

Jack! Repliez la tente et balayez toutes ces boîtes de conserve vides, afin de recevoir correctement Leurs Majestés!

PREMIER HOMME LIBRE,
effroyablement ivre, une pinte à la main.

Voilà le roi! Vive le roi! hurrah!

DEUXIÈME HOMME LIBRE

Imbécile! c'est le Père Ubu et la Mère Ubu!

TROISIÈME HOMME LIBRE

Tais-toi donc! nous aurons notre part des pourboires et boissons!

DEUXIÈME HOMME LIBRE

Me taire? Nous sommes les hommes libres!

Gueulant.

Vive le roi! le roi! le roi! Hurrah!

> *La porte s'ouvre.* Les Argousins *commencent à sortir.*

SCÈNE VI

LES MÊMES, ARGOUSINS,
PÈRE UBU, MÈRE UBU

PÈRE UBU, *s'arrêtant stupéfait sur le seuil,*
au haut du perron, avec la Mère Ubu.

Je deviens fou, cornegidouille! Que signifient ces cris et ce tapage? Et ces gens ivres comme en Pologne? On va me recouronner et me rouer encore de coups!

MÈRE UBU

Ces nobles personnages ne sont pas saouls du tout, la preuve : en voilà un tout galonne qui vient implorer la faveur de baiser ma main de reine !

LORD CATOBLEPAS

Jack ! Tenez-vous tranquille ! Pas si vite ! Cherchez dans le dictionary : *Roi, Reine*.

JACK, *lisant*.

King, Queen : celui, celle qui porte un carcan de métal au cou, des ornements tels que chaînes et cordons aux pieds et aux mains. Tient une boule représentant le monde...

LORD CATOBLEPAS

Le roi de ce pays est un grand, gros, double roi ! Il a deux boules, et il les traîne avec ses pieds !

JACK, *lisant*.

Roi de France : même modèle. Porte un manteau de fleurs-de-lys agrafé sur l'épaule.

LORD CATOBLEPAS

Ce roi a l'épaule toute nue et une belle fleur-de-lys rouge incrustée à même la peau. C'est un bon et antique roi héréditaire ! Vive le roi !

JACK ET LES HOMMES LIBRES

Vive le roi ! Hurrah !

PÈRE UBU

Ah! mon Dieu! me voilà perdu! où me cacher, cornegidouille?

MÈRE UBU

Et tes projets d'esclavage, les voilà propres! Tu voulais cirer les pieds à ces gens, ce sont eux qui te baisent les mains! Ils sont aussi peu dégoûtés que toi!

PÈRE UBU

Madame notre épouse, gare à vos oneilles! Nous sévirons quand nous aurons plus de loisir. Attends un peu, je vais les congédier noblement, comme aux heureux temps où je remplissais à déborder le trône de Venceslas... — Corne finance, tas de sagouins! voulez-vous foutre le camp! Nous n'aimons point que l'on nous fasse du tapage, personne ne nous a encore fait de tapage, et ce n'est pas vous qui commencerez!

Tous se retirent avec grand respect et aux cris répétés de Vive le roi!

SCÈNE VII

PÈRE UBU, MÈRE UBU, LES FORÇATS, *parmi ceux-ci* LE DOYEN *et* FRÈRE TIBERGE

Les Forçats se sont faufilés derrière le Père Ubu pendant son apostrophe, et couvrent en désordre toute la scène.

MÈRE UBU

Ah! les voilà partis. Mais qu'est-ce que tout ce monde encore?

PÈRE UBU

Ce sont des amis, nos collègues de la prison, mes disciples et mes suppôts.

LES FORÇATS

Vive le roi!

PÈRE UBU

Encore! Taisez-vous, ou, de par ma chandelle verte, ji vous fous à lon pôche!

LE DOYEN DES FORÇATS

Père Ubu, ne vous irritez point. Nous rendons hommage à votre mérite en vous conservant ce titre, inséparable de votre nom, et pensons que parmi nous, entre intimes, votre modestie consentira à s'en enorgueillir!

MÈRE UBU

Qu'il parle bien!

PÈRE UBU

Ah! mes amis, je suis bien profondément touché. Néanmoins, je ne vous ferai point de distributions d'argent...

MÈRE UBU

Ah! non, par exemple!

PÈRE UBU

Bouffresque!... —— Parce que nous ne sommes

plus en Pologne ; mais je crois rendre justice à vos
vertus et à votre sentiment de l'honneur en
supposant que vous recevrez sans déplaisir de
notre main —— royale, puisqu'il vous agrée de dire
ainsi —— quelques distinctions. Elles auront ceci
de bon qu'elles pourront abréger les compétitions
quant à la hiérarchie des places, le long de notre
chaîne, derrière notre giborgne ! Vous, vénérable
doyen de nos Phorçats, vieux mangeur de gre-
nouilles, soyez grand-trésorier de toutes nos
phynances ! Toi là-bas, le cul-de-jatte, incarcéré
comme faussaire et assassin, je te consacre
généralissime ! Vous, Frère Tiberge, qui avez part
à un bout de notre chapelet de fer pour paillar-
dise, pillerie et démolition de demeures, notre
grand-aumônier ! Toi, l'empoisonneur, notre mé-
decin ! Vous tous, voleurs, bandits, arracheurs
de cervelle, je vous nomme sans distinction les
vaillants Oufficiers de notre Armerdre !

TOUS

Vive le roi ! Vive le Père Ubu ! Vive l'esclavage !
Vive la Pologne ! Vive l'armerdre !

FIN DU QUATRIÈME ACTE

ACTE V

SCÈNE PREMIÈRE

La place devant la prison.

ÉLEUTHÈRE, PISSEMBOCK,
PISSEDOUX, HOMMES LIBRES, PEUPLE

PISSEDOUX

Compagnons, en avant! Vive la liberté! Le
vieux galérien de Père Ubu est emmené dans le
convoi, les prisons sont vides, il n'y reste plus que
la Mère Ubu qui tortille de la lisière, nous sommes
libres de faire ce que nous voulons, même
d'obéir; d'aller partout où il nous plaît, même en
prison! La liberté, c'est l'esclavage!

TOUS

Vive Pissedoux!

PISSEDOUX

Je suis prêt à accepter votre commandement;

nous envahirons les prisons, et nous supprimerons la liberté!

TOUS

Hurrah! Obéissons! En avant! en prison!

SCÈNE II

LES MÊMES, MÈRE UBU, LE GEOLIER

PISSEDOUX

Tiens! la Mère Ubu qui se fait un masque des
barreaux de sa cellule. Elle était mieux sans : elle
avait l'air d'une belle petite fille.

MÈRE UBU

Infâme Pissedoux!

LE GEOLIER

On n'entre pas, messieurs. Qui êtes-vous?

Cris et tumulte.

Des hommes libres? Alors, circulez!

PREMIER HOMME LIBRE

Cassons les barreaux.

DEUXIÈME HOMME LIBRE

Ne les cassons pas, nous ne serions plus chez
nous, une fois entrés!

TROISIÈME HOMME LIBRE

Attaquons la porte.

ÉLEUTHÈRE

Nous demandons le cordon bien longtemps : madame notre concierge nous fait attendre.

MÈRE UBU, *furieuse.*

Frappez, et l'on vous ouvrira !

A travers sa lucarne, elle frappe Pissembock *avec sa cruche de grès et le partage en deux, du haut en bas.*

PISSEMBOCK, « *ensemble* ».

Ne t'effraye pas, ma chère enfant, tu as maintenant deux oncles.

TOUS

Enfin, nous voilà chez nous !

La porte cède, ils entrent. Le Geôlier *s'enfuit.* La Mère Ubu *sort. La porte se referme. La Mère Ubu reste prise par son boulet.* Éleuthère *passe son bras armé de petits ciseaux par le guichet et coupe la chaîne.*

SCÈNE III

Le convoi des forçats à travers la Sclavonie.

ARGOUSINS, FORÇATS, PÈRE UBU

PÈRE UBU

Nous périssons, cornegidouille! Sire Maître, ayez l'obligeance de ne point cesser de nous tenir par notre chaîne, afin de supporter notre boulet; et vous, sire Argousin, remettez-nous nos menottes, afin que nous n'ayons point la peine de joindre nous-même nos mains derrière notre dos, selon notre habitude à la promenade, et resserrez notre carcan, car nous pourrions prendre froid!

L'ARGOUSIN

Courage, Père Ubu, nous touchons au port des galères.

PÈRE UBU

Nous déplorons plus que jamais que l'état de nos finances ne nous permette toujours pas l'acquisition d'une voiture cellulaire individuelle : car, notre boulet se refusant à marcher devant nous afin de nous traîner, nous avons fait tout le chemin le traînant nous-même au moyen de notre pied, encore qu'il s'arrêtât fort souvent, apparemment pour ses besoins!

SCÈNE IV

LES MÊMES, LE GEOLIER

LE GEOLIER, *accourant*.

Tout est perdu, Père Ubu!

PÈRE UBU

Encore, sagouin! Je ne suis pourtant plus roi.

LE GEOLIER

Les Maîtres sont révoltés! les hommes libres sont esclaves, j'ai été mis à la porte et la Mère Ubu arrachée de sa prison. Et pour preuve de la véracité de ces nouvelles, voici le boulet de la Mère Ubu *(On apporte le boulet sur une brouette)* qu'on l'a jugée indigne de porter et qui d'ailleurs a de lui-même rompu sa chaîne, se refusant à plus longtemps la suivre!

PÈRE UBU,
met le boulet dans sa poche.

Au diable les montres sans cordon! Un peu plus, je manquais ma poche!

LE GEOLIER

Les Maîtres ont abrité leurs femmes et leurs petits enfants dans les prisons. Ils ont envahi les arsenaux et c'est tout juste s'ils y ont trouvé assez de boulets pour river à leurs jambes en signe d'esclavage. De plus, ils prétendent occuper avant vous les galères de Soliman.

LES ARGOUSINS

Je me révolte aussi! — Vive la servitude! — Nous en avons assez! Nous voulons être esclaves à notre tour, foutre!

PÈRE UBU, *à un Argousin.*

Eh! voici notre boulet, de grand cœur. Nous vous le redemanderons quand nous serons moins fatigué.

> *Il donne ses boulets à porter à deux* Argousins, *à sa droite et à sa gauche.* Les Forçats, *sur leurs supplications, chargent de leurs chaînes* les Argousins. *Tumulte lointain.*

ARGOUSINS ET FORÇATS

Les Maîtres révoltés!

PÈRE UBU

Allons, Messieurs! Saisissons notre courage par les deux anses. Je vois que vous êtes armés et prêts à recevoir vaillamment l'ennemi. Quant à nous, le pied dispos, nous allons tranquillement partir sans attendre ces gens animés sans doute d'intentions mauvaises, et, pour notre salut, si j'en crois ce bruit de ferraille, lourdement chargés!

LE GEOLIER

C'est le bruit des canons! Ils ont de l'artillerie, Père Ubu.

PÈRE UBU

Ah! je meurs de peur. Ma prison! mes pantoufles!

> *Les canons entourent la scène.*

SCÈNE V

LES MÊMES, PISSEDOUX,
HOMMES LIBRES *enchaînés.*

PISSEDOUX

Rendez-vous, Père Ubu! Rendez vos carcans,
vos fers! Soyez libre! On va vous mettre tout nu,
dans la lumière!

PÈRE UBU

Ah! toi, monsieur Pissedoux, si tu m'attrapes...

> *Il se sauve.*

PISSEDOUX

Chargez les canons. Feu sur cette tonne de
couardise!

LES TROIS HOMMES LIBRES

Obéissons. Avec ensemble. Tous trois à trois!

PREMIER HOMME LIBRE

Caporal, le boulet n'est pas parti.

DEUXIÈME HOMME LIBRE

C'est la jambe du troisième homme libre qui est partie !

PREMIER HOMME LIBRE

Du pied gauche, bien entendu.

DEUXIÈME HOMME LIBRE

Il n'y a plus de boulets dans la batterie : on les a tous employés à s'attacher des uniformes aux jambes !

PÈRE UBU, *revenant.*

Eh ! voilà celui de la Mère Ubu qui nous gêne dans notre poche !

> *Il en assomme* Pissedoux.

Et goûtez un peu de cette grappe !

> *Il massacre* les Hommes libres *à coups* d'Argousin *enchaîné.*

LES HOMMES LIBRES

Sauve qui peut !

> *Ils s'enfuient traînant leurs chaînes et poursuivis par* les Forçats *détachés. De temps en temps,* le Père Ubu *attrape le bout de la chaîne et arrête toute la file.*

LE GEOLIER

Nous sommes sauvés ! Voici les galères des Turcs !

> *La déroute s'arrête.* Soliman, le Vizir, la Suite *paraissent au fond.*

SCÈNE VI

Le camp des Turcs.

SOLIMAN, LE VIZIR, SUITE

SOLIMAN

Vizir, avez-vous pris livraison des deux cents esclaves?

LE VIZIR

Sire, j'ai donné un reçu de deux cents esclaves, puisqu'il en était convenu ainsi avec le Pays libre, mais le convoi est réellement de plus de deux mille. Je n'y comprends rien. La plupart sont dérisoirement enchaînés, réclament à grands cris des fers, ce que je comprends moins encore, à moins qu'ils ne témoignent par là leur hâte de participer à l'honneur de ramer sur les galères de Votre Majesté.

SOLIMAN

Et le Père Ubu?

LE VIZIR

Le Père Ubu prétend qu'on lui a volé ses boulets de forçat en route. Il est d'une humeur féroce et manifeste l'intention de mettre tout le nonde dans sa poche. Il casse toutes les rames et effondre les pancs afin de vérifier s'ils sont solides.

SOLIMAN

Assez! Traitez-le avec les plus grands égards. Ce n'est pas que j'aie peur de sa violence... Maintenant que je l'ai vu de près, je sais combien il est encore au-dessus de sa renommée. Et il m'appartenait de lui découvrir un nouveau titre de gloire : apprenez qui est ce Père Ubu que l'on m'amenait comme esclave. Cet air noble, cette prestance... C'est mon propre frère qui fut enlevé il y a de longues années par les pirates français et contraint au travail dans divers bagnes, ce qui lui permit de s'élever aux éminentes situations de roi d'Aragon, puis de Pologne! Baisez la terre entre ses mains, mais gardez-vous de lui révéler cette reconnaissance merveilleuse, car il s'installerait dans mon empire avec toute sa famille et le dévorerait en peu de temps. Embarquez-le pour n'importe où et faites vite.

LE VIZIR

Sire, j'obéis

SCÈNE VII

Le Bosphore.

PÈRE UBU, MÈRE UBU

MÈRE UBU

Ces gens vont nous embarquer comme des bestiaux, Père Ubu!

PÈRE UBU

Tant mieux, je vais faire le veau en les regardant ramer.

MÈRE UBU

Ça ne t'a pas réussi d'être esclave : personne ne veut plus être ton maître.

PÈRE UBU

Comment? Moi, je veux encore bien! Je commence à constater que Ma Gidouille est plus grosse que toute la terre, et plus digne que je m'occupe d'elle [14]. C'est elle que je servirai désormais.

MÈRE UBU

Tu as toujours raison, Père Ubu.

SCÈNE VIII [15]

La galère capitane.

PÈRE UBU, MÈRE UBU, L'ARGOUSIN,
TOUS LES PERSONNAGES *qu'on a vus dans la pièce
enchaînés aux bancs des* FORÇATS.

PÈRE UBU

Quelle verdure, Mère Ubu! On se croirait sur le pâturage des vaches.

LES FORÇATS, *ramant.*
Fauchons le grand pré.

PÈRE UBU

C'est la couleur de l'espérance. Attendons une heureuse fin à toutes nos aventures.

MÈRE UBU

Quelle étrange musique! Sont-ils tous enrhumés par la rosée, qu'ils chantent ainsi du nez?

L'ARGOUSIN

Afin de vous être agréable, monsieur et madame, j'ai remplacé le bâillon habituel de la chiourme par des mirlitons.

LES FORÇATS

Fauchons le grand pré!

L'ARGOUSIN

Voulez-vous commander la manœuvre, Père Ubu?

PÈRE UBU

O non! Si vous m'avez mis à la porte de ce pays et me renvoyez je ne sais où comme passager sur cette galère je n'en suis pas moins resté Ubu enchaîné, esclave, et je ne commanderai plus. On m'obéit bien davantage[16].

MÈRE UBU

Nous nous éloignons de France, Père Ubu.

PÈRE UBU

Eh! ma douce enfant! ne t'inquiète pas de la

contrée où nous aborderons. Ce sera assurément quelque pays assez extraordinaire pour être digne de nous, puisqu'on nous y conduits sur une trirème à quatre rangs de rames !

LA FRETTE, SEPTEMBRE 1899.

FIN

THÉATRE MIRLITONESQUE

Alfred JARRY

UBU
SUR
LA BUTTE

Réduction en deux actes
D'UBU ROI

Représentée l'an 1901
au *Guignol des 4-z'Arts*
avec le concours du célèbre
ANATOLE[1]
des Champs-Elysées.

❋

PARIS
*E. SANSOT & C*ie
Éditeurs
53, rue St-André-des-Arts.

E. S.
1906

PERSONNAGES [2]

PÈRE UBU.

MÈRE UBU.

CAPITAINE BORDURE.

LE ROI VENCESLAS.

LA REINE ROSEMONDE.

BOUGRELAS, leur fils.

LES OMBRES DES ANCÊTRES.

LE GÉNÉRAL LASCY.

NICOLAS RENSKY.

L'EMPEREUR ALEXIS.

LE PALOTIN GIRON.

NOBLES.

MAGISTRATS.

CONSEILLERS.

FINANCIERS.

TOUTE L'ARMÉE RUSSE.

TOUTE L'ARMÉE POLONAISE.

L'OURS.

LE CHEVAL À PHYNANCES.

DEUX GENDARMES.

PROLOGUE

PERSONNAGES DU PROLOGUE
GUIGNOL, LE DIRECTEUR

SCÈNE PREMIÈRE

GUIGNOL

C'est beau, ici. Il y a plus de monde dans cette salle que dans toute la ville de Lyon[3]. Je suis assurément aux 4-z'Arts.

Il frappe.

SCÈNE II

GUIGNOL, LE DIRECTEUR

GUIGNOL

Bonjour, monsieur l'Art!

LE DIRECTEUR

Comment, monsieur l'Art! Qui êtes-vous pour parler de la sorte?

GUIGNOL

Tiens, vous n'êtes pas l'un des 4-z'Arts! Y en aurait-il un cinquième?

LE DIRECTEUR

Le cinquième, c'est moi, ou plutôt je les dirige, je dirige l'établissement du même nom, je suis M. Trombert.

GUIGNOL

Et moi, Guignol. Enchanté de faire votre connaissance.

LE DIRECTEUR

Ravi de vous recevoir chez moi.

GUIGNOL

Encore plus charmé de recevoir, d'accepter, veux-je dire, les deux cent cinquante mille francs que vous m'avez promis pour mes frais de voyage de Lyon et de séjour à Paris.

LE DIRECTEUR

Deux cent cinquante mille francs! Je vous ai promis deux cent cinquante mille francs?

GUIGNOL

A moi, Guignol.

LE DIRECTEUR

Je veux bien en convenir, mais qui me dit que vous êtes Guignol? Avez-vous des papiers, des pièces d'identité?

GUIGNOL

Mes papiers, les voici, en pâte de bois.

                     Il lui présente un bâton.

LE DIRECTEUR, *reculant.*

Monsieur Guignol, qu'allez-vous faire?

GUIGNOL

Prenez cet éventail, cognez-moi sur la tête. N'ayez pas peur, c'est solide. Vous verrez si ça sonne le bois.

LE DIRECTEUR

D'abord ça vous ferait mal, et puis je n'ai pas acheté un seul guignol en bois, mais tout l'assortiment des pantins lyonnais. Vous allez retrouver ici vos amis Gnafron et Cie.

GUIGNOL

Dans ce cas c'est donc moi qui vérifierai si vous êtes bien M. Trombert. *(Levant son bâton.)* Vous êtes bien M. Trombert?

LE DIRECTEUR

Si c'est à M. Trombert que vous désirez parler avec votre langue de bois, ce n'est pas moi.

GUIGNOL

Ah! nous allons voir! *(Premier coup de bâton.)* Vous n'êtes toujours pas M. Trombert?

LE DIRECTEUR

Aïe! Aïe! Je suis M. Trombert, tous les Trombert que vous voudrez.

GUIGNOL

Je n'en suis pas si sûr que vous, je n'ai pas fini de vous présenter à moi-même. Vous êtes bien le M. Trombert qui m'a promis deux cent cinquante mille francs?

LE DIRECTEUR

Qui vous a... Jamais de la vie.

GUIGNOL

Rappelez vos souvenirs.

Coups de bâton.

LE DIRECTEUR

Aïe! Aïe! c'est vrai, j'avais perdu conscience de moi-même. Voici vos deux cent cinquante mille francs.

Il lui donne trois gros sacs.

GUIGNOL

Voulez-vous un reçu?

LE DIRECTEUR

Merci, je n'accepterai plus rien. Dites-moi, monsieur Guignol, je voudrais vous parler.

GUIGNOL

J'écoute.

LE DIRECTEUR

Parler, j'entends, sans témoins. Congédiez cet indiscret manche à balai.

GUIGNOL

C'est mon ami, mon frère, un autre Guignol : nous sommes faits du même bois; mais avec vous et du moment que nous avons échangé nos noms et qualités de toutes espèces, j'y consens.

LE DIRECTEUR

Monsieur Guignol, vous vous êtes présenté à moi, mais il faudrait que je vous présentasse aux personnes...

GUIGNOL

Présentes. Présentassez-moi aux personnes présentes. Mais je n'ai plus mon interprète à emmancher les balais.

LE DIRECTEUR

Ces personnes sont trop considérables pour que vous puissiez vous permettre avec elles un tel genre d'entretien. Mais informez-moi de votre généalogie et de toutes vos qualités, je vais faire au public votre biographie et votre généalogie.

GUIGNOL

Pardon, monsieur Trombert, ce sont là des secrets de famille. Je ne les révélerai point si je ne suis sûr qu'il y ait ici trois ou quatre honnêtes gens ou tout au moins trois ou quatre personnes, comme vous dites, considérables.

LE DIRECTEUR

Qu'à cela ne tienne!

Il nomme un certain nombre de spectateurs,
en affectant de confondre les physionomies
connues les plus opposées.

GUIGNOL

Ces notoriétés me décident. Interrogez.

LE DIRECTEUR

Vous êtes donc bien M. Guignol et vous êtes
venu de Lyon, monsieur Guignol, pour toucher
deux cent cinquante mille francs.

GUIGNOL

Ne parlons pas de cette petite chose. Je ne
reproche jamais les services que j'ai rendus.

LE DIRECTEUR

Alors, vous me rendrez d'abord les sacs vides.
Et pour avoir l'honneur d'être présenté au Tout-
Paris réuni pour cette solennité dans le hall des 4-
z'Arts. Et qui était votre père, monsieur Guignol?

GUIGNOL

Papa? Guignol!

LE DIRECTEUR

Ah! au fait, c'est juste. Et monsieur votre
grand-père?

GUIGNOL

Grand-papa? Guignol!

LE DIRECTEUR

Encore! c'est assez bizarre! Et monsieur votre... enfin, un ancêtre bien vieux?

GUIGNOL

Un ancêtre bien vieux? L'Homme à la Tête de Bois!

LE DIRECTEUR,
reculant, se heurte à un portant.

Aïe! je me suis fait mal. Il a existé un homme à la tête de bois!

GUIGNOL

Parfaitement. Les êtres humains n'ont, dans certains cas, que quelquefois la... partie anté-rieure de la figure, la... bouche ainsi, et vous vous êtes fait mal au derrière de la tête parce que vous n'êtes pas assez intelligent pour avoir la tête toute en bois, mais en mon instructive société, cela viendra.

Il chante :

Au temps des anciens dieux, avant l'âge de fer
Les têtes,
Avant l'âge d'or, de chair et de corne,
Les têtes se faisaient en bois.
Dans ces boîtes de bois l'on gardait la sagesse,
Et les sept sages, les sept sages de la Grèce
Étaient sept hommes à la tête de bois, [4]
Sept hommes
Issus des chênes millénaires
Qui rendaient des oracles aux forêts de Dodone [5].

Les racines de ces vieux arbres
Fouillaient vers le centre de la terre
Comme des doigts palpent des trésors,

Par l'espace infini et par la nuit des temps
Rampant vers le savoir, embrassant l'Univers.
Au Paradis l'arbre de la science
Et le pommier étaient en bois,
Et le subtil serpent qui tenta Ève
Était, était, osons le dire, en bois.

Hélas! le monde s'use, hélas! tout dégénère;
Nous, derniers héritiers des sages et des dieux,

Parlé.

et des hommes à la tête de bois,

Chanté.

Nous, les petits pantins,
Nous sommes nains,
Nous sommes gueux.
Pour hausser vers le peuple nos têtes sur la scène,
Épandant la science, il faut qu'à nos fantômes
Le souffle animé passe entre des doigts de chair.

LE DIRECTEUR, *parlé.*

Mais il a existé quelques hommes dont le nom indique qu'ils furent descendants, comme vous, de l'illustre race des hommes à la tête de bois . par exemple... le sergent Bobillot [6].

GUIGNOL

Aussi on lui a élevé une statue.

LE DIRECTEUR

Et il y a tant de gens qui s'appellent Dubois!

GUIGNOL

Là, mon cher ami, vous confondez.

Chanté.

Il existe deux sortes d'hommes en bois,
Les têtes précieusement travaillées,

Réceptacles de doctrines admirables,
Et les brutes, j'entends non façonnées,
Eh! si, les brutes et les bûches.

LE DIRECTEUR

Devient-on sage?...

GUIGNOL

Dites, mon ami : homme à la tête de bois.

LE DIRECTEUR

Devient-on homme à la tête de bois ou bûche
quand on a la... bouche de bois?

GUIGNOL, *chanté.*

Le vin est la vérité, une solution de vérité,
Empruntée au bois des tonneaux de bois,
Plein de vin, vous devenez semblable à un tonneau,
    tout en bois.
        Les pantins et les guignols
        Sont de perpétuels ivrognes.

LE DIRECTEUR, *parlé.*

Et ils sont en bois pour ne pas se casser en
tombant. C'est, en effet, avantageux. *(Il reste
rêveur.)* Mais vous ne buvez pas, alors, puisque
vos maxillaires sont déjà en bois?

GUIGNOL

Si fait, pour les avoir encore davantage ainsi et
parvenir à la science infuse.

LE DIRECTEUR

Arthur, deux...

GUIGNOL

Pernods?

LE DIRECTEUR

Non, *Premier*, comme Napoléon.

GUIGNOL

A votre santé, futur grand homme de bois.
Vous deviendrez sage en buvant. *(Musique de
ballet.)* Eh! où courez-vous donc, plus vite qu'un
cheval de bois?

Chanté.

Des petit's femm's, voici des p'tit's femmes!
On n'est pas de bois!

GUIGNOL, *parlé.*

Vous voulez dire?...

LE DIRECTEUR

Que je vous plains, pauvre Guignol, avec votre
tête de... sage. Vous ignorez bien des plaisirs. Un
de vos ancêtres de bois n'était-il pas... Abélard?

GUIGNOL, *se tordant et se roulant
sur le devant du théâtre.*

Il n'était pas Abélard, puisqu'il a engendré
tous mes grands-pères, père et moi-même. Mais
aux Champs-Élysées et aux Tuileries et à Lyon,
je laisse croire aux petits enfants que les pantins
de Guignol se trouvent sous les choux de bois...

Chanté.

Des bergeries des bazars.
Mais aux Quat-z'Arts,

Aux Quat-z`Arts, Guignol,
Aux Quat-z`Arts n`est pas Abélard!
Il sera de bois quant à la tête
Par son savoir,
De bois, de bois,
Mais pas plus bas.
Aux Quat-z`Arts, aux Quat-z`Arts,
Guignol ne sera pas de bois!

Entrent deux Petites Femmes, que le Direc-
teur et Guignol embrassent grotesquement
Danse burlesque.

ACTE PREMIER

Une salle du palais du roi de Pologne.

SCÈNE PREMIÈRE

PÈRE UBU, LE ROI VENCESLAS

LE ROI, *dans la coulisse*[7].

Hé, Père Ubu, Père Ubu !

PÈRE UBU, *entrant.*

Eh ! voilà le roi qui me demande. *(A part.)* Roi
Venceslas, vous courez à votre perte et vous serez
massacré !

LE ROI, *entrant de l'autre côté.*

Êtes-vous donc encore à boire, Père Ubu, que
vous n'entendez pas quand je vous appelle ?

PÈRE UBU

Oui, Sire, je suis saoul, c'est parce que j'ai bu
trop de vin de France.

LE ROI

Comme moi ce matin : nous sommes gris, je crois, comme deux Polonais.

PÈRE UBU

Enfin, Sire, que désirez-vous?

LE ROI

Noble Père Ubu, venez près de moi à cette fenêtre, nous verrons défiler les troupes.

PÈRE UBU, *à part.*

Attention, voilà le moment! *(Au Roi.)* On y va, monsieur, on y va.

LE ROI, *à la fenêtre.*

Ah! voici le régiment des gardes à cheval de Dantzick. Ils sont fort beaux, ma foi.

PÈRE UBU

Vous trouvez? Ils me paraissent misérables. Regardez celui-ci là-bas. *(Criant par la fenêtre.)* Depuis combien de temps ne t'es-tu pas débarbouillé, ignoble drôle?

LE ROI

Mais ce soldat est fort propre. Qu'avez-vous donc, Père Ubu[8]?

PÈRE UBU

Voilà ce que j'ai!

Coup de tête dans le ventre.

LE ROI

Misérable!

PÈRE UBU

MERDRE [9].

Coup de bâton.

LE ROI

Lâche, gueux, sacripant, mécréant, musulman!

PÈRE UBU

Tiens, pochard, soûlard, bâtard, hussard, tartare, calard, cafard, mouchard, savoyard, polognard!

LE ROI

Au secours! Je suis mort!

PÈRE UBU, *roulant le roi*
sur le devant du guignol avec le bâton.

Tiens, capon, cochon, félon, histrion, fripon, souillon, polochon [10]! Est-il bien mort [11]? Eh aïe donc! (*Il l'achève.*) Me voici roi maintenant!

Il sort.

SCÈNE II

LA REINE, BOUGRELAS

LA REINE

Quel est ce bruit épouvantable? Au secours! le roi est mort!

BOUGRELAS

Mon père!

LA REINE

Mon mari! mon cher Venceslas! Je me trouve mal! Bougrelas, soutiens-moi!

BOUGRELAS

Ha! qu'as-tu, ma mère?

LA REINE

Je suis bien malade, crois-moi, Bougrelas. Je n'en ai plus que pour deux heures à vivre. Comment veux-tu que je résiste à tant de coups? Le roi massacré, et toi, représentant de la plus noble race qui ait jamais porté l'épée, forcé de t'enfuir comme un contrebandier.

BOUGRELAS

Et par qui, grand Dieu! par qui? Un vulgaire Père Ubu, aventurier sorti on ne sait d'où, vile crapule, vagabond honteux! Et quand je pense que mon père l'a décoré et fait comte [12] et que ce vilain n'a pas eu honte de porter la main sur lui.

LA REINE

O Bougrelas! Quand je me rappelle combien nous étions heureux avant l'arrivée de ce Père Ubu! Mais maintenant, hélas! tout est changé!

BOUGRELAS

Que veux-tu? Attendons avec espérance et ne renonçons jamais à nos droits.

LA REINE

Je te le souhaite, mon cher enfant, mais pour
moi je ne verrai pas cet heureux jour.

BOUGRELAS

Eh! qu'as-tu? Elle pâlit, elle tombe, au
secours! O mon Dieu! son cœur ne bat plus. Elle
est morte! Est-ce possible? Encore une victime
du Père Ubu! *(Il se cache la figure dans les mains
et pleure.)* O mon Dieu! qu'il est triste de se voir
seul à quatorze ans avec une vengeance terrible à
poursuivre!

> *Il tombe en proie au plus violent désespoir.*
> *Pendant ce temps les* Ames des Ancêtres
> *entrent. L'une s'approche de Bougrelas.*

BOUGRELAS

Ah! que vois-je? toute ma famille, mes
ancêtres... Par quel prodige?

L'OMBRE

Apprends, Bougrelas, que j'ai été pendant ma
vie le seigneur Mathias de Kœnigsberg, le premier roi et le fondateur de la maison. Je te
remets le soin de notre vengeance. *(Il lui donne
une grande épée.)* Et que cette épée que je te
donne n'ait de repos que quand elle aura frappé
de mort l'usurpateur.

> *Les Ombres disparaissent.*

BOUGRELAS

Ah! maintenant, qu'il y vienne, ce Père Ubu,
ce coquin, ce misérable! Si je le tenais...

> *Il sort en brandissant l'épée.*

SCÈNE III

PÈRE UBU

PÈRE UBU

Cornegidouille! Me voici roi dans ce pays. Je me suis déjà flanqué une indigestion [13] et je vais maintenant commencer à prendre toute la phynance [14], après quoi je tuerai tout le monde et je m'en irai [15]. En voici deux qui sont déjà morts. Heureusement il y a ici une trappe où je vais les précipiter. Un! et deux [16]! Et d'autres vont les rejoindre tout à l'heure.

SCÈNE IV

PÈRE UBU, MÈRE UBU, *puis* NOBLES, MAGISTRATS, PERSONNAGES DIVERS

PÈRE UBU

Apportez la caisse à Nobles et le crochet à Nobles et le couteau à Nobles et la trique à Nobles [17]! Ensuite, faites avancer les Nobles.

On pousse brutalement les Nobles.

MÈRE UBU

De grâce, modère-toi, Père Ubu.

PÈRE UBU

J'ai l'honneur de vous annoncer que pour
enrichir le royaume je vais faire périr tous les
Nobles et prendre leurs biens.

NOBLES

Horreur! à nous, peuple et soldats!

PÈRE UBU

Amenez-moi le premier Noble et passez-moi la
trique à Nobles. Ceux qui seront condamnés à
mort, je les passerai dans la trappe, ils tomberont
dans le sous-sol où on les massacrera. *(Au
Noble.)* Qui es-tu, bouffre?

LE NOBLE

Comte de Vitepsk.

PÈRE UBU

De combien sont tes revenus?

LE NOBLE

Trois millions de rixdales.

PÈRE UBU

Condamné!

Coup de bâton.

MÈRE UBU

Quelle basse férocité!

PÈRE UBU

Second Noble, qui es-tu? -- Répondras-tu,
bouffre?

LE NOBLE

Grand-duc de Posen.

PÈRE UBU

Excellent! excellent! Je n'en demande pas plus long. Dans la trappe. *(Coup de bâton.)* Troisième Noble, qui es-tu? tu as une sale tête.

LE NOBLE

Duc de Courlande, des villes de Riga, de Revel et de Mitau.

PÈRE UBU

Très bien! très bien! Tu n'as rien autre chose?

LE NOBLE

Rien.

PÈRE UBU

Dans la trappe, alors. Quatrième Noble, qui es-tu?

LE NOBLE

Prince de Podolie.

PÈRE UBU

Quels sont tes revenus?

LE NOBLE

Je suis ruiné.

PÈRE UBU

Pour cette mauvaise parole, passe dans la

trappe. *(Coup furieux.)* Cinquième Noble, qui es-tu? tu as une bonne figure.

LE NOBLE

Margrave de Thorn, palatin de Polock.

PÈRE UBU

Ça n'est pas lourd. Tu n'as rien autre chose?

LE NOBLE

Cela me suffisait.

PÈRE UBU

Eh bien! mieux vaut peu que rien. Dans la trappe, mon ami.   Qu'as-tu à pigner, Mère Ubu?

MÈRE UBU

Tu es trop féroce, Père Ubu.

PÈRE UBU

Eh! je m'enrichis. Je vais faire lire MA liste de MES biens. Greffier, lisez MA liste de MES biens.

LE GREFFIER

Comté de Sandomir.

PÈRE UBU

Commence par les principautés stupide bougre!

LE GREFFIER

Principauté de Podolie, grand-duché de Posen, duché de Courlande, comté de Sandomir, comté de Vitepsk, palatinat de Polock, margraviat de Thorn.

PÈRE UBU

Et puis après?

LE GREFFIER

C'est tout.

PÈRE UBU

Comment, c'est tout! Oh bien alors, passons aux magistrats maintenant, c'est moi qui vais faire les lois.

PLUSIEURS

On va voir ça.

PÈRE UBU

Je vais d'abord réformer la justice, après quoi nous procéderons aux finances.

PLUSIEURS MAGISTRATS

Nous nous opposons à tout changement.

PÈRE UBU

Merdre. D'abord les magistrats ne seront plus payés.

MAGISTRATS

Et de quoi vivrons-nous? Nous sommes pauvres.

PÈRE UBU

Vous aurez les amendes que vous prononcerez et les biens des condamnés à mort.

UN MAGISTRAT

Horreur.

DEUXIÈME

Infamie.

TROISIÈME

Scandale.

QUATRIÈME

Indignité.

TOUS

Nous nous refusons à juger dans des conditions pareilles.

PÈRE UBU

A la trappe, les magistrats!

Ils se débattent en vain.

MÈRE UBU

Eh! que fais-tu, Père Ubu? Qui rendra maintenant la justice?

PÈRE UBU

Tiens! moi. Tu verras comme ça marchera bien.

MÈRE UBU

Oui, ce sera du propre.

PÈRE UBU

Allons, tais-toi, bouffresque. Nous allons maintenant, messieurs, procéder aux finances.

FINANCIERS

Il n'y a rien à changer.

PÈRE UBU

Comment! Je veux tout changer, moi. D'abord
je veux garder pour moi la moitié des impôts.

FINANCIERS

Pas gêné.

PÈRE UBU

Messieurs, nous établirons un impôt de dix
pour cent sur la propriété, un autre sur le
commerce et l'industrie, et un troisième sur les
mariages et un quatrième sur les célibataires [18] et
un cinquième sur les décès, de quinze francs
chacun.

PREMIER FINANCIER

Mais c'est idiot, Père Ubu.

DEUXIÈME FINANCIER

C'est absurde.

PREMIER FINANCIER

Ça n'a ni queue ni tête.

PÈRE UBU

Vous vous fichez de moi! Qu'on m'apporte
une casserole : je vais inventer en votre honneur
la sauce financière.

MÈRE UBU

Mais enfin, Père Ubu, quel roi tu fais, tu
massacres tout le monde.

PÈRE UBU

Eh merdre! Dans la trappe! Amenez tout ce qui reste de personnages considérables [19]! (*Défilés d'actualités et texte* ad libitum.) Toi qui ressembles étrangement à un célèbre piqueur de l'Élysée, dans la trappe! Et vous préfet de notre police, avec tous les égards qui vous sont dus, dans la trappe! dans la trappe ce ministre anglais, et pour ne pas faire de jaloux amenez aussi un ministre français, n'importe lequel; et toi notable antisémite, dans la trappe; et toi le juif sémite [20] et toi l'ecclésiastique et toi l'apothicaire, dans la trappe, et toi le censeur et toi l'avarié [21], dans la trappe! Tiens, voici un chansonnier qui s'est trompé de porte, on t'a assez vu, dans la trappe! Oh! Oh! celui-ci ne fait pas de chansons, il fait des articles de journal, mais ce n'en est pas moins toujours la même chanson, dans la trappe! Allez, passez tout le monde dans la trappe, dans la trappe, dans la trappe! Dépêchez-vous, dans la trappe, dans la trappe!

RIDEAU. — FIN DU PREMIER ACTE

ACTE II

A droite, un moulin à fenêtre praticable,
à gauche, rochers, au fond, on découvre la mer.

SCÈNE PREMIÈRE

L'ARMÉE POLONAISE *entre*
précédée du GÉNÉRAL LASCY

CHANSON DE ROUTE

Air : *Marche des Polonais*, Cl. Terrasse [22].

Ma tunique a deux, trois, quat' boutons,
Cinq boutons !
Six, sept, huit boutons,
Neuf boutons !
Dix, onz', douz' boutons,
Treiz' boutons !

Ma tunique a quatorz', quinz' boutons [23],
Seiz' boutons !
Dix-huit, vingt boutons,
Vingt boutons !
Vingt et un boutons,
Trent' boutons !

Ma tunique a trent', quarant' boutons,
...rant' boutons !
Quarant'-cinq boutons,
Cinq boutons !
Soixant'-dix boutons,
Dix boutons !

Ma tunique a cinquant' mille boutons,
Mill' boutons...

LE GÉNÉRAL LASCY

Division, halte ! A gauche, front ! A droite...
alignement ! Fixe ! Repos. Soldats, je suis content
de vous. N'oubliez pas que vous êtes militaires, et
que les militaires font les meilleurs soldats. Pour
marcher dans le sentier de l'honneur et de la
victoire, vous portez d'abord le poids du corps
sur la jambe droite, et partez vivement du pied
gauche... Garde à vous ! Pour défiler : par le flanc
droit... droite ! Division, en avant ! guide à droite,
marche ! Une, deux, une, deux...

> *Les Soldats, avec Lascy sur le flanc,
> sortent, en criant :*

LES SOLDATS

Vive la Pologne ! Vive le Père Ubu !

PÈRE UBU,
entrant, avec casque et cuirasse.

Ah ! Mère Ubu, me voici armé de ma cuirasse
et de mon petit bout de bois. Je suis prêt à partir
en guerre contre le czar, mais je vais être bientôt
tellement chargé que je ne saurais marcher si
j'étais poursuivi.

MÈRE UBU

Fi, le lâche.

PÈRE UBU

Ah! toute cette ferraille m'embarrasse. Je n'en finirai jamais, et les Russes avancent et vont me tuer.

MÈRE UBU

Comme il est beau avec son casque et sa cuirasse, on dirait une citrouille armée.

PÈRE UBU

Ah! maintenant je vais monter à cheval. Amenez, messieurs, le cheval à phynances.

MÈRE UBU

Père Ubu, ton cheval ne saurait plus te porter, il n'a rien mangé depuis cinq jours et est presque mort.

PÈRE UBU

Elle est bonne celle-là! On me fait payer 12 sous par jour pour cette rosse et elle ne me peut porter. Vous vous fichez, corne d'Ubu, ou bien si vous me volez? Alors, que l'on m'apporte une autre bête, mais je n'irai pas à pied, cornegidouille!

Le Palotin Giron, figuré par un nègre, amène un énorme cheval [24].

PÈRE UBU

Merci, fidèle Palotin Giron. *(Il caresse le cheval.)* Ho, ho... Je vais monter dessus. Oh! je vais tomber. *(Le cheval part.)* Ah! arrêtez ma bête. Grand Dieu, je vais tomber et être mort!!!

Il disparaît dans la coulisse.

MÈRE UBU

Il est vraiment imbécile. *(Elle rit.)* Ah! le voilà relevé, mais il est tombé par terre.

PÈRE UBU, *rentrant à cheval.*

Cornegidouille, je suis à moitié mort! Mais c'est égal, je pars en guerre et je tuerai tout le monde. Gare à qui ne marchera pas droit. Ji lon mets dans ma poche avec torsion du nez et des dents et extraction de la langue.

MÈRE UBU

Bonne chance, monsieur Ubu.

PÈRE UBU

J'oubliais de te dire que je te confie la régence. Mais j'ai sur moi le livre des phynances, tant pis pour toi si tu me voles. Je te laisse pour t'aider le fidèle Giron [25]. Adieu, Mère Ubu. Sois sage, prends garde à ta vertu.

MÈRE UBU

Adieu, Père Ubu. Tue bien le czar [26].

PÈRE UBU

Pour sûr. Torsion du nez et des dents, extrac-

tion de la langue et enfoncement du petit bout de
bois dans les oreilles.

        Il s'éloigne au bruit des fanfares.

SCÈNE II

MÈRE UBU, LE PALOTIN GIRON [27]

MÈRE UBU

Maintenant, que ce gros pantin est parti,
courons nous emparer de tous les trésors de la
Pologne. Ici, Giron, viens m'aider.

LE PALOTIN GIRON

A quoi, maîtresse?

MÈRE UBU

A tout! Mon cher époux [28] veut que tu le
remplaces en tout pendant qu'il est à la guerre.
Ainsi [29] ce soir...

LE PALOTIN GIRON

Oh! maîtresse [30]!

MÈRE UBU

Ne rougis pas, mon chéri : d'abord, sur ta
figure ça ne se voit pas [31]! Et en attendant
donne-moi un coup de main pour déménager les
trésors.

        Très vite, parlé en déménageant [32].

MÈRE UBU

D'abord à mes yeux étonnés
S'offre un pot, un pot... polonais !

LE PALOTIN GIRON

Un' descent' de lit en peau d' renne,
D' la rein' qu' est mort', la pauvre reine !

MÈRE UBU

La ressemblance, trait pour trait,
D' monsieur mon époux adoré.

LE PALOTIN GIRON

Des fiol's qui soûlèr'nt la Pologne,
Au bon vieux temps d' August' l'Ivrogne.

MÈRE UBU, *portant un clysopompe.*

Le narghilé qu'on fabriqua,
Pour la rein' Mari' Leczinska.

LE PALOTIN GIRON

Les documents, dans une malle,
De la défens' nationale.

MÈRE UBU, *portant un petit balai.*

Et le plumeau qui a servi
A mettre l'ordre à Varsovi'.

MÈRE UBU

Aïe ! J'entends du bruit ! Le Père Ubu qui revient ! Déjà ! sauvons-nous !

Ils s'enfuient en laissant tomber les trésors.

SCÈNE III

L'armée traverse la scène
puis le PÈRE UBU *entre,*
traînant une longue bride.

PÈRE UBU

Cornebleu, jambedieu, tête de vache! nous allons périr : ha! nous mourons de soif et sommes fatigués, car, par crainte de démolir notre monture, nous avons fait tout le chemin à pied, traînant *(apparaît seulement alors le cheval)* notre cheval par la bride. Mais quand nous serons de retour en Pologne, nous imaginerons, au moyen de notre science en pataphysique[33] et aidé des lumières de nos conseillers, un automobile pour traîner notre cheval et une voiture à vent pour transporter toute l'armée. Mais voilà Nicolas Rensky qui se précipite. Eh! Qu'a-t-il, ce garçon?

RENSKY

Tout est perdu, Sire, les Polonais sont révoltés, Giron a disparu et la Mère Ubu est en fuite emportant tous les trésors et les finances de l'État.

PÈRE UBU

Déjà!!! — Oiseau de nuit, bête de malheur, hibou à guêtres! Où as-tu pêché ces sornettes? En

voilà d'une autre! Et qui a fait ça? les Cosaques,
je parie. D'où viens-tu?

RENSKY

De Varsovie, noble seigneur.

PÈRE UBU

Garçon de ma merdre[34], si je t'en croyais je
ferais rebrousser chemin à toute l'armée. Mais,
seigneur garçon, il y a sur tes épaules plus de
plumes que de cervelle et tu as rêvé des sottises.
Va aux avant-postes, mon garçon, les Russes ne
sont pas loin et nous aurons bientôt à estocader
de nos armes.

LE GÉNÉRAL LASCY

Père Ubu, ne voyez-vous pas dans la plaine les
Russes?

PÈRE UBU

C'est vrai, les Russes! Me voilà joli. Si encore il
y avait moyen de s'en aller, mais pas du tout,
nous sommes sur une hauteur et nous serons en
butte à tous les coups.

L'ARMÉE

Les Russes! L'ennemi!

PÈRE UBU

Allons, messieurs, prenons nos dispositions
pour la bataille. Nous allons rester sur la colline
et ne commettrons point la sottise de descendre

en bas. Je me tiendrai au milieu comme une
citadelle vivante et vous autres graviterez autour
de moi. J'ai à vous recommander de mettre dans
les fusils autant de balles qu'ils en pourront tenir,
car 8 balles peuvent tuer 8 Russes et c'est autant
que je n'aurai pas sur le dos. Nous mettrons les
fantassins à pied au bas de la colline pour
recevoir les Russes et les tuer un peu, les
cavaliers derrière pour se jeter dans la confusion,
et notre artillerie [35] autour du moulin à vent ici
présent pour tirer dans le tas. Quant à nous, nous
nous tiendrons dans le moulin à vent et tirerons
avec notre pistolet à phynances par la fenêtre, en
travers de la porte nous placerons le bâton, et si
quelqu'un essaie d'entrer, gare à lui!

L'ARMÉE

Vos ordres, Sire Ubu, seront exécutés.

PÈRE UBU

Eh! cela va bien, nous serons vainqueurs.
Quelle heure est-il?

> *On entend :* Coucou! *trois fois.*

LE GÉNÉRAL LASCY

Onze heures du matin.

PÈRE UBU

Alors nous allons dîner, car les Russes n'atta-
queront pas avant midi. Dites aux soldats,
seigneur général, de faire leurs besoins et d'enton-
ner la chanson polonaise [36].

LASCY

Attention! A droite et à gauche, formez le cercle. Deux pas en arrière, rompez!

L'Armée sort, grande ritournelle, le Père Ubu commence à chanter, l'Armée rentre pour la fin du premier couplet.

CHANSON POLONAISE[37]

PÈRE UBU

Quand je déguste
Faut qu'on soit soûl,
Disait Auguste[38]
Dans un glouglou!

Chœur : Glou glou glou, glou glou glou.

PÈRE UBU

La soif nous traque
Et nous flapit;
Buvons d'attaque
Et sans répit.

Chœur : Pi pi pi, pi pi pi!

PÈRE UBU

Par ma moustache!
Nul ne s' moqua
Du blanc panache
De mon tchapska.

Chœur : Ka ka ka, ka ka ka.

PÈRE UBU

On a bonn' trogne
Quand on a bu :
Viv' la Pologne
Et l' Père Ubu!

Chœur : Bu bu bu, bu bu bu!

PÈRE UBU

O les braves gens, je les adore! Et maintenant, à table!

LES SOLDATS

Attaquons[39]!

PÈRE UBU

Dites à monsieur notre intendant militaire de nous apporter les vivres mis en réserve pour toute l'armée.

LASCY

Mais, Père Ubu, il n'y a pas de vivres, il n'y a rien à manger.

PÈRE UBU

Comment, sagouin! Il n'y a rien à manger? A quoi pense alors notre intendance militaire?

LASCY

Vous ne vous rappelez plus que vous l'avez précipitée dans la trappe!

PÈRE UBU

Ah! je respire. Je savais bien que cette excellente administration ne pouvait se tromper. Personne n'ignore qu'elle aime à gaver le troupier de troupions, pardon! croupions de dinde, poulets rôtis, pâtés de chiens, choux-fleurs à la merdre et autres volailles. Enfin, je vais aller chercher moi-même s'il reste quelque chose pour garnir notre panse.

Il sort.

LASCY, *criant.*

Qu'avez-vous trouvé de bon à manger, Père Ubu?

PÈRE UBU, *rentrant avec le balai.*

Je n'ai trouvé que ceci : goûtez un peu.

LASCY ET L'ARMÉE

Pouah! Pouah! Pouah! Je suis mort! Misérable Père Ubu, traître et gueux voyou!

Ils sortent dans des convulsions. La canonnade commence dans le lointain.

PÈRE UBU, *seul.*

Mais, j'ai faim, moi. Que vais-je mettre dans ma gidouille?

1er Boulet dans le ventre.

LASCY, *rentrant.*

Sire Ubu, les Russes attaquent.

PÈRE UBU

Eh bien après? Que veux-tu que j'y fasse? ce n'est pas moi qui le leur ai dit. Cependant, messieurs des Finances, préparons-nous au combat.

2e Boulet, le Père Ubu est renversé, le boulet lui rebondit à plusieurs reprises décroissantes sur la gidouille.

LASCY

Un second boulet, je ne reste pas là.

Il fuit.

PÈRE UBU

Ah! je n'y tiens plus. Ici il pleut du plomb et
du fer. Hé! sires soldats russes, faites attention,
ne tirez pas par ici, il y a du monde.

VOIX AU-DEHORS

Hourra [40], place au Czar!

Les Russes traversent.

PÈRE UBU

En avant, je m'en vais attaquer avec ce petit
bout de bois l'empereur moscovite [41]!

LE CZAR, *paraissant.*

Choknosof, catastrophe, merdazof!

PÈRE UBU

Tiens, toi!

Le Czar lui arrache son bâton et riposte [42].

Oh! mais tout de même! ah, monsieur, pardon,
laissez-moi tranquille! oh, mais, je n'ai pas fait
exprès! Aïe! je suis mort, je suis roué [43]!

Il se sauve, le Czar le poursuit.

LASCY, *traversant.*

Cette fois, c'est la débandade.

PÈRE UBU

Ah! voici l'occasion de se tirer des pieds. Or
donc, messieurs les Polonais, en avant! ou plutôt
non, en arrière!

POLONAIS, *traversant.*

Sauve qui peut, sauve qui peut!

> *Ils s'enfuient, poursuivis par les Russes.*

SCÈNE IV

La scène reste vide, puis L'OURS *passe* [44].

PÈRE UBU, *rentrant.*

Il n'y a plus personne? Quels tas de gens, quelle fuite! Où me cacher, grand Dieu? Ah, dans cette maison, j'y serai sans doute à l'abri.

LASCY, *sortant du moulin.*

Qui vive?

PÈRE UBU

Au secours! Ah! c'est toi, Lascy, tu t'es caché là aussi, tu n'es donc pas encore tué?

LASCY

Eh! Monsieur Ubu [45], êtes-vous remis de votre terreur et de votre fuite?

PÈRE UBU

Oui, je n'ai plus peur, mais j'ai encore la fuite.

LASCY

Quel pourceau.

L'OURS, *dans la coulisse.*

Hhron!

LASCY

Quel est ce rugissement? Allez voir, Père Ubu.

PÈRE UBU

Ah non, par exemple! encore des Russes, je parie, j'en ai assez; et puis s'ils m'attaquent c'est bien simple, ji lon fous dans ma poche.

SCÈNE V

LES MÊMES. *Entre* L'OURS

LASCY

Oh! monsieur Ubu!

PÈRE UBU

Oh! tiens, regarde donc le petit toutou. Il est gentil, ma foi.

LASCY

Prenez garde! Ah! quel énorme ours.

PÈRE UBU

Un ours! Ah! l'atroce bête. Oh! pauvre homme, me voilà mangé. Que Dieu me protège.

Et il vient sur moi. Non, c'est Lascy qu'il
attrape. Ah! ça va mieux [46]!

> L'Ours *se jette sur Lascy, qui se défend.* Le
> Père Ubu *se réfugie dans le moulin.*

LASCY

A moi, à moi! au secours, monsieur Ubu!

PÈRE UBU, *mettant la tête*
à la fenêtre du moulin.

Bernique! Débrouille-toi, mon ami; pour le
moment, nous faisons notre *Pater Noster.* Chacun
son tour d'être avalé.

LASCY

J me tient, il me mord!

PÈRE UBU

Sanctificetur nomen tuum.

> *Lascy, saisi par l'ours, pousse un grand
> cri, l'ours traverse lentement en le balançant
> dans sa gueule et disparaît.*

PÈRE UBU

Panem nostrum quotidianum da nobis hodie...
Tiens! le voilà mangé et me voilà tranquille. *Sed
libera nos a malo, Amen.* Je puis descendre de ma
fenêtre [47]. Nous devons notre salut à notre
courage et à notre présence d'esprit, n'ayant pas
hésité à monter dans ce moulin fort élevé pour
que nos prières eussent moins loin à arriver au
ciel. Aussi je n'en puis plus et il me prend une
étrange envie de dormir. Mais je ne coucherai pas

dans cette maison, car même avec un bonnet de coton *(il le met)*, quand on craint les courants d'air, il ne faut pas se réfugier dans un moulin à vent!

> *Scène du lit, avec apparition de souris, araignées, etc., classique à Guignol.*

PÈRE UBU

Je serai mieux à la belle étoile. *(Bruit léger au-dehors.)* Est-ce [48] l'ours encore? Il va me dévorer [49]. Il n'y a pas moyen de dormir, mais avec ce petit bout de bois je saurai m'en débarrasser.

> *Entre la Mère Ubu, qui reçoit le coup de bâton.*

Ah! c'est la Mère Ubu! Je savais bien que c'était un animal! Comment, c'est toi, sotte chipie? D'où viens-tu?

MÈRE UBU

De Varsovie, les Polonais m'ont chassée.

PÈRE UBU

Moi, ce sont les Russes qui m'ont chassé, les beaux esprits se rencontrent.

MÈRE UBU

Dis plutôt qu'un bel esprit a rencontré une bourrique!

PÈRE UBU

Ah! Mère Ubu, je vais vous arracher la cervelle et lacérer le postérieur!

> *Il la secoue* [50].

MÈRE UBU

Viens plutôt avec moi, Père Ubu, ce pays n'est pas tranquille. Quittons-le, profitons de ce que nous sommes au bord de la mer et embarquons-nous sur le premier navire en partance. Mais où aller?

PÈRE UBU

Où allons-nous, Mère Ubu? *Quo vadimus* [51]? C'est bien simple : En France;

La France réunit pour nous tous les attraits :
Il y fait chaud l'été, l'hiver il y fait frais,
Les institutions sont mises sous vitrine :
Défense de toucher au clergé, la marine,
Au sceptre immaculé des gardiens de la paix,
Au dur labeur des bureaucrates occupés.
L'expérience de ma trique me décide
A croire qu'en effet tout ça n'est pas solide,
Et que l'on ne saurait trop mettre en du coton
La finance, l'armée et la magistrature,
Fragiles bibelots que fêle mon bâton.
L'âge d'or luit encor, plus doré que nature :
Un suffrage éclairé nomme des députés
Dont les programmes sont toujours exécutés;
Et le char de l'État est du même système
Que si le Père Ubu l'avait construit lui-même.
La France est le pays des lettres et des arts :
Le nombre de ceux-ci s'élève jusqu'à *quatre :*
Aussi la nomme-t-on le pays des 4-z' Arts,
Antique cabaret célèbre dans Montmartre!

C'est là que nous irons vivre désormais, Mère Ubu.

MÈRE UBU

Bravo. Père Ubu, allons en France.

PÈRE UBU

Je vois un navire qui s'approche, nous sommes sauvés.

BOUGRELAS, *entrant.*

Pas encore!

PÈRE ET MÈRE UBU

Aïe! c'est Bougrelas!

BOUGRELAS

Misérable Père Ubu, tu as tué mon père le roi Venceslas *(le Père Ubu gémit)*, tu as tué ma mère, la reine Rosemonde *(le Père Ubu gémit)*, tu as tué toute ma famille, tu as tué la noblesse, tu as tué la justice, tu as tué la finance, mais il y a une chose que tu n'as pas tuée, car elle est impérissable : la gendarmerie nationale!

Entrent deux gendarmes.

PÈRE UBU, *affolé.*

Où me cacher, grand Dieu? Que deviendra la Mère Ubu? Adieu, Mère Ubu, tu es bien laide aujourd'hui, est-ce parce que nous avons du monde [52]?

Entre le Palotin Giron.

MÈRE UBU

Notre fidèle Giron m'accompagnera en France.

BOUGRELAS

Et vous, gendarmes, accompagnez le Père Ubu. Conduisez-le à Paris, dans une prison ou plutôt dans un abattoir, où, en punition de tous ses crimes, il sera décervelé [53] !

CHANSON FINALE
(Air connu)

PERE UBU, *entre les* GENDARMES, MÈRE UBU,
BOUGRELAS, LE PALOTIN GIRON

Vers les rives de France
Voguons } en chantant,
Voguez

Voguons } doucement
Voguez

Pour { nous
       vous
Les vents sont si doux.

Embarquons-nous } avec espérance,
Embarquez-vous
Vers la douce France,
Viv' le Père Ubu !

Confions-nous à la Providence,
       Le ciel récompense
       Toujours la vertu,
    Tutu, rlutu, pens's-tu?
       Turlututu !

La vertu trouve sa récompense...

Le navire disparaît.   Rideau.

FIN

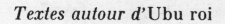

Textes autour d'Ubu roi

DE L'INUTILITÉ
DU THÉATRE AU THÉATRE

Je crois que la question est définitivement tranchée de savoir si le théâtre doit s'adapter à la foule ou la foule au théâtre. Laquelle, antiquement, n'a pu comprendre ou faire semblant de comprendre les tragiques et comiques que parce que leurs fables étaient universelles et réexpliquées quatre fois en un drame, et le plus souvent préparées par un personnage prologal[1]. Comme aujourd'hui elle va à la Comédie-Française entendre Molière et Racine parce qu'ils sont joués d'une façon continue. Il est d'ailleurs assuré que leur substance lui échappe. La liberté n'étant pas encore acquise au théâtre de violemment expulser celui qui ne comprend pas, et d'évacuer la salle à chaque entr'acte avant le bris et les cris, on peut se contenter de cette vérité démontrée qu'on se battra (si l'on se bat) dans la salle pour une œuvre de vulgarisation, donc point originale et par cela antérieurement à l'originale accessible, et que celle-ci bénéficiera au moins le premier jour d'un public resté stupide, muet par conséquent.

Et le premier jour ceux-là viennent, qui savent comprendre.

Il y a deux choses qu'il siérait — si l'on voulait descendre jusqu'au public — de lui donner, et qu'on lui donne : des personnages qui pensent comme lui (un ambassadeur siamois ou chinois, entendant *L'Avare*, gagea que l'avare serait trompé et la cassette prise) et dont il comprenne tout avec cette impression : « Suis-je spirituel de rire de ces mots spirituels », qui ne manque aux auditeurs de M. Donnay[2], et l'impression de la création, supprimant la fatigue de prévoir; et en second lieu, des sujets et péripéties *naturelles*, c'est-à-dire quotidiennement coutumières aux hommes ordinaires, étant de fait que Shakespeare, Michel-Ange ou Léonard de Vinci sont un peu amples et d'un diamètre un peu rude à parcourir, parce que, génie et entendement ou même talent n'étant point d'une nature, il est impossible à la plupart.

S'il y a dans tout l'univers cinq cents personnes qui soient un peu Shakespeare et Léonard par rapport à l'infinie médiocrité, n'est-il pas juste d'accorder à ces cinq cents bons esprits ce qu'on prodigue aux auditeurs de M. Donnay, le repos de ne pas voir sur la scène ce qu'ils ne comprennent pas, le plaisir actif de créer aussi un peu à mesure et de prévoir?

Ce qui suit est un index de quelques objets notoirement horribles et incompréhensibles pour ces cinq cents esprits et qui encombrent la scène sans utilité, en premier rang le *décor* et les *acteurs*.

Le decor est hybride, ni naturel ni artificiel.

S'il était semblable à la nature, ce serait un duplicata superflu... On parlera plus loin de la nature décor. Il n'est pas artificiel en ce sens qu'il ne donne pas à l'artiste la réalisation de l'extérieur vu à travers soi ou mieux créé par soi.

Or il serait très dangereux que le poète à un public d'artistes imposât le décor tel qu'il le peindrait lui-même. Dans une œuvre écrite, qui sait lire y voit le sens caché exprès pour lui, reconnaît le fleuve éternel et invisible et l'appelle *Anna Peranna*[3]. La toile peinte réalise un aspect dédoublable pour très peu d'esprits, étant plus ardu d'extraire la qualité d'une qualité que la qualité d'une quantité. Et il est juste que chaque spectateur voie la scène dans le décor qui convient à *sa* vision de la scène. Devant un grand public, différemment, n'importe quel décor artiste est bon, la foule comprenant non de soi, mais d'autorité.

Il y a deux sortes de décors, intérieurs et sous le ciel. Toutes deux ont la prétention de représenter des salles ou des champs naturels. Nous ne reviendrons pas sur la question entendue une fois pour toutes de la stupidité du trompe-l'œil. Mentionnons que ledit trompe-l'œil fait illusion à celui qui voit grossièrement, c'est-à-dire ne voit pas, et scandalise qui voit d'une façon intelligente et éligente la nature, lui en présentant la caricature par celui qui ne comprend pas. Zeuxis a trompé des bêtes brutes, dit-on, et Titien un aubergiste.

Le décor par celui qui ne sait pas peindre approche plus du décor abstrait. n'en donnant que la substance; comme aussi le décor qu'on saurait simplifier en choisirait les utiles accidents.

Nous avons essayé des décors *héraldiques*, c'est-à-dire désignant d'une teinte unie et uniforme toute une scène ou un acte, les personnages passant harmoniques sur ce champ de blason [4]. Cela est un peu puéril, ladite teinte s'établissant seule (et plus exacte, car il faut tenir compte du daltonisme universel et de toute idiosyncrasie) sur un fond qui n'a pas de couleur. On se le procure simplement et d'une manière symboliquement exacte avec une toile pas peinte ou un envers de décor, chacun pénétrant l'*endroit* qu'il veut, ou mieux, si l'auteur a su ce qu'il voulut, le vrai décor exosmosé [5] sur la scène. L'écriteau apporté selon les changements de lieu évite le rappel périodique au non-esprit par le changement des décors matériels, que l'on perçoit surtout à l'instant de leur différence [6].

Dans ces conditions, toute partie de décor dont on aura un besoin spécial, fenêtre qu'on ouvre, porte qu'on enfonce, est un accessoire et peut être apportée comme une table ou un flambeau.

L'acteur « se fait la tête », et devrait tout le corps, du personnage. Diverses contractions et extensions faciales de muscles sont les expressions, jeux physionomiques, etc. On n'a pas pensé que les muscles subsistent les mêmes sous la face feinte et peinte, et que Mounet et Hamlet n'ont pas semblables zygomatiques, bien qu'anatomiquement on croie qu'il n'y ait qu'un homme. Ou l'on dit la différence négligeable. L'acteur devra substituer à sa tête, au moyen d'un *masque* l'enfermant, l'effigie du PERSONNAGE, laquelle n'aura pas, comme à l'antique, caractère de pleurs ou de rire (ce qui n'est pas un caractère) mais caractère du personnage : l'Avare, l'Hésitant, l'Avide entassant les crimes...

Et si le caractère éternel du personnage est inclus au masque, il y a un moyen simple, parallèle au kaléidoscope et surtout au gyroscope, de *mettre en lumière*, un à un ou plusieurs ensemble, les moments accidentels.

L'acteur suranné, masqué de fards peu proéminents, élève à une puissance chaque expression par les teintes et surtout les reliefs, puis à des cubes et exposants indéfinis par la LUMIÈRE.

Ce que nous allons expliquer était impossible au théâtre antique, la lumière verticale ou jamais assez horizontale soulignant d'ombre toute saillie du masque et pas assez nettement parce que diffuse.

Contrairement aux déductions de la rudimentaire et imparfaite logique, en ces pays solaires il n'y a pas d'ombre nette, et en Égypte, sous le tropique du Cancer, il n'y a presque plus de duvet d'ombre sur les visages, la lumière était verticalement reflétée comme par la face de la lune et diffusée et par le sable du sol et par le sable en suspens dans l'air.

La *rampe* éclaire l'acteur selon l'hypoténuse d'un triangle rectangle dont son corps est l'un des côtés de l'angle droit. Et la rampe étant une série de points lumineux, c'est-à-dire une ligne s'étendant indéfiniment, par rapport à l'étroitesse de la face de l'acteur, à droite et à gauche de l'intersection de son plan, on doit la considérer comme un seul point éclairant, situé à une distance indéfinie, comme si elle était *derrière* le public.

Celui-ci est distant par suite d'un moindre infini, pas assez moindre pour qu'on ne puisse considérer tous les rayons reflétés par l'acteur (soit tous les regards) comme parallèles. Et pratiquement chaque spectateur voit le masque personal d'une façon *égale*, avec des différences à coup sûr négligeables, en comparaison des idiosyncrasies et aptitudes à différemment comprendre, qu'il est impossible d'atténuer — qui d'ailleurs se neutralisent dans une foule en tant que troupeau, c'est-à-dire foule.

Par de lents hochements de haut en bas et bas en haut et librations latérales, l'acteur déplace les ombres sur toute la surface de son masque. Et l'expérience prouve que les six positions principales (et autant pour le profil, qui sont moins nettes) suffisent à toutes les expressions. Nous n'en donnons pas d'exemple, parce qu'elles varient selon l'essence première du masque, et que tous ceux qui ont su voir un Guignol ont pu les constater.

Comme ce sont des expressions simples, elles sont universelles. L'erreur grave de la pantomime actuelle est d'aboutir au langage mimé conventionnel, fatigant et incompréhensible. Exemple de cette convention : une ellipse verticale autour du visage avec la main et un baiser sur cette main pour dire la beauté suggérant l'amour. — Exemple de geste universel : la marionnette témoigne sa stupeur par un recul avec violence et choc du crâne contre la coulisse.

A travers tous ces accidents subsiste l'expression substantielle, et dans maintes scènes le plus beau est l'impassibilité du masque un, épandant les paroles hilarantes ou graves. Ceci n'est comparable qu'à la minéralité du squelette dissimulé sous les chairs animales, dont on a de tout temps reconnu la valeur tragi-comique.

Il va sans dire qu'il faut que l'acteur ait une *voix*[7] spéciale, qui est la voix du rôle, comme si la cavité de la bouche du masque ne pouvait émettre que ce que dirait le masque, si les muscles de ses lèvres étaient souples. Et il vaut mieux qu'ils ne soient pas souples, et que le débit dans toute la pièce soit monotone.

Et nous avons dit aussi qu'il faudrait que l'acteur se fît le corps du rôle.

Depuis la phrase d'une préface de Beaumarchais, le *travesti*, défendu par l'Église et par l'art « Il n'existe point de tout jeune homme assez formé pour... » La femme étant l'être jusqu'à la vieillesse imberbe et à la voix aiguë, une femme de vingt ans représente, selon la tradition parisienne, l'enfant de quatorze, avec l'expérience de six ans de plus. Cela compense peu le ridicule du profil et l'inesthétique de la marche, la ligne estompée à tous les muscles par le tissu adipeux — odieux parce qu'il est utile, générateur du *lait*[8].

De par la différence des cerveaux, un enfant de quinze ans, si l'on le choisit intelligent (car on trouve que la majorité des femmes sont ordinaires, le plus grand nombre des jeunes garçons stupides, avec quelques exceptions supérieures), jouera adéquatement son rôle, exemple le jeune Baron dans la troupe de Molière, et toute cette époque du théâtre anglais (et tout le théâtre antique) où l'on n'aurait jamais osé confier un rôle à une femme.

Quelques mots sur les décors naturels, qui existent sans duplicata, si l'on tente de monter un drame en pleine nature, au penchant d'une colline, près d'une rivière, ce qui est excellent pour la portée de la voix, sans velum surtout, dût le son se perdre; les collines suffisent, avec quelques arbres pour l'ombre. On joue aujourd'hui, comme il y a un an, en plein vent *Le Diable marchand de goutte*[9] et l'idée a été complétée au précédent *Mercure* par M. Alfred Vallette. Voici trois ou quatre ans, M. Lugné-Poe, avec quelques amis, donna à Presles, au bord de la forêt de l'Isle-Adam, sur un théâtre naturel creusé dans la montagne, *La Gardienne*[10]. En ce temps d'universel cyclisme, quelques séances dominicales, un été, très courtes (de deux à cinq) d'une littérature d'abord pas trop abstraite (*Le Roi Lear*, par exemple; nous ne comprenons pas cette idée d'un théâtre du peuple), en des campagnes distantes de peu de kilomètres, avec des arrangements pour ceux qui usent des chemins de fer, sans préparatifs d'avance, les places au soleil gratuites (M. Barrucand écrivait récemment d'un théâtre gratuit) et les sommaires tréteaux traînés en une ou plusieurs automobiles ne seraient pas absurdes

RÉPONSES A UN QUESTIONNAIRE
SUR L'ART DRAMATIQUE

1

Le dramaturge, comme tout artiste, cherche la vérité, dont il y a plusieurs. Et comme les premières aperçues ont été reconnues fausses, il est vraisemblable que le théâtre de ces dernières années a découvert   ou créé, ce qui est tout un   plusieurs points de l'éternité nouveaux. Et quand il n'a pas découvert il a retrouvé et recompris l'antique.

2

L'art dramatique renaît — ou naît peut-être en France   depuis quelques années, n'ayant donné encore que *Les Fourberies de Scapin* (et Bergerac [1], comme on sait) et *Les Burgraves*. Nous avons un tragique possesseur de terreurs et pitiés nouvelles si bien à soi qu'il est inutile qu'il les

exprime autrement que par le silence : Maurice
Maeterlinck. Aussi Charles Van Lerberghe². Et
d'autres noms que nous citerons. Nous croyons
être sûrs d'assister à une naissance du théâtre,
car pour la première fois il y a en France (ou *en
Belgique*, à Gand, nous ne voyons pas la France
dans un territoire inanimé mais dans une langue,
et Maeterlinck est aussi justement à nous que
nous répudions Mistral) un théâtre ABSTRAIT, et
nous pouvons enfin lire sans l'effort d'une traduction quelque chose qui soit aussi éternellement
tragique que Ben Johnson, Marlowe, Shakespeare, Cyril Tourneur, Goethe. Il ne manque plus
qu'une comédie aussi folle que [*biffé : Les Silènes*]
l'unique de Dietrich Grabbe, qui n'a jamais été
traduite³.

Théâtre d'Art, *Théâtre-Libre*, *Œuvre* ont pu,
outre des traductions de pièces étrangères dont
nous n'avons pas à parler et qui étaient nouvelles, exprimant des sentiments nouveaux, —
Ibsen, traduit par le comte Prozor, et les
curieuses adaptations hindoues de A.-F. Herold
et Barrucand⁴, — découvrir parmi plusieurs
erreurs (*Théodat*, etc.) des dramaturges comme
Rachilde, Pierre Quillard, Jean Lorrain, E. Sée,
Henry Bataille, Maurice Beaubourg, Paul Adam,
Francis Jammes, dont plusieurs ont écrit des
œuvres justifiant presque la définition du chef-
d'œuvre, et qui en tout cas tous ont perçu le
nouveau et se sont manifestés créateurs.

Eux et quelques autres, et d'anciens maîtres
qu'on traduira (*Marl*[*owe*] par G. E.⁵), seront
joués cette saison à l'Œuvre, de même qu'à
l'Odéon on traduit Eschyle, comprenant que la

pensée se modifiant peut-être « en anneau » il n y
a rien de si jeune que des pièces très anciennes.

Quelques tentatives belles ont été faites de
décors par des artistes aux divers théâtres indépendants, je renvoie à un article de M. Lugné-
Poe [*biffé* : à paraître ce mois] paru le 1er octobre
au *Mercure* pour un projet non irréalisable
d' « Elisabethan Theater ».

3

Qu'est-ce qu'une pièce de théâtre? Une fête
civique? Une leçon? Un délassement?

Il semble d'abord qu'une pièce de théâtre soit
une fête civique, étant un spectacle offert à des
citoyens assemblés. Mais notons qu'il y a plusieurs publics du théâtre, ou tout au moins deux :
l'assemblée du petit nombre des intelligents et
celle du grand nombre. Pour ce grand nombre, les
pièces à spectacle (spectacles de décors et ballets
ou d'émotions visibles et accessibles, Châtelet et
Gaîté, Ambigu et Opéra-Comique), qui lui sont
délassement surtout, leçon peut-être un peu,
parce que le souvenir en dure, mais leçon de
sentimentalité fausse et d'esthétique fausse, qui
sont les seules vraies pour ceux-là à qui le théâtre
du petit nombre semble incompréhensible ennui.
Cet autre théâtre n'est ni fête pour son public, ni
leçon, ni délassement, mais action; l'élite participe à la réalisation de la création d'un des siens,
qui voit vivre en soi-même en cette élite l'être

créé par soi, plaisir actif qui est le seul plaisir de Dieu et dont la foule civique a la caricature dans l'acte de chair.

Même la foule jouit un peu de ce plaisir de création, toute relativité observée. « Il y a deux choses qu'il... à mesure et de prévoir? » M de France, septembre 96 [6].

4

Tout est évidemment bon à mettre au théâtre si l'on consent encore à appeler théâtre ces halls encombrés de décors d'une peinture odieuse, construits spécialement, ainsi que les pièces, pour [*biffé :* l'infinie médiocrité de la foule] la multitude. Mais cette question une fois tranchée, ne doit écrire pour le théâtre que l'auteur qui pense d'abord dans la forme dramatique. On peut tirer ensuite un roman de son drame, si l'on veut, car on peut raconter une action; mais la réciproque n'est presque jamais vraie; et si un roman était dramatique, l'auteur l'aurait d'abord [*biffé :* pensé] conçu (et écrit) sous forme de drame.

Le théâtre, qui anime des masques impersonnels, n'est accessible qu'à qui se sent assez viril pour créer la vie : un conflit de passions plus subtil que les connus ou un personnage qui soit un nouvel être. Il est admis par tous qu'Hamlet, par exemple, est plus vivant qu'un homme qui passe, car il est plus compliqué avec plus de synthèse, et même seul vivant, car il est une abstraction qui marche. Donc il est plus ardu à l'esprit de créer un personnage qu'à la matière de construire un homme, et si l'on ne peut absolument créer, c'est-à-dire faire naître un être nouveau, qu'on se tienne tranquille.

5

La mode du monde et la mode de la scène exercent de réciproques influences non seulement dans les pièces modernes. Mais il ne serait pas très utile que le public allât au théâtre en costume de bal; au fond la chose est indifférente, mais il est énervant de voir lorgner dans la salle. Ne va-t-on pas à Bayreuth en costume de voyage? Et comme on arrangerait tout en n'éclairant que la scène!

6

Un roman connu a glorifié le *théâtre de dix heures*. Mais il y aura toujours des gens qui couvriront les premières scènes du bruit de leur retard. L'heure choisie actuellement pour le lever de rideau est bonne, si l'on prend l'habitude de fermer les portes non seulement des loges mais des couloirs sitôt les trois coups.

7

Le système qui consiste à fabriquer un rôle en
vue des qualités personnelles de tel artiste a le
plus de probabilités pour être une cause de
pièces éphémères : parce que l'artiste mort. on
n'en trouvera pas d'exactement semblable. Ce
système offre l'avantage à l'auteur qui ne sait pas
créer de lui fournir une maquette dont il exagère
simplement tels ou tels muscles. L'acteur pour
rait aussi bien parler de lui-même (avec une
minime éducation) et dire n'importe quoi. La
faiblesse de ce procédé éclate dans les tragédies
de Racine, qui ne sont pas des pièces, mais des
chapelets de rôles. Il ne faut pas d' « étoiles »
mais une homogénéité de masques bien ternes
dociles silhouettes.

8

Les répétitions générales ont cet avantage
d'être un théâtre gratuit pour quelques artistes et
les amis de l'auteur, où pour une soirée on soit
presque expurgé de mufles

9

Le rôle des *théâtres à côté* n'est pas fini mais comme ils durent depuis quelques années on cesse de les trouver fous et ils sont les théâtres réguliers du petit nombre. Dans quelques autres années on se sera approché plus près de la vérité en art, ou (si la vérité n'est pas, mais la mode) on en aura découvert une autre, et ces théâtres seront bien dans tout le mauvais sens réguliers, s'ils ne se souviennent que leur essence est non d'être mais de devenir.

10

Maintenir une tradition même valable est atrophier la pensée qui se transforme dans la durée; et il est insensé de vouloir exprimer des sentiments nouveaux dans une forme « conservée ».

11

Qu'on réserve l'enseignement du Conservatoire, si l'on veut, à l'interprétation des reprises;

et encore sait-on bien si la pensée du public évoluant aussi, quelques années en retard des créateurs, il ne serait pas indispensable que l'expression évoluât aussi? Les pièces classiques ont été jouées dans le costume de leur temps; faisons comme ces anciens peintres qui se voulaient les scènes les plus antiques contemporaines[7].

Toute « histoire » est si ennuyeuse, c'est-à-dire inutile.

12

Les droits des héritiers relèvent de l'institution de la famille, où nous avouons toute incompétence. Vaut-il mieux que les héritiers touchent des droits d'auteur et puissent décider, s'il leur plaît, de faire disparaître une œuvre, ou que le chef-d'œuvre, dès l'auteur mort, soit à tous? La disposition actuelle me semble la meilleure.

Comme les tournées en province.   La claque permet à l'auteur de faire comprendre au public comment il a voulu son drame. C'est une soupape de sûreté afin que des enthousiasmes maladroits ne crépitent point quand il faut se taire. Mais la claque est une direction de foule; dans un théâtre qui soit un théâtre et où on joue une œuvre qui, etc., nous ne croyons, après M. Maerterlinck, qu'à l'applaudissement du silence.

LES PARALIPOMÈNES D'UBU

Ubu devant être incessamment manifesté à la foule[1], qui ne le comprendra pas, et à quelques amis qui ont l'indulgence de le connaître, il serait peut-être utile, pour ceux-ci au moins, de l'expliquer par son passé, afin de liquider entièrement ce bonhomme.

Ce n'est pas exactement Monsieur Thiers, ni le bourgeois, ni le mufle : ce serait plutôt l'anarchiste parfait, avec ceci qui empêche que *nous* devenions jamais l'anarchiste parfait, que c'est un homme, d'où couardise, saleté, laideur, etc.

Des trois âmes que distingue Platon : de la tête, du cœur et de la gidouille, cette dernière seule, en lui, n'est pas embryonnaire.

Une pièce ancienne l'a glorifié (*Les Cornes du P. U.*[2], où Madame Ubu accouche d'un archéoptéryx), qui a été jouée en ombres, et dont la scène est l'intérieur de cette gidouille. L'Epithumia d'Ubu y errait, comme l'âme de ce cerveau.

Je ne sais pas ce que veut dire le nom d'Ubu, qui est la déformation en plus éternel du nom de son accidentel prototype encore vivant : *Ybex*

peut-être, le Vautour [3]. Mais ceci n'est qu'une des
scènes de son rôle.

S'il ressemble à un animal, il a surtout la face
porcine, le nez semblable à la mâchoire supérieure du crocodile, et l'ensemble de son capara-
çonnage de carton le fait en tout le frère de la bête
marine la plus esthétiquement horrible, la limule.

Cette pièce ayant été écrite par un enfant, il
convient de signaler, si quelques-uns y prêtent
attention, le principe de synthèse que trouve
l'enfant créateur en ses professeurs.

. A.-F. Herold, enfant aussi, glorifia de même
sorte, en un drame jamais publié, *La Forêt vierge*,
Don Brusquul, prince de Bornéo :

DON BRUSQUUL, *lisant.*

Le Temps... *(Ici une date qu'on trouvera dans
Larousse.)* Dernières dépêches de la nuit, de la
nuit. Ferdinand le Catholique, le Catholique,
vient de s'emparer de Grenade. Cette conquête
met fin à la domination de l'islamisme, de
l'islamisme dans la Péninsule ibérique.

Les gestes d'Ubu ont tous été joués en marionnettes [4], lesquelles sont conservées au théâtre de
l'Œuvre, mais les manuscrits des plus anciennes
pièces ubuesques, n'étant pas de très grande
importance pour l'auteur, n'ont pas été intégralement conservés.

Ils chantent que les études de Monsieur Ubu,
comte de Saint-Romain, furent faites au sémi-
naire de Saint-Sulpice (cette première pièce est
calquée sur *Manon Lescaut*) où il fut conduit par
son chapelain Frère Tiberge, semblable aux Fray

Ambrosio de Gustave Aymard. Ubu passe « insuffisamment » son examen théologique, affirmant qu'à n'en pas douter l'Indus est une
montagne, sise au bout du parc de son château de
Mondragon, et traduisant *Ego sum Petrus* (« Voulez-vous le mot-à-mot ou bien le *bon* français? ») :
Ego, les gosses; — *sum,* ont; — *Petrus,* pété; les
gos-ses ont pé-té. Il assassine Pissembock, l'oncle
de la « charmante Victorine », et, la douce enfant,
enlevée, se complaignant de l'absence de son
tuteur, il retire le cadavre du coffre de la
diligence nuptiale [5].

Entre toutes les autres pièces, de deux seulement, *Prophaiseur de Pfuisic* et *Les Polyèdres* [6],
quelques lignes, à titre de curiosité, peuvent être
publiées *(L'Autoclète,* imprimé déjà [7], était des
Polyèdres). Après qu'Achras a été empalé *(L'Autoclète),* il sollicite la Conscience d'Ubu de le
délivrer. Celle-ci ayant acquiescé, la Conscience
et Achras, ouvrant une trappe, projettent la
punition d'Ubu.

UBU, *s'effondrant.*

Cornegidouille, monsieur, que signifie cette
plaisanterie? Vos planchers sont déplorables...

ACHRAS

C'est seulement une trappe, voyez-vous bien.

LA CONSCIENCE

M. Ubu est trop gros, il ne pourra jamais
passer.

UBU

De par ma chandelle verte, il faut qu'une trappe

soit ouverte ou fermée. Celle-ci nous étrangle, nous écorche le côlon transverse et le grand épiploon. Nous allons périr si vous ne nous tirez de là.

ACHRAS

Tout ce qui est en mon pouvoir, c'est, voyez-vous bien, de charmer vos instants en vous lisant quelques passages caract'istiques, voyez-vous bien, de mon traité sur les mœurs des *Polyèdres* et de la thèse que j'ai mis 60 ans à composer sur la surface du carré. Vous ne voulez pas? O bien alors, je m'en vais, je ne veux pas voir ça, c'est trop triste.

UBU

Ma Conscience, où êtes-vous? Cornegidouille, vous me donniez de bons conseils. Nous ferons pénitence et nous restituerons ce que nous avons pris. Nous ne décervèlerons plus.

LA CONSCIENCE

Monsieur, je n'ai jamais voulu la mort du pécheur, et ainsi de suite. Je vous tends une main secourable.

UBU

Dépêchez-vous, Monsieur, nous périssons. Hâtez-vous de nous tirer de cette trappe et nous vous donnerons hors de votre valise un jour de congé.

LA CONSCIENCE,
elle jette la valise dans la trappe,
puis, gesticulant.

Merci, Monsieur. Monsieur, il n'y a pas d'exer-

cice plus salutaire que la gymnastique. Demandez à tous les hygiénistes.

UBU

Monsieur, vous faites bien du tapage. Pour
vous prouver, cornegidouille, notre supériorité,
nous allons faire le saut périgyglieux, ce qui
peut paraître étonnant, étant donné l'énormité
de notre gidouille.

Il commence à courir et bondir.

LA CONSCIENCE

Monsieur, je vous en supplie, n'en faites rien,
vous allez défoncer le plancher. Admirez notre
légèreté. *(Il reste pendu par les pieds.)* Oh! au
secours, je vais me briser les reins, venez à mon
secours, Monsieur Ubu.

UBU, assis.

O non. Nous n'en ferons rien, Monsieur. Nous
faisons en ce moment notre digestion et la
moindre dilatation de notre gidouille nous ferait
périr à l'instant. Dans deux ou trois heures au
plus notre digestion sera terminée et nous volerons à votre secours. Et d'ailleurs, nous n'avons
point l'habitude de décrocher des guenilles.

La Conscience lui tombe sur le ventre.

A la suite de péripéties abstruses, Achras et la
Conscience fuient en Égypte et rencontrent les
Palotins chasseurs de momies. Opinion d'Ubu sur
les momies : « Il paraît que ça court très vite,
c'est très difficile à capturer. » Achras, chercheur
de pyramides, et la Conscience voyageant sous le

nom de B. Bombus, pris pour des momies, sont
encaissés et délivrés seulement à l'octroi, a
l'ouverture des boîtes.

B. BOMBUS

Monsieur, j'ai assisté à un spectacle bien
curieux.

ACHRAS

Monsieur, je crois, voyez-vous bien, que j'ai vu
précisément le même. N'importe, dites toujours,
on verra si c'est compris.

B. BOMBUS

Monsieur, j'ai vu à la gare de Lyon les
douaniers ouvrir une caisse expédiée, devinez à
qui.

ACHRAS

Je crois que j'ai entendu dire que c'était
envoyé à Monsieur Ubu, rue de l'Échaudé.

B. BOMBUS

Parfaitement, Monsieur, il y avait dedans un
homme et un singe empaillé.

ACHRAS

Un grand singe?

B. BOMBUS

Qu'entendez-vous par un grand singe? Les
simiens sont toujours de dimensions médiocres,
reconnaissables à leur pelage noirâtre et leur

collier pileux blanc. La grande taille est l'indice
de la tendance de l'âme à s'élever vers le ciel.

ACHRAS

Comme les mouches, voyez-vous bien. Voulez-vous que je vous dise, je crois plutôt que
c'étaient des momies.

B. BOMBUS

Des momies d'Égypte?

ACHRAS

Oui, Monsieur, et c'est compris. Il y en avait
une qui avait l'air d'un crocodile, voyez-vous
bien, desséché, le crâne déprimé comme les êtres
primitifs; l'autre, voyez-vous bien, qui avait le
front d'un penseur et l'air respectable, ô bien
alors, la barbe et les cheveux tout blancs.

B. BOMBUS

Monsieur, malgré vos insinuations je ne me
battrai pas avec vous, d'ailleurs la lutte serait
trop inégale.

ACHRAS

Pour ce qui est de ça, voyez-vous bien, ne vous
inquiétez point, je serai magnanime dans la
victoire.

B. BOMBUS

Monsieur, je ne sais ce que vous voulez dire.
D'ailleurs les momies, y compris le vieux singe,
ont bondi hors de leur caisse, au milieu des cris

des employés de l'octroi, et ont pris à la grande
stupeur des passants ıe tramway de la Porte-
Rapp.

ACHRAS

O bien alors, c'est étonnant, nous sommes
revenus aussi par ce véhicule, ou mieux, voyez-
vous bien, ce tramway.

B. BOMBUS

C'est ce que je me disais aussi, Monsieur, il
est extraordinaire que nous ne les ayons pas
rencontrées.

Pendant la chasse aux momies, qui se pratique à l'aurore, la statue de Memnon chante :

VAISE * 8

Je fus pendant longtemps ouvrier ébéniste,
Dans la ru' du Champ d'Mars, d' la paroiss' de
  Toussaints.
Mon épouse exerçait la profession d' modiste,
  Et nous n'avions jamais manqué de rien.
  Quand le dimanch' s'annonçait sans nuage,
  Nous exhibions nos beaux accoutrements
  Et nous allions voir le décervelage
  Ru' d' l'Échaudé, passer un bon moment.
   Voyez, voyez la machin' tourner,
   Voyez, voyez la cervell' sauter,
   Voyez, voyez les rentiers trembler;
(Chœur) : Hourra, cornes-au-cul, vive le Père Ubu!

Nos deux marmots chéris, barbouillés d' confitures,
Brandissant avec joi' des poupins en papier,

 * Musique de M. Claude Terrasse.

Avec nous s'installaient sur le haut d' la voiture
   Et nous roulions gaîment vers l'Échaudé.
  On s' précipite en foule à la barrière,
  On s' fich' des coups pour être au premier rang;
  Moi je m' mettais toujours sur un tas d' pierres
  Pour pas salir mes godillots dans l' sang.
    Voyez, voyez la machin' tourner,
    Voyez, voyez la cervell' sauter,
    Voyez, voyez les rentiers trembler;
(Chœur) : Hourra, cornes-au-cul, vive le Père Ubu!

Bientôt ma femme et moi nous somm's tout blancs d'
   cervelle,
Les marmots en boulott'nt et tous nous trépignons
En voyant l' Palotin qui brandit sa lumelle,
  Et les blessur's et les numéros d' plomb. —
  Soudain j' perçois dans l' coin, près d' la machine,
  La gueul' d'un bonz' qui n' m' revient qu'à moitié.
  Mon vieux, que j' dis, je r'connais ta bobine,
  Tu m'as volé, c'est pas moi qui t' plaindrai.
    Voyez, voyez la machin' tourner,
    Voyez, voyez la cervell' sauter,
    Voyez, voyez les rentiers trembler;
(Chœur) : Hourra, cornes-au-cul, vive le Père Ubu!

Soudain j' me sens tirer la manch' par mon épouse :
Espèc' d'andouill', qu'ell' m' dit, v'là l' moment d' te
   montrer :
Flanque-lui par la gueule un bon gros paquet d' bouse,
  V'la l' Palotin qu'a just' le dos tourné.
  En entendant ce raisonn'ment superbe,
  J'attrap' sus l' coup mon courage à deux mains :
  J' flanque au rentier une gigantesque merdre
  Qui s'aplatit sur l' nez du Palotin.
    Voyez, voyez la machin' tourner,
    Voyez, voyez la cervell' sauter,
    Voyez, voyez les rentiers trembler;
(Chœur) : Hourra, cornes-au-cul, vive le Père Ubu!

Aussitôt j' suis lancé par-dessus la barrière,
Par la foule en fureur je me vois bousculé

Et j' suis précipité la tête la première
  Dans l' grand trou noir d'ous qu'on n' revient jamais.
  Voilà c' que c'est qu' d'aller s' promener l' dimanche
  Ru' d' l'Échaudé pour voir décerveler,
  Marcher l' Pinc'-Porc ou bien l' Démanch'-Comanche,
  On part vivant et l'on revient tudé.
    Voyez, voyez la machin' tourner,
    Voyez, voyez la cervell' sauter,
    Voyez, voyez les rentiers trembler;
(Chœur) : Hourra, cornes-au-cul, vive le Père Ubu!

SCÈNE DU SAVATIER

SCYTOTOMILLE, MONCRIF, ACHRAS

MONCRIF

Sire savatier, les chiens à bas de laine ayant
dénudé mes pieds de leurs enveloppes, j'impètre
de vous des chaussures.

SCYTOTOMILLE

Voici, Monsieur, un excellent article, la spécialité de la maison, les Écrase-merdres. De même
qu'il y a différentes espèces de merdres, il y a des
écrase-merdres pour la pluralité des goûts. Voici
pour les estrons récents; voici pour le crottin de
cheval; voici pour le méconium d'enfant au
berceau; voici pour le fiant de gendarme; voici
pour les spyrates antiques, voici pour les selles
d'un homme entre deux âges.

MONCRIF

Ah, Monsieur, je prends cette paire, je crois

qu'elle m'ira bien. Combien, s'il vous plaît, sire
savatier?

SCYTOTOMILLE

Quatorze francs, parce que vous avez l'air
respectable.

ACHRAS

Vous avez eu tort, voyez-vous bien, de ne pas
prendre plutôt les, voyez-vous bien, pour fiant de
gendarme.

MONCRIF

Vous avez raison, Monsieur; sire savatier, je
prends cette autre paire.

Il s'en va.

SCYTOTOMILLE

Eh! le paiement, Monsieur?

MONCRIF

Puisque je les ai changés contre les, etc., pour
les, etc., d'homme entre deux âges.

SCYTOTOMILLE

Vous n'avez pas payé ceux-là non plus.

ACHRAS

Puisqu'il ne les prend pas, voyez-vous bien.

SCYTOTOMILLE

C'est juste.

Ils s'en vont.

A la fin de n'importe quelle pièce, la situation devenant inextricable, on peut adapter la scène du Crocodile, qui, dans l'exemple actuel, dénoue *les Polyèdres :*

UBU, *à Achras.*

Cornegidouille, Monsieur, vous n'êtes donc jamais mort? comme ma Conscience, dont je ne puis me débarrasser.

LA CONSCIENCE

Monsieur, n'insultez pas au malheur d'Épictète.

UBU

Le pique-tête est sans doute un instrument ingénieux, mais la pièce dure depuis assez longtemps, et nous n'avons pas l'intention de nous en servir aujourd'hui.

On entend sonner comme pour annoncer un train, puis le Crocodile, soufflant, traverse la scène.

ACHRAS

O mais c'est que, voyez-vous bien, qu'est-ce que c'est que ça?

UBU

C'est un z'oiseau.

LA CONSCIENCE

C'est un reptile bien caractérisé, et d'ailleurs *(le touchant)* ses mains sont froides comme celles du serpent.

UBU

Alors c'est une baleine, car la baleine est le z'oiseau le plus enflé qui existe, et cet animal paraît assez enflé.

LA CONSCIENCE

Je vous dis qu'il y a plus de probabilités pour que ce soit un serpent.

UBU

Ceci doit prouver à Monsieur ma Conscience sa stupidité et son absurdité. C'est en effet un serpent! voire même, à sonnettes!

ACHRAS, *le flairant.*

C' qu'y a d' sûr, voyez-vous bien, c'est que ça n'est point un polyèdre.

PROGRAMME D'UBU ROI

Bibliothèque littéraire Jacques Doucet

Après qu'a préludé une musique de trop de cuivres pour être moins qu'une fanfare, et qui est exactement ce que les Allemands appellent une « bande militaire », le rideau dévoile un décor qui voudrait représenter Nulle Part, avec des arbres au pied des lits, de la neige blanche dans un ciel

bien bleu, de même que l'action se passe en
Pologne, pays assez légendaire et démembré pour
être ce Nulle Part, ou tout au moins, selon une
vraisemblable étymologie franco-grecque, bien
loin un quelque part interrogatif.

Fort tard après la pièce écrite, on s'est aperçu
qu'il y avait eu en des temps anciens, au pays où
fut premier roi Pyast, homme rustique, un
certain Rogatka ou Henry au grand ventre, qui
succéda à un roi Venceslas, et aux trois fils dudit,
Boleslas et Ladislas, le troisième n'étant pas
Bougrelas; et que ce Venceslas, ou un autre, fut
dit l'Ivrogne. Nous ne trouvons pas honorable de
construire des pièces historiques.

Nulle Part est partout, et le pays où l'on se
trouve, d'abord. C'est pour cette raison qu'Ubu
parle français. Mais ses défauts divers ne sont
point vices français, exclusivement, auxquels
favorisent le capitaine Bordure, qui parle anglais,
la reine Rosemonde, qui charabie du Cantal, et la
foule polonaise, qui nasille des trognes et est
vêtue de gris. Si diverses satires se laissent voir,
le lieu de la scène en fait les interprètes irrespon-
sables.

M. Ubu est un être ignoble, ce pourquoi il nous
ressemble (par en bas) à tous [1]. Il assassine le roi
de Pologne (c'est frapper le tyran, l'assassinat
semble juste à des gens, qui est un semblant
d'acte de justice), puis étant roi il massacre les
nobles, puis les fonctionnaires, puis les paysans.
Et ainsi, ayant tué tout le monde, il a assurément
expulsé quelques coupables, et se manifeste
l'homme moral et normal. Finalement, tel qu'un
anarchiste, il exécute ses arrêts lui-même, déchire

les gens parce qu'il lui plaît ainsi et prie les
soldats russes de ne point tirer devers lui, parce
qu'il ne lui plaît pas. Il est un peu enfant terrible
et nul ne le contredit tant qu'il ne touche point
au Czar, qui est ce que nous respectons tous. Le
Czar en fait justice, lui retire son trône dont il a
mésusé, rétablit Bougrelas (était-ce bien la peine?) et chasse M. Ubu de Pologne, avec les trois
parties de sa puissance, résumées en ce mot :
« Cornegidouille » (par la puissance des appétits
inférieurs).

Ubu parle souvent de trois choses, toujours
parallèles dans son esprit : la *physique*, qui est la
nature comparée à l'art, le moins de compréhension opposé au plus de cérébralité, la réalité du
consentement universel à l'hallucination de l'intelligent, Don Juan à Platon, la vie à la pensée, le
scepticisme à la croyance, la médecine à l'alchi-
mie, l'armée au duel; — et parallèlement, la
phynance, qui sont les honneurs en face de la
satisfaction de soi pour soi seul; tels producteurs
de littérature selon le préjugé du nombre univer-
sels, vis-à-vis de la compréhension des intelligents;
— et parallèlement, la *Merdre* [2].

Il est peut-être inutile de chasser M. Ubu de
Pologne, qui est, avons-nous dit, Nulle Part, car
s'il peut se complaire d'abord à quelque artiste
ınaction, comme à « allumer du feu en attendant
qu'on apporte du bois » et à commander des
équipages en yachtant sur la Baltique, il finit par
se faire nommer maître des Finances à Paris.

Il était moins indifférent en ce pays de Loin-
Quelque Part, où, face aux faces de carton
d'acteurs qui ont eu assez de talent pour s'oser

vouloir impersonnels, un public de quelques intelligents pour quelques heures s'est consenti Polonais.

CONFÉRENCE PRONONCÉE
A LA CRÉATION D'UBU ROI

Mesdames, Messieurs,

Il serait superflu   outre le quelque ridicule
que l'auteur parle de sa propre pièce — que je
vienne ici précéder de peu de mots la réalisation
d'*Ubu roi* après que de plus notoires en ont bien
voulu parler, dont je remercie, et avec eux tous
les autres, Messieurs Silvestre, Mendès, Scholl,
Lorrain et Bauër [1], si je ne croyais que leur
bienveillance a vu le ventre d'Ubu gros de plus
de satiriques symboles qu'on ne l'en a pu gonfler
pour ce soir.

Le swedenborgien Dr Misès [2] a excellemment
comparé les œuvres rudimentaires aux plus par-
faites et les êtres embryonnaires aux plus com-
plets, en ce qu'aux premiers manquent tous les
accidents, protubérances et qualités, ce qui leur
laisse la forme sphérique ou presque, comme est
l'ovule et M. Ubu, et aux seconds s'ajoutent tant
de détails qui les font personnels qu'ils ont
pareillement forme de sphère, en vertu de cet
axiome, que le corps le plus poli est celui qui
présente le plus grand nombre d'aspérités. C'est

pourquoi vous serez libres de voir en M. Ubu les
multiples allusions que vous voudrez, ou un
simple fantoche, la déformation par un potache
d'un de ses professeurs qui représentait pour
lui tout le grotesque qui fût au monde.

C'est cet aspect que vous donnera aujourd'hui
le théâtre de l'Œuvre. Il a plu à quelques acteurs
de se faire pour deux soirées impersonnels et de
jouer enfermés dans un masque, afin d'être bien
exactement l'homme intérieur et l'âme des
grandes marionnettes que vous allez voir. La
pièce ayant été montée hâtivement et surtout
avec un peu de bonne volonté, Ubu n'a pas eu le
temps d'avoir son masque véritable, d'ailleurs
très incommode à porter, et ses comparses seront
comme lui décorés plutôt d'approximations. Il
était très important que nous eussions, pour être
tout à fait marionnettes, une musique de foire, et
l'orchestration était distribuée à des cuivres,
gongs et trompettes marines, que le temps a
manqué pour réunir. N'en voulons pas trop au
théâtre de l'Œuvre : nous tenions surtout à
incarner Ubu dans la souplesse du talent de
M. Gémier, et c'est aujourd'hui et demain les
deux seuls soirs où M. Ginisty [3] — et l'interprétation de Villiers de l'Isle-Adam [4] — aient la liberté
de le nous prêter. Nous allons passer avec trois
actes qui sont sus et deux qui sont sus aussi grâce
à quelques coupures. J'ai fait toutes les coupures
qui ont été agréables aux acteurs (même de
plusieurs passages indispensables au sens de la
pièce) et j'ai maintenu pour eux des scènes que
j'aurais volontiers coupées [5]. Car, si marionnettes
que nous voulions être, nous n'avons pas sus-

pendu chaque personnage à un fil, ce qui eût été
sinon absurde, du moins pour nous bien compliqué, et par suite nous n'étions pas sûr de
l'ensemble de nos foules, alors qu'à Guignol un
faisceau de guindes et de fils commande toute
une armée[6]. Attendons-nous à voir des personnages notables, comme M. Ubu et le Tsar, forcés
de caracoler en tête à tête sur des chevaux de
carton (que nous avons passé la nuit à peindre)
afin de remplir la scène. ⸺ Les trois premiers
actes du moins et les dernières scènes seront joués
intégralement tels qu'ils ont été écrits.

Nous aurons d'ailleurs un décor parfaitement
exact, car de même qu'il est un procédé facile
pour situer une pièce dans l'Éternité[7], a savoir
de faire par exemple tirer en l'an mille et tant des
coups de revolver, vous verrez des portes s'ouvrir
sur des plaines de neige sous un ciel bleu, des
cheminées garnies de pendules se fendre afin de
servir de portes, et des palmiers verdir au pied
des lits, pour que les broutent de petits éléphants
perchés sur des étagères.

Quant à notre orchestre qui manque, on n'en
regrettera que l'intensité et le timbre, divers
pianos et timbales exécutant les thèmes d'Ubu
derrière la coulisse.

Quant à l'action, qui va commencer, elle se
passe en Pologne, c'est-à-dire Nulle Part.

QUESTIONS DE THÉATRE

Quelles sont les conditions essentielles du théâtre? Je pense qu'il ne s'agit plus de savoir s'il doit y avoir trois unités ou la seule unité d'action, laquelle est suffisamment observée si tout gravite autour d'un personnage un. Que si ce sont des pudeurs du public que l'on doive respecter, l'on ne peut arguer ni d'Aristophane, dont maintes éditions ont en note à toutes les pages : Tout ce passage est rempli d'allusions obscènes; ni de Shakespeare, de qui l'on n'a qu'à relire certaines paroles d'Ophélie et la célèbre scène, coupée le plus souvent, où une reine prend des leçons de français. A moins qu'il ne faille suivre comme modèles MM. Augier, Dumas fils, Labiche, etc., que nous avons eu le malheur de lire, avec un ennui profond, et dont il est vraisemblable que la génération jeune, après les avoir peut-être lus, n'a gardé aucun souvenir. Je pense qu'il n'y a aucune espèce de raison d'écrire une œuvre sous forme dramatique, à moins que l'on ait eu la vision d'un personnage qu'il soit plus commode de lâcher sur une scène que d'analyser dans un livre.

Et puis, pourquoi le public, illettré par définition, s'essaye-t-il à des citations et comparaisons? Il a reproché à *Ubu roi* d'être une grossière imitation de Shakespeare et de Rabelais, parce que « les décors y sont économiquement remplacés par un écriteau » et qu'un certain mot y est répété. On devrait ne pas ignorer qu'il est à peu près prouvé aujourd'hui que jamais, au moins du temps de Shakespeare, on ne joua autrement ses drames que sur une scène relativement perfectionnée et avec des décors. De plus, des gens ont vu dans *Ubu* une œuvre « écrite en vieux français » parce qu'on s'amusa à l'imprimer avec des caractères anciens, et cru « phynance » une orthographe du xvie siècle. Combien je trouve plus exacte la réflexion d'un des figurants polonais, qui jugea ainsi la pièce : « Ça ressemble tout à fait à du Musset, parce que ça change souvent de décors. »

Il aurait été aisé de mettre *Ubu* au goût du public parisien avec les légères modifications suivantes : le mot initial aurait été Zut (ou Zutre), le balai qu'on ne peut pas dire un coucher de petite femme, les uniformes de l'armée, du premier Empire; Ubu aurait donné l'accolade au tsar et l'on aurait cocufié diverses personnes; mais ç'aurait été plus sale.

J'ai voulu que, le rideau levé, la scène fût devant le public comme ce miroir des contes de Mme Leprince de Beaumont, où le vicieux se voit avec des cornes de taureau et un corps de dragon, selon l'exagération de ses vices; et il n'est pas étonnant que le public ait été stupéfait à la vue de son double ignoble, qui ne lui avait pas encore été entièrement présenté; fait, comme l'a dit excellemment M. Catulle Mendès, « de l'éternelle imbécillité humaine, de l'éternelle luxure, de l'éternelle goinfrerie, de la bassesse de l'instinct érigée en tyrannie; des pudeurs, des vertus, du patriotisme et de l'idéal des gens qui ont bien dîné ». Vraiment, il n'y a pas de quoi attendre une pièce drôle, et les masques expliquent que le comique doit en être tout au plus le comique macabre d'un clown anglais ou d'une danse des morts. Avant que nous eussions Gémier, Lugné-Poe savait le rôle et voulait le répéter *en tragique*. Et surtout on n'a pas compris — ce qui était pourtant assez clair et rappelé perpétuellement par les répliques de la Mère Ubu : « Quel sot homme!... quel triste imbécile » — qu'Ubu ne devait pas dire « des mots d'esprit » comme divers ubucules en réclamaient, mais des phrases stupides, avec toute l'autorité du Mufle. D'ailleurs, la foule, qui s'exclame avec un dédain simulé : « Dans tout cela, pas un mot d'esprit », comprend bien moins encore une phrase profonde. Nous le savons par l'observation du public des quatre années de l'Œuvre : si l'on tient absolument à ce que la foule entrevoie quelque chose, il faut préalablement le lui expliquer.

La foule ne comprend pas *Peer Gynt*[1], qui est une des pièces les plus claires qui soient; elle ne comprend pas davantage la prose de Baudelaire, la précise syntaxe de Mallarmé. Elle ignore Rimbaud, sait que Verlaine existe depuis qu'il est mort, et est fort terrifiée à l'audition des *Flaireurs* ou de *Pelléas et Mélisande*. Elle affecte de considérer littérateurs et artistes comme un petit

groupe de bons toqués et il faudrait d'après
certains élaguer de l'œuvre d'art tout ce qui est
l'accident et la quintessence, l'*âme du supérieur*.
et la châtrer telle que l'eût pu écrire une *foule en
collaboration.* C'est son point de vue, et de
quelques démarqueurs et assimilateurs. N'avons-
nous pas le droit de considérer au nôtre la foule
— qui nous dit aliénés par surabondance, par ceci
que des sens exacerbés nous donnent des sensa-
tions à son avis hallucinatoires — comme un
aliéné par défaut (un idiot, disent les hommes de
science), dont les sens sont restés si rudimentaires
qu'elle ne perçoit que des impressions immédia-
tes? Le progrès pour elle est-il de se rapprocher
de la brute ou de développer peu à peu ses
circonvolutions cérébrales embryonnaires?

L'art et la compréhension de la foule étant si
incompatibles, nous aurions si l'on veut eu tort
d'attaquer directement la foule dans *Ubu roi,* elle
s'est fâchée parce qu'elle a trop bien compris,
quoi qu'elle en dise. La lutte contre le Grand
Tortueux, d'Ibsen, était passée presque inaper-
çue. C'est parce que la foule est une masse inerte
et incompréhensive et passive qu'il la faut
frapper de temps en temps, pour qu'on connaisse
à ses grognements d'ours où elle est — et où elle
en est. Elle est assez inoffensive, malgré qu'elle
soit le nombre, parce qu'elle combat contre
l'intelligence. Ubu n'a pas décervelé tous les
nobles. Semblable à l'Animal-Glaçon qui bataille
contre la Bête-à-Feu, de Cyrano de Bergerac,
d'abord elle fondrait avant de triompher, et
triompherait-elle qu'elle serait fort honorée d'ap-
pendre à sa cheminée le cadavre de la bête-soleil,

et d'éclairer sa matière adipeuse des rayons de
cette forme si différente d'elle qu'elle est à elle,
quoique extérieure, comme à un corps une âme.

La lumière est active et l'ombre est passive et
la lumière n'est pas séparée de l'ombre mais la
pénètre pourvu qu'on lui donne le temps. Des
revues qui ont publié les romans de Loti impri-
ment douze pages de vers de Verhaeren et
plusieurs drames d'Ibsen.

Le temps est nécessaire parce que ceux qui
sont plus âgés que nous — et que nous respectons
à ce titre — ont vécu parmi certaines œuvres qui
ont pour eux le charme des objets usuels, et ils
sont nés avec une âme qui était assortie à ces
œuvres, et garantie devant aller jusqu'en l'an mil
huit cent quatre-vingt... et tant. Nous ne les
pousserons pas de l'épaule, n'étant plus au
XVIIe siècle; nous attendrons que leur âme rai-
sonnable par rapport à elle-même et aux simu-
lacres qui entouraient leur vie, se soit arrêtée
(nous n'avons pas attendu d'ailleurs), nous
deviendrons aussi des hommes graves et gros et
des Ubus et après avoir publié des livres qui
seront très classiques, nous serons tous probablement maires de petites villes où les pompiers
nous offriront des vases de Sèvres, quand nous
serons académiciens, et à nos enfants leurs
moustaches dans un coussin de velours; et il
viendra de nouveaux jeunes gens qui nous
trouveront bien arriérés et composeront pour
nous abominer des ballades; et il n'y a pas de
raison pour que ça finisse.

LE BAIN DU ROI

A Eugène Demolder.

Rampant d'argent sur champ de sinople [1], dragon
Fluide, au soleil la Vistule se boursoufle.
Or le roi de Pologne, ancien roi d'Aragon,
Se hâte vers son bain, très nu, puissant maroufle.

Les pairs étaient douzaine : il est sans parangon.
Son lard tremble à sa marche et la terre à son
    souffle ;
Pour chacun de ses pas son orteil patagon
Lui taille au creux du sable une neuve pantoufle.

Et couvert de son ventre ainsi que d'un écu
Il va. La redondance illustre de son cul
Affirme insuffisant le caleçon vulgaire

Où sont portraicturés en or, au naturel,
Par derrière, un Peau-Rouge au sentier de la
    guerre
Sur un cheval, et par devant, la tour Eiffel.

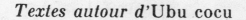

Textes autour d'Ubu cocu

ONÉSIME
OU LES TRIBULATIONS
DE PRIOU
Pièce alquemique

PERSONNAGES

LE P.H. [1]

LA MÈRE EB.

ONÉSIME O'PRIOU, *futur ??? bachelier* [2].

M. J., *professeur agrégé* [3].

MATHIEU BRINGUENILLE [4], *savetier*.

FRÈRE TIBERGE [5].

FRÈRE PIMOR [6].

UN MOUCHARD.

UNE INFINITÉ DE PALOTINS (Quatrezoneilles,
Merdanpot, Mouchedgog, etc.) [7].

OUVERTURE
Chants religieux mêlés d'airs bachiques.

PREMIER ACTE : OÙ EST PRIOU??

PREMIER TABLEAU
La cellule de Frère Pimor.

SCÈNE PREMIÈRE

FRÈRE PIMOR,
à genoux dans sa cellule en oraisons.

> *Chants religieux au-dehors de la cellule.*
> *Quand ils ont cessé, Frère Pimor se lève et va*
> *mystérieusement retirer d'une armoire une*
> *pipe et une bouteille.*

Il nous est recommandé par les lois de notre couvent de faire chaque chose en son lieu : il faut cracher au crachoir, dormir au dortoir, pisser au pissoir, et surtout copieusement se reficer au réfectoire. Je commets une petite infraction à cette règle en me soûlant hors du réfectoire. Mais le supérieur n'en saura rien. Buvons, et chantons pour nous désopiler la rate.

> Mon frère le poitrinaire, *etc.*

> *Chants religieux au-dehors :* Dies irae.

Eh! pissemerdre, ce doit être le supérieur! Faisons disparaître le corps du délit!

> *Il escamote les objets séditieux et exhibe*
> *son bréviaire et une discipline.*

Mea culpa, mea culpa, mea maxima culpa!
Oh! merdre! cela me fait mal; il vaut tout autant battre le mobilier; cela ôtera la poussière. — *Mea culpa, mea culpa.* — Quelqu'un s'approche, prions fortement.

SCÈNE II

FRÈRE PIMOR; FRÈRE TIBERGE *entre.*

FRÈRE TIBERGE

Pax vobiscum!

FRÈRE PIMOR

Et cum spiritu tuo.

FRÈRE TIBERGE

Ainsi soit-il.

FRÈRE PIMOR

A propos de spiritueux, avez-vous pensé, mon frère, à l'exercice de vos devoirs religieux? Il faut restaurer dignement les serviteurs de Dieu.

FRÈRE TIBERGE,
tirant une bouteille de son froc.

Prenez et buvez, mon frère; voici le calice d'amertume.

FRÈRE PIMOR

C'est-à-dire de l'absinthe. Sa couleur est celle de l'espérance. Il y a trois vertus théologales, la foi, l'espérance et la charité.

FRÈRE TIBERGE

Et charité bien ordonnée commence par soi-même. Je me verse donc à boire.

Ils s'attablent.

> Buvons comme deux bons pères
> Versons!
> Buvons comme deux bons pères;
> Que le choc, le choc des verres
> Succède au bruit des oraisons!
> Versons!

FRÈRE PIMOR

Cette chanson n'est pas suffisamment gaie;
Frère Tiberge, écoute de toutes tes oreilles :

> Un jour saint Pierre... *etc.*

On frappe à la porte.

TOUS DEUX

Merdre! C'est le supérieur! – *Pater noster!* etc.

Ils cachent les bouteilles et s'agenouillent.

FRÈRE TIBERGE

Fausse alerte; on n'entend plus rien; je suppose que le supérieur est à boire comme nous. L'esprit est prompt, mais la chair est faible.

FRÈRE PIMOR

Le bon Dieu dit à saint Crépin, *etc.*

On frappe encore et on chante en dehors :

> Donnez finance au Père Ébé;
> donnez toute la finance, etc.

TOUS DEUX

Ce sont les palotins! qu'y a-t-il? Cachons-nous!

Des flammes sortent des murs.

Au feu! Les palotins ont mis le feu au couvent!

Au feu! C'est encore un tour du P. H.! Affreux
sagouin!

> *Entrent les palotins, armés de gourdins.*

SCÈNE III

FRÈRE PIMOR, FRÈRE TIBERGE, LES PALOTINS

LES PALOTINS

Il enfonce les portes
Et brûle les maisons! etc.

LES DEUX MOINES

Que voulez-vous? Ayez pitié! Nous n'avons
pour vous combattre que les armes de la prière.

LES PALOTINS

Donnez finance, etc.

FRÈRE PIMOR

Nous sommes pauvres.

FRÈRE TIBERGE

Nous sommes nus.

LES PALOTINS

Donnez finance!

> *Ils battent les bons pères.*

FRÈRE TIBERGE

Ah! c'est comme cela! A nous les armes
temporelles!

> *Les pères se défendent à coups de disci-
> pline.*

LES PALOTINS

Donnez finance!

Les bons pères sont fortement battus. Les palotins s'enfuient en trimballant les caisses de phynance.

Monsieur le Père ÉBÉ
Demain pourra s'esclaffer, *etc.*

FIN DU PREMIER TABLEAU

DEUXIÈME TABLEAU
Le laboratoire du P. H. [8]

LE P. H., *chante d'abord.*
Les jours de dimanche et de fêtes, etc.

SCÈNE PREMIÈRE

LE P. H., *chimant.*

Il compte la finance des bons pères avant de commencer son discours.

De même que le diamant est soluble dans l'eau, et que l'azote brûle avec vivacité dans le chlore, en s'alliant avec l'hydrogène pour produire $Az\ Cl^3$, de même mes serre-argent n'ont pas pu trouver de rentiers, car rue de Viarmes le phosphore est composé d'eau et de charbon. L'arsenic est une combinaison d'antimoine (ce qui me fait penser à Frère Pimor) et de gendarmium, 100 HO^7, HO. J'ai un habit en laine

philosophique, et le sucre forme une dissolution
remarquable dans le protoxyde d'hydrogène. Ma
lampe chimique s'éteindra bientôt, car je vois les
Gémeaux passer dans le plan méridien. Quand
j'ai épousé la mère EB, et que j'ai tiré l'horoscope de mon destin futur, les 3 constellations, les
3 signes du zodiaque les plus favorables ont été
Aries, Taurus, Caper, ou si vous aimez mieux le
Bélier, le Taureau et le Capricorne; ce qui est fort
cornu. Ceci est sale. Mais je l'interprète en ce
sens, que cette abondance de cornes me prépare
la corne d'abondance et la plus grande prospérité.
Non quum vacaveris, chimandum est, ce qui veut
dire que l'azote est un métal; *omnia alia negligenda sunt,* il forme une combinaison avec l'hydrogène; — *ut huic assideamus,* il faut tuer Priou.
— Il a été enfermé dans ma gidouille, *ei nullum
tempus satis magnum est,* et il a été pris où? —
*etiam si a pueritia usque ad longissimos humani
aevi terminos vita producitur;* il a été pris où,
Priou? — Il s'est évadé, le triste être, par la porte
d'en bas fermée à l'émeri, entraînant après lui un
tas de produits; — il s'est évadé, Priou, que je
conservais précieusement. Il est idiot! Où peut-il
être passé? Holà! Larbin chimique! Merdanpot!
arrive ici!

SCÈNE II

LE P. H.; MERDANPOT

LE P. H.

Merdanpot, arrive ici. Dis-moi ce qu'il faut et

pas plus. Ne parle que par monosyllabes. Où est Priou?

MERDANPOT

Où?

LE P. H.

Je ne te dis pas de répéter la dernière syllabe de mes paroles, comme on le fait au Bahut, mais de parler brièvement, sans faire de tapage. Où est Priou?

MERDANPOT

Loin.

LE P. H.

Je le sais bien, cornegidouille! Par où s'est-il sauvé? Quel chemin a-t-il pris?

MERDANPOT

Porte.

LE P. H.

Quelle porte?

MERDANPOT

Gogue.

LE P. H.

J'ai senti un vide notable dans ma gidouille. Quel gaz a fait sortir cet imbécile d'Onésime?

MERDANPOT

H.

LE P. H.

J'ai senti également griller ma gidouille. Qu'y avait-il mis?

MERDANPOT

Feu.

LE P. H.

Je m'en suis bien aperçu. Que s'est-il produit dans cette combustion?

MERDANPOT

Eau.

LE P. H.

Quel corps simple s'est déposé?

MERDANPOT

Soufre.

LE P. H.

De sorte que Priou?...

MERDANPOT

Souffre.

LE P. H.

Que sais-tu, vachard, du lieu de sa retraite?

MERDANPOT

Rien.

LE P. H.

Que Priou est-il, d'après toi?

MERDANPOT

Nul.

LE P. H.

Toi aussi. Dans quel état aurais-je dû le garder?

MERDANPOT

Lié.

LE P. H.

Et même avec un fil de laiton. Qu'est-il actuellement?

MERDANPOT

Triste.

LE P. H.

Pas possible! au fait, c'est peut-être de ma faute. Qu'ai-je donc envoyé après lui?

MERDANPOT

Gaz.

LE P. H.

Veuillez répéter; j'ai mal entendu. Quoi encore?

MERDANPOT

Pets.

LE P. H.

Paix vous-même, indécent sagouin. Vous avez

laissé sortir Priou, et vous osez dire des cochonse
tés en ma présence! Cornegidouille! gendarmicorne! Étron d'Hébert, passez la porte!   Avec
tout cela je ne sais pas où est Priou.

FIN DU PREMIER ACTE

[*La plus grande partie du II*e* Acte manque ainsi
que le début du IV*e* acte qui, d'après une note, était
à la suite.*]

DEUXIÈME ACTE

· · ·   ·

Il passe devant M. J. d'un air menaçant.

M. J.

Mort aux rentiers! Donnez finance! Vivent les
palotins!

PRIOU

Au secours! à l'assassin!

*Il enfonce le chapeau de M. J. d'un coup
de parapluie.*

M. J.

Aïe, au secours.

Il enfonce le tube de Priou.

PRIOU, *à genoux.*

Monsieur le Palotin, pardon! Je ne l'ai pas fait exprès. Je suis un dévoué serviteur de M. des Finances!

M. J., *à genoux.*

Monsieur le Salopin, ayez pitié de moi! Je suis un zélé défenseur de M. Hébé!

Un allumeur de gaz allume un rosto.

PRIOU

Eh! Pissemerdre! C'est M. J**!

Il se relève.

M. J.

Eh! Merdre et finance! C'est M. Priou! Je ne l'aurais pas cru!

PRIOU, *à part.*

Il n'y a pas de danger; nous pouvons être brave! *(Haut.)* Savez-vous bien, Monsieur, à qui vous avez osé porter un coup de pépin?

M. J.

Et vous, monsieur, à qui vous avez abîmé un chapeau presque neuf! Que j'avais acheté il y a 6 ans d'un vidangeur qui prenait sa retraite.

PRIOU

Ceci demande réparation!

M. J.

A l'instant même!

Ils se battent fortement à coups de para-pluie.

FIN DU DEUXIÈME ACTE

TROISIÈME ACTE : LE SAVETIER

*L'échoppe de Mathieu Bringuenille,
rue de Fougères* [9].

SCÈNE PREMIÈRE

MATHIEU BRINGUENILLE *bat la semelle.*

Il chante Malborough s'en va-t-en guerre.

Quand il a chanté deux ou trois couplets, il recommence :

Malborough s'en va-t-en guerre...

PRIOU, *en dehors.*

C'est pas vrai ! c'est pas vrai !

Tu dis ça... *etc.*

M. BR.

Il reviendra-z-à Pâques...

PRIOU, *en dehors.*

On entend sous l'ormeau
Battre la merdre, battre la merdre ;

On entend sous l'ormeau
Battre la merdre à coups de marteau !...
. . . . *etc*. . . . .

Ahurissement du savetier.

SCÈNE II

LE SAVETIER, PRIOU

PRIOU

Bonjour, sire Savetier.

M. B.

Bonjour, monsieur. Qu'y a-t-il pour votre service?

PRIOU

Vous saurez, sire Savetier, que demain je passe mon bachot. Voilà longtemps que je suis retapé. Je crois qu'il faut éblouir mes examinateurs. Ne pouvant le faire par mon savoir, je le ferai par mes savates. Je veux des souliers mirobolants, épastrouillants, d'un effet bœuf. Avez-vous cela?

M. B.

Parfaitement, monsieur. J'ai les Écrase-Merdres. Il y en a pour tous les goûts. Voici pour la merdre récente. Voici pour le crottin de cheval. Voici pour la merdre ancienne. Voici pour la bouse de vache. Voici pour les gogs ordinaires. Voici pour la merdre de gendarme.

PRIOU

Voilà qui est beau. Je choisis les Écrase-Merdres pour la merdre de gendarme. Je vous paierai quand je serai reçu.

Il se sauve.

SCÈNE II

M. BRINGUENILLE

Eh, de par ma merdre, autant ne jamais me payer. Affreux vachard!

SCÈNE III

LE SAVETIER, PRIOU, Π PALOTINS [10]

LES PALOTINS

Abominable face, etc.

Ils battent Priou.

PRIOU

Au secours! Monsieur le Savetier, je vous donnerai de la finance! Délivrez-moi des palotins.

Le Savetier se lève. Mouchedgog met un clou sur sa chaise. Les palotins battent le savetier, qui rentre avec rapidité dans son échoppe. Il s'assied sur le clou et hurle fortement.

Les palotins battent Priou. Le Savetier bat la semelle.

M. BR.

Pendant qu'ils battent M. Priou, je vais battre la semelle.

Mouchedgog lui met le feu dans les cheveux.

Eh! pissemerdre! qu'ai-je donc? j'ai mal aux cheveux.   Aïe! je suis incendié.

Il plonge sa tête dans la cuve à eau.

Je vais me venger!

Il jette Mouchedgog dans la cuve à eau. Les palotins le battent et démolissent l'échoppe.

FIN DU TROISIÈME ACTE

QUATRIÈME ACTE

[*Le début du IVe acte se trouve dans le cahier manquant.*]

. . . .
. . . .

vôtre vin. Où le prenez-vous?

FRÈRE PIMOR, *mystérieusement.*

Dans la cave. Je suis frère cellérier. J'ai toujours à ma ceinture la clé de la cave où se trouve le vin des bons pères. Il est bien bon.

PRIOU, *à part.*

Voilà qui est bon à savoir. Tâchons de l'endor-

mir sur une patte et de lui chiper cette bienheu-
reuse clé. *(Haut.)* Je vous dirai donc que je
passe demain mon bachot.

FRÈRE PIMOR

Je m'en fiche.

PRIOU

Buvez, mon père, vous êtes soûl. — Il serait
bon, au lieu d'une confession banale, que je vous
raconte mon odyssée. Il y a un nombre considérable d'années, je décidai de me présenter au
baccalauréat ès lettres, première partie.

*Il cherche tout le temps à prendre les clés.
Frère Pimor remue toujours.*

Je repasse mon programme
Je potasse avec ardeur
Et m'présent', la joi' dans l'âme,
Devant l'examinateur!

FRÈRE PIMOR

Et vous fûtes reçu!

PRIOU

Vous m'interrompez!
... l'examinateur
Me reçoit d'un' façon charmante,
Et me dit, en enflant sa voix :
Votre présence est assommante!
Veuillez repasser dans six mois!

FRÈRE PIMOR

Vous fûtes collé?

PRIOU

Vous m'interrompez!

> ... moi,
> Reprenant mon programme,
> Je potasse avec ardeur,
> Et m' présente la joi' dans l'âme
> Devant l'examinateur!

FRÈRE PIMOR

Vous fûtes tout de même reçu, cette fois!

PRIOU

Taisez-vous, mon père.

> ... l'examinateur
> Me reçoit d'un' façon charmante,
> Et me dit, en enflant sa voix :
> Votre présence est assommante :
> Veuillez repasser dans six mois!

FRÈRE PIMOR

Et enfin...

PRIOU

Vous m'interrompez, cornes-à-merdre!

> ... moi, reprenant mon programme...

FRÈRE PIMOR

Vous fichez-vous de moi? Vous dites toujours
la même chose!

PRIOU

Vous ne faites que vous en apercevoir? Ce n'est
vraiment pas fort. Enfin après une infinité
d'examens, j'en suis encore à être admissible. Je

copie tout le temps, je ne suis jamais reçu. A propos, mon père, vous qui êtes un disciple du révérend Escobar, dites-moi : est-il permis de copier à l'écrit?

FRÈRE PIMOR

Parfaitement, pourvu que ce ne soit qu'avec l'intention d'être admissible. — On pourrait dire que ceci est faux, mais ce n'en est pas moins fort exact.

PRIOU

Est-il permis de bouquiner sur un bouquin à l'oral?

FRÈRE PIMOR

Totalement permis, pourvu qu'on ne dérange point son voisin dans ses réponses.

PRIOU

Ceci est simple. Il n'en est pas moins juste de dire que vous êtes soûl.

FRÈRE PIMOR

Je ne suis point soûl.

On entend sonner une cloche.

Voici les matines. Faisons nos oraisons.

> Père Pouilloux
> Dormez-vous?
> Sonnez les matines,
> Videz les latrines,
> Je suis soûl.

Il roule sous la table. Priou prend les clés.

PRIOU

Ah! pissemerdre! je les ai cette fois! Allons nous soûler!

CINQUIÈME ACTE
APOTHÉOSE DU P. H.
ET CONFUSION DE PRIOU

Le passage Belair [11].
Il fait nuit. Un rosto allumé.

SCÈNE PREMIÈRE

LE P. H., LES PALOTINS

LES PALOTINS

Marchons avec prudence
et veillons avec soin, *etc.*

LE P. H.

Allez-vous vous taire, cornegidouille? Allez-vous devenir poltrons, maintenant! Allez-vous hésiter à tuer les rentiers, cornegendarme? Or ça, salopins, serre-argent, palotins, hommes de finances, larbins chimiques, approchez ici. Qu'avez-vous à m'apprendre?

MERDANPOT

Monsieuye des Finances, y a des gens qu'ont bien de la peine; Monsieuye J**** il a passé onze fois au pince-porc! Hon!

MOUCHEDGOG

Je sais, monsieuye des Finances, une nouvelle
bien meilleure. Monsieur Prayou, à ce que j'ai vu
dans les astres, il doit vous faire cornu jusques au
cul, aujourd'huye, à la 25e heure sidérale. Hon!
Et d'ailleurs Monsieuye Barbapoux [12] il vous a
déjà fait cornu. Hon!

LE P. H.

Merci, brave palotin. Je te donnerai de la
phynance. Je suis ravi de savoir où est Onésime.
Trimballez ici un escalier pour lui faciliter l'esca-
ladation de mon bocal, pour qu'il puisse me faire
cornu. Je lui couperai les oneilles. Trimballez
également le pal de la compagnie du Gaz. Quand
la 25e heure sidérale sonnera, nous sauterons
dessus et vous l'empalerez.

LES PALOTINS

Hon! Vive Monsieuye des Finances! Hon!

SCÈNE II

PRIOU

Je suis de plus en plus soûl. J'ai défilé dans la
cave des bons pères,

> Et j'ai vidé 500 flacons,
> Et autant de bouteilles.

Je passerai au moins bien mon bachot. Mais où
suis-je? Je pense être rue de Fougères, mais j'y
vois le port de Viarmes. Ceci est cocasse. Et les

maisons qui se trémoussent autour de moi! Elles
vont tomber? Oh! elles viennent me battre. La
faute en est à M. Hébé!

Il tombe au pied du rosto.

Ah! pissemerdre! J'ai failli tomber! Je me suis
trompé! La faute en est à ce maudit rosto. Il
ressemble à Mathieu Bringuenille et a une trogne
épouvantable. Soûlard, pissard, pochard, pail-
lard, Polognard, je te vais casser les os. Ah! tu
m'as brisé mon pépin, et enfoncé mon tube! Je te
vais couper les oneilles! *(Il éteint le rosto.)* Ah! si
tu étais un homme! Si tu étais un homme! Je te
payerais un verre! — Si j'en buvais un, moi, de
verre? Où y a-t-il un cabaretier? Cognons à cette
porte. Ouvrez, de ma merdre, de par saint
Onésime, patron des bacheliers retapés!

*Il frappe à la porte du P. H. La mère EB.
paraît à sa fenêtre avec un rosto.*

SCÈNE III

LA MÈRE EB., PRIOU

LA MÈRE EB.

Est-ce toi, mon cher Barbapoux?

PRIOU, *à part.*

J'ai entendu parler: *ouou, Priou, ouou,* je
n'entends que ça. Je crois que c'est à moi que
s'adresse cette jeune personne. On se croirait viâ
Poulariaria. Au fait, avec un physique comme le
mien, on peut s'attendre à tout. Je serai bientôt

obligé de rester dans un tube fermé à la lampe,
sous une couche d'huile, pour ne pas troubler
toute la population féminine de l'univers.
(Haut.) Mais oui, me voilà à vos pieds. Descen-
dez-moi un escalier par la fenêtre, et je monterai
vers vous; là, vous offrant mon cœur sur un plat
d'argent, je pourrai vous dire qu'il vous est offert
par la main des Grâces? *(A part.)* Suis-je galant,
ce soir?

LA MÈRE EB., à part.

Il est enrhumé, ce pauvre ami! Comme sa voix
est changée! Mais il est plus spirituel que jamais!
(Haut.) Mon cher Barbapoux, Barbapoux! Tu
peux monter, Barbapoux!

Elle rentre.

PRIOU

Priou, ouou, je n'entends que ça. Ma foi, il faut
que j'y aille.

    *Il escalade. On entend sonner la 25e heure
    sidérale.*

SCÈNE IV

LE P. H., LES PALOTINS *avec des torches.*

LE P. H.

Ah! Cornegidouille! Gendarmicorne! Étron
d'Hébert [13]! Voilà Priou! L'animal biscornu de
Priou qui va chez moi me faire plus cornu que le
tricorne d'un gendarme! Cornes à merdre! Corne-

physique! l'horoscope du Capricorne n'était pas menteur! Cornesoneilles! Quatrezoneilles, descends-moi Priou de là, et vivement!

> *Quatrezoneilles jette sa torche dans les jambes de Priou, qui dégringole.*

Éclairez ici, de par la merdre! Approchez, salopins fulminants, et prenez garde aux ricards! Écoute, Priou, et réponds-moi! Suis-je cornu?

PRIOU

Ououououou! ouououou!

LE P. H.

Ceci est sale. Il ne peut répondre, car il est tombé sur la tête. Son cerveau s'est endommagé sans doute à la circonvolution de Broca, en laquelle réside la faculté de laïusser. Cette circonvolution est la 3e circonvolution frontale à gauche en entrant. Demandez au concierge... Messieurs, pardon! Demandez à tous les philosophes : « Cette dissolution intellectuelle a pour cause une atrophie qui envahit peu à peu l'écorce du cerveau, puis la substance blanche, produisant une dégénérescence graisseuse et athéromateuse des cellules, des tubes et des capillaires de la substance nerveuse. »   Il n'y a rien à faire de Priou. On se contentera de lui faire torsion du nez [et] des oneilles, avec supplices successifs :

du pal simple,
du pal grave,
du pal de la compagnie du gaz,
du pal azotique,
du pal détonant (simplicité bon goût);

puis 2ᵉ édition de la torsion du nez et des oneilles, comme ci-dessus, et finablement découpage en 98 000 petits copeaux, avec la machine à découper brevetée S.G.D.G., en six jours, avec une sage lenteur. Ensuite, Priou sera, de par notre mansuétude, libre d'aller se faire pendre ailleurs : il ne lui sera pas fait d'autre mal, car je le veux bien traiter.

LES PALOTINS

Amen!

FIN

UBU COCU
OU L'ARCHÉOPTÉRYX

PERSONNAGES

PÈRE UBU
SA CONSCIENCE
MÈRE UBU
L'ARCHÉOPTÉRYX
ACHRAS [1]
PRAYOU
BARBAPOUX
LES TROIS PALOTINS :
      HERDANPO
      MOUSCHED-GOGH
      QUATREZONEILLES
LE SAVETIER SCYTOTOMILLE
L'ÉBÉNISTE
L'ALLUMEUR DE RÉVERBÈRE
LE CROCODILE
UN LARBIN
UN CHIEN À BAS DE LAINE

ACTE PREMIER
L'intérieur de la Gidouille[2].

SCÈNE PREMIÈRE
DEUX PALOTINS

QUATREZONEILLES

Hon! Herdanpo! Dépêche-toi, il faut épousseter avec soin et balayer partout. Il est bientôt
midi, par conséiquent de quoye le Père Ubu va
avoir faim et nous, ici, nous aurons du monde!

HERDANPO

D'autant que c'est aujourd'hui dimanche, jour
de décervelage.

QUATREZONEILLES

Hon! voici que je sens un courant d'air dans
mes oneilles et que j'entends la musique du
dehors.

HERDANPO

C'est qu'on vient d'ouvrir là-haut, Quatrezoneilles, à quelque visiteur qui va descendre.
Débarrasse la trappe du pylore pour le reconduire
dans les abîmes inférieurs quand nous l'aurons
assez vu.

SCÈNE II

LES MÊMES, *entre* L'ÉBÉNISTE.

L'ÉBÉNISTE, *chante.*

Je fus pendant longtemps ouvrier ébéniste
Dans la ru' du Champs d'Mars, d'la paroiss' de
    Toussaints;
Mon épouse exerçait la profession d' modiste,
    Et nous n'avions jamais manqué de rien. —
    Quand le dimanch' s'annonçait sans nuages,
    Nous exhibions nos beaux accoutrements
    Et nous allions voir le décervelage
    Ru' d' l'Échaudé, passer un bon moment.

       Voyez, voyez la machin' tourner,
       Voyez, voyez la cervell' sauter,
       Voyez, voyez les Rentiers trembler...

LES PALOTINS

Hurrah! Cornes-au-cul, vive le Père Ubu!

Nos deux marmots chéris, barbouillés d'confitures,
Brandissant avec joi' des poupins en papier
Avec nous s'installaient sur le haut d'la voiture
    Et nous roulions gaiement vers l'Échaudé. —
    On s' précipite en foule à la barrière,
    On s' fiche des coups pour être au premier rang;
    Moi je m' mettais toujours sur un tas de pierres
    Pour pas salir mes godillots dans l' sang.

       Voyez, voyez la machin' tourner,
       Voyez, voyez la cervell' sauter,
       Voyez, voyez les Rentiers trembler...

LES PALOTINS

Hurrah! Cornes-au-cul, vive le Père Ubu!

Bientôt ma femme et moi nous somm's tout blancs
   d'cervelle,
Nos marmots en boulott'nt, et tous nous trépignons
En voyant l' Palotin qui brandit sa lumelle,
   Et les blessur's et les numéros d' plomb. —
   Soudain j' perçois dans l' coin, près d' la machine
   La gueul' d'un bonz' qui n' m' revient qu'à moitié;
   Mon vieux, que j' dis, je r'connais ta bobine :
   Tu m'as volé, c'est pas moi qui t' plaindrai.

>   *Voyez, voyez la maçhin' tourner,*
>   *Voyez, voyez la cervell' sauter,*
>   *Voyez, voyez les Rentiers trembler...*

LES PALOTINS

Hurrah! Cornes-au-cul, vive le Père Ubu!

Soudain j'me sens tirer la manche par mon épouse :
Espèc' d'andouill', qu'ell' m' dit, v'là l' moment d' te
   montrer
Flanque-lui par la gueule un bon gros paquet d' bouse,
   V'là l' Palotin qu'a just' le dos tourné. —
   En entendant ce raisonn'ment superbe,
   J'attrape sus l' coup mon courage à deux mains :
   J' flanque au Rentier une gigantesque merdre
   Qui s'aplatit sur l' nez du Palotin.

>   *Voyez, voyez la machin' tourner,*
>   *Voyez, voyez la cervell' sauter,*
>   *Voyez, voyez les Rentiers trembler...*

LES PALOTINS

Hurrah! Cornes-au-cul, vive le Père Ubu!

Aussitôt j' suis lancé par-dessus la barrière,
Par la foule en fureur je me vois bousculé
Et j' suis précipité la tête la première
   Dans l' grand trou noir d'oùs qu'on n' revient jamais. —
   Voilà c' que c'est qu' d'aller s' prom'ner l' dimanche
   Ru d' l'Échaudé, pour voir décerveler,
   Marcher l' Pinc'-Porc ou bien l' Démanch'-Comanche.
   On part vivant et l'on revient tudé.

> *Voyez, voyez la machin' tourner,*
> *Voyez, voyez la cervell' sauter,*
> *Voyez, voyez les Rentiers trembler...*

LES PALOTINS

Hurrah! Cornes-au-cul, vive le Père Ubu!

HERDANPO, *ouvrant une trappe.*

Par ici, Monsieur. Votre ticket. C'est deux francs vingt-cinq. Trois marches à descendre. — Hon. Quatrezoneilles! dépêche-toi. À chaque visite, il faut recommencer à balayer et à épousseter.

QUATREZONEILLES

Je n'ai pas de plumeau.

SCÈNE III

LES MÊMES, *entre en volant* L'ARCHÉOPTÉRYX

HERDANPO

Voici une chose à plumes comme tu dis qui vole; c'est sans doute le Père Ubu qui nous l'envoie. Ote vite toutes ces poussières et ces toiles d'araignée.

SCÈNE IV

LES MÊMES, MÈRE UBU

MÈRE UBU, *dès la coulisse.*

Mon fils! Qu'a-t-il fait de mon fils?

HERDANPO

Hon, Madame Ubu, qui nous vaut l'honneur de votre visite? Donnez-vous la peine de vous asseoir.

MÈRE UBU

Mon fils! Il a dévoré mon fils!

HERDANPO

Nettoie toujours, Quatrezoneilles.

Il commence d'entrer des tas de gens, du haut en bas, au fond du théâtre, à allure de touristes. Quatrezoneilles, sans interrompre son travail, leur remet de petits cartons, et finit, la foule grossissant, par s'installer à un comptoir à tourniquet, devant l'escalier du pylore.

MÈRE UBU

Ah! mon Dieu, que tenez-vous là? C'est lui, le bel oiseau, le coco! Je le reconnais. Il a bien toujours (mais il grandira!) — 0 m 25 de long, 0 m 30 avec les pattes allongées, 0 m 05 de diamètre, 0 m 25 d'envergure, 0 m 08 d'oneilles, 0 m 04 de queue. Il peut voler dans les airs...

HERDANPO

Nous l'avons bien vu.

MÈRE UBU

... Ou reposer sur son postérieur, comme ceci!

Elle le berce.
Le défilé des touristes cesse.

Mon fils! Je retrouve mon fils. Lui du moins ne ressemble point à ce monstre de Père Ubu...

SCÈNE V

LES MÊMES, L'AME DU PÈRE UBU [3]
sortant des abîmes.

L'AME DU PÈRE UBU

Je vous ai entendue, Mère Ubu! Ici les murs ont des oneilles! Car ma Gidouille est la plus noble partie de mon corps, la tête de mon corps a des oneilles, donc ma Gidouille, dont les parois sont les murs de ce séjour, a des oneilles. Et comme Platon distingue trois âmes, ce qui n'est pas trop pour notre volume, je suis l'âme de la Gidouille!

MÈRE UBU

Grâce, Monsieur Ubu.

L'AME DU PÈRE UBU

Nous croyons que nous sommes cocu, bien valablement, malgré, au vu de nos attraits, l'invraisemblance de la chose. Nous sommes père d'un bel oiseau, cornegidouille! Il nous paraît préhistorique, croisé vampire-archéoptéryx, ichthyornis, avec de nombreuses qualités des chiroptères, léporides, rapaces, palmipèdes, pachydermes et porcins! Nous regrettons presque de ne l'avoir point nous-même engendré. Mais nous nous applaudissons qu'il sache aussi bien que se poser ainsi sur son séant, voler à travers les airs de cette façon.

L'âme du Père Ubu poursuit la Mère Ubu

*en lui lançant l'Archéoptéryx, jusqu'à ce
qu'elle s'engloutisse dans la trappe.*

FIN DU PREMIER ACTE

· ·

ACTE III

SCÈNE IV

PÈRE UBU, LES TROIS PALOTINS
debout dans leurs caisses.

LES TROIS PALOTINS

Ceux qui se fichent — de sa barbiche — sont
tous des sots — et des idiots — qui pourraient
bien — avant demain — avoir à s'en — r'pentir.
Car il n' veut pas — que sa personne — soit
maltraitée — ou plaisantée. Car il n' veut pas —
que sa giborgne — soit ri-di-cu-li-sée !
Ce tonneau qui s'avance, neau qui s'avance,
neau qui s'avance, c'est le Père Ubu.

*Cependant le Père Ubu allume sa chandelle
verte, flamme de l'hydrogène dans la vapeur
de soufre, et qui, construite d'après le principe
de l'Orgue philosophique, émet un son de flûte
continu. Et il append au mur deux écriteaux :*
ICI ON PIQUE À LA MACHINE — COUPE LES
CHATS ET LES ONEILLES.

HERDANPO

Hon, Monsieuye ! Il y a des gens qui ont bien

de la peine. Monsieur Prayou il a passé onze fois
ce matin au Pince-Porc, place de l'Opéra. Hon !

MOUSCHED-GOGH

Monsieuye, comme vous me l'avez dit, j'ai été
porter une caisse de coups de poings explosifs chez
Monsieuye Rebontier, et un plein pot de merdre [4]
à toutes les portes que j'ai trouvées ouvertes.
Hon !

QUATREZONEILLES

Hon, Monsieur des Phynances ! En obéissance
à vos ordres, je me suis enquis de l'adresse et du
nom du vrai père de monsieur votre fils l'Archéoptéryx : il habite je ne sais où, il a un nom en
ou [5], et il doit venir à la vingt-cinquième heure
sidérale [6] vous faire cocu chez vous !

> *Le Père Ubu qui était assis à sa table,
> devant sa chandelle verte, se lève d'un bond et
> marche furieusement par la chambre.*

LES PALOTINS

En sa gidouille immense, gidouille immense,
gidouille immense éclôt un cocu !
Mais ceux qui s'fichent — de sa barbiche —
sont tous des sots — et des idiots — qui
pourraient bien — avant demain — passer à la
Machine ?
Ce Tonneau qui s'avance, neau qui s'avance,
neau qui s'avance, c'est le Père Ubu !

PÈRE UBU

Silence, Messieurs ! Nous saurons sévir ! Pour
que la vingt-cinquième heure sidérale sonne bien,

nous graisserons soigneusement l'axe du monde!
Et en même temps cet instrument que nous
avons inventé, considérant qu'il est sans contredit irrévérencieux pour l'ici présent Maître des
Phynances d'employer à d'infâmes usages de
vidanges des barriques et des tonneaux, et que
nous n'hésitons nullement à qualifier de pompe à
merdre! Hâtez-vous donc d'aller en Égypte,
n'épargnez rien pour nous procurer de la graisse
de momies pour toutes nos machines, quoiqu'il
paraisse que ça coure très vite, cornegidouille! Et
soit difficile à capturer!

. . . .

ACTE IV

SCÈNE VII
L'Égypte.

PRAYOU, ACHRAS, *se disposant
à emporter les Pyramides* [7], *puis* LES PALOTINS

ACHRAS

Je me figurais que c'était moins lourd.

HERDANPO

Hon! le Palotin 3246, en voilà une, attrape-la,
fourre-la dans ta caisse.

QUATREZONEILLES

Je vous tiens, Monsieur la Momie, Monsieur
Ubu sera content.

ACHRAS

O mais c'est qué, y a point d'idée du tout.
Voulez-vous me lâcher, voyez-vous bien! Vous ne
me reconnaissez pas? C'est moi Monsieur Achras,
déjà empalé une fois.

PRAYOU

Monsieur, laissez-moi tranquille, c'est une
atteinte révoltante à la liberté individuelle. Et
puis on m'attend tout le temps au Pince-Porc.

HERDANPO

Attention, en voilà un grand qui se sauve.

QUATREZONEILLES

O comme il marche vite.

Lutte.

LES PALOTINS,
s'éloignant avec leurs captifs.

C'est l'armée des finances, mée des finances qui va
   défiler
Les lapins à finance, Pince à finance, marchent les
   premiers.
Les chiens z'à bas de laine,
Z'à bas de laine... Les chiens z'à bas de laine :
Les chameaux à finance, meaux à finance, marchent les
   derniers.
Les chameaux à finance, meaux à finance : y n'ont
   point gagné.

FIN DU QUATRIÈME ACTE

. . . .

ACTE V

SCÈNE II

PRAYOU, *puis* MÈRE UBU

PRAYOU

Puisque les émissaires de Monsieur des Finances me poursuivent jusqu'en Égypte, peut-être réciproquement me laissera-t-il tranquille dans sa propre maison. Sonnons donc.

> *Au moment où il lève la main vers le cordon, une sonnerie considérable de vingt-cinq coups, qui dure pendant toute la scène II, comme d'une très grosse cloche, l'assourdit.*

MÈRE UBU, *paraissant à la fenêtre.*

Est-ce toi, mon cher Barbapoux?

PRAYOU

J'ai entendu parler, ou ou, sans doute Prayou, ou ou, je n'entends que ça. Cette sonnette fait beaucoup trop de bruit. Tiens, une femme! Cette fenêtre est beaucoup trop noire. Je ne puis distinguer ses traits, mais puisqu'elle s'adresse à moi, elle est assurément charmante. O jetez-moi une échelle par la fenêtre et je monterai vers vous, et vous offrant mon cœur sur un plat d'argent...

SCÈNE III

PRAYOU, PÈRE UBU, PALOTINS
entrant en tumulte.

*La Mère Ubu à la vue du Père Ubu se
retire avec un grand cri.*

PÈRE UBU

Cornegidouille! la vingt-cinquième heure sidérale, quoique nous ayons mal graissé l'axe du
monde, a pourtant fini par sonner! C'est vous,
Monsieur Prayou, qui venez chez moi me faire
cocu, compisser la vertu de notre épouse et nous
rendre père d'oiseaux! Palotins, fichez-le-moi par
terre.

Les Palotins le bourrent de coups.

Éclairez ici, et vous, Monsieur, répondez-moi.
Suis-je bien assurément et valablement cocu?

PRAYOU

Ou ou ou, ou ou ou!

PÈRE UBU

Ceci est sale. Il ne peut répondre, car il est
tombé sur la tête. Son cerveau s'est endommagé
sans doute à la circonvolution de Broca, en
laquelle réside la faculté de discourir. Cette
circonvolution est la troisième circonvolution
frontale à gauche en entrant. Demandez au
concierge... Messieurs, pardon! demandez à tous
les philosophes : « Cette dissolution intellectuelle

a pour cause une atrophie qui envahit peu à peu l'écorce du cerveau, puis la substance blanche, produisant une dégénérescence graisseuse et athéromateuse des cellules, des tubes et des capillaires de la substance nerveuse*! » — Il n'y a rien à faire de Monsieur. On se contentera de lui faire torsion du nez et des oneilles avec ablation des dents. Il sera empalé d'abord, décapité ensuite, et finalement moulu. Ensuite, Monsieur sera, de par notre mansuétude, libre d'aller se faire pendre ailleurs. Il ne lui sera pas fait d'autre mal, car je le veux bien traiter.

LES PALOTINS

Hon! Monsieuye.

SCÈNE IV
Le Lieu du Mot.

BARBAPOUX, MÈRE UBU

BARBAPOUX

O douce Mère Ubu.

MÈRE UBU

O père de mon enfant, de mon petit poulet, de mon oiseau, de l'Archéoptéryx, Barbapoux! Barbapoux!

BARBAPOUX

Maîtresse des Phynances!

---

* Th. Ribot, *Maladies de la mémoire.*

SCÈNE V

LES MÊMES. *Voix du* PÈRE UBU
et des PALOTINS *dans l'éloignement.*

VOIX DU PÈRE UBU

Qui parle de Phynance, de par notre gidouille!
Nous n'en avons que faire ayant celle de Monsieur Achras, ainsi que sa maison; et dans cette
maison, nous venons maintenant, poussé par nos
remords, où nous pourrions lui rendre la part
matérielle et vulgaire de ce que nous lui avons
pris, savoir, de son repas!

LES PALOTINS

Dans de grandes caiss's en fer-blanc, *etc.*

MÈRE UBU

C'est Monsieur Ubu! je suis perdue!

BARBAPOUX

Je vois au loin ses cornes par le guichet! Où
me cacher? Ah! là-dedans.

MÈRE UBU

Y penses-tu, mon doux enfant tu vas te tuer!

BARBAPOUX

Me tuer? Par Gog et Magog, on vit, on respire
là-dedans. C'est là-dedans que je travaille. Une,
deux, houp!

. . . .

SCÈNE IX
L'Égypte.

PÈRE UBU, LA CONSCIENCE, ACHRAS

PÈRE UBU, *à Achras.*

Cornegidouille, Monsieur! Je vous trouverai donc partout! Comme ma Conscience, dont je ne puis me débarrasser.

LA CONSCIENCE

Monsieur, n'insultez pàs au malheur d'Épictète.

PÈRE UBU

Le pique-tète est sans doute un instrument ingénieux, mais la pièce dure depuis assez long-temps et nous n'avons point l'intention de nous en servir aujourd'hui.

> *On entend sonner comme pour annoncer un train, puis le Crocodile, soufflant, traverse la scène.*

SCÈNE X

LES MÊMES, LE CROCODILE

ACHRAS

O mais c'est qué, voyez-vous bien, qu'est-ce qué c'est que ça?

PÈRE UBU

C'est un z'oiseau.

LA CONSCIENCE

Vous voyez des oiseaux partout! C'est un reptile caractérisé. Touchez ses mains.

PÈRE UBU

Alors, c'est une baleine, car la baleine est le z'oiseau le plus enflé qui existe, et cet animal paraît assez enflé.

LA CONSCIENCE

Je vous dis que c'est un serpent.

PÈRE UBU

Ceci doit prouver à Monsieur ma Conscience sa stupidité et son absurdité. Nous l'avions pensé bien avant qu'il l'eût dit, c'est en effet un serpent! voire même, un serpent à sonnettes!

ACHRAS, *le flairant.*

C'qu'y a d'sûr, voyez-vous bien, c'est que ça n'est pas un polyèdre!

SCÈNE XI

LES TROIS PALOTINS *chantent.*

Craignez et redoutez le Maître des Phynances
C'est le plus grand vilain qu'on puisse voir en France.
Il unit la vitesse à la rapidité
Et mélange la rage à la férocité.

De ruse et de finesse il connaît bien l'usage
Pour choisir les quartiers où faire son ravage.
Il ne se risque point aux endroits bien gardés,
Mais attaque toujours les marchands isolés
Et les petits rentiers qui, les mains dans les poches,
Ne pensent à crier que quand on les écorche.
Mais las! il est trop tard : une fois attrapés
Ils sont bientôt saignés puis ensuite étripés.
Un palotin graisseux vient leur couper la tête,
Regardant de travers par-dessus ses lunettes...
Il est toujours debout avant le point du jour,
Aussitôt éveillé commence ses cent tours.
Il ouvre à grand fracas la porte de la salle
Où dort des palotins la pouilleuse canaille.
Son oneille se tord et s'abat en sifflant [8] :
Un palotin giflé se réveille en hurlant.
Puis tous en font autant, puis au bruit du tambour
Ils descendent en rang s'aligner dans la cour.
Le Père Ubu leur lit les dispositions
Qui fixent à chacun sa destination;
Puis leur donne un croûton, deux ou trois oignons crus
Et les pousse dehors à coups de pied au cul...
Puis d'un pas magistral il entre dans sa chambre
Et va regarder l'heure à sa pendule d'ambre :
— Six heures! grand bon Dieu! que je suis en retard!
Et que je perds de temps avec tous ces jobards!
Allons réveillez-vous, dame la Mère Ubance,
Donnez le sabre à merdre et le croc à phynance!
Et que de mon chapeau l'édifice emplumé
Me soit incontinent par vos mains apporté!
— Mais, dit la Mère Ubu, Monsieur le Père Ubon,
De te laver la gueule il n'est pas question?
Or ce propos déplaît au Maître des Finances :
Il fronce les sourcils d'un air plein de vengeance.
La Mère Ubu insiste, et lui lève le poing...
La Mère Ubu s'enfuit se cacher dans un coin.
De sa poche abhorrée il passe la bretelle;
Et, quelque temps qu'il fasse, ou qu'il vente ou qu'il
    gèle
Il part courbant le dos sous le vent du matin
Et s'en va de tout cœur étrangler son prochain.

PROJET D'HYMNE
DES PALOTINS

Tels les mannequins sur les sillons
Surgissons prudents et veillons
       Cuirassés d'étain
       Braves Palotins

Distinguons par un brouillard de sang
Les ennemis des simples passants
       Armée des phynances
       Pleine de vaillance

Voyez ses plumets ses bas chinés
C'est un rentier je le reconnais
       Faut que sa cervelle
       Saute en nos gamelles

Surgissons prudents et veillons
Ting ting ting ting ting ting ting tating ting ting ting [1]
C'est le défilé des Palotins

DOSSIER

VIE D'ALFRED JARRY
1873-1907

1873. Le 8 septembre, naissance à Laval, quai de l'Impéra-
trice (aujourd'hui Jehan-Fouquet), d'Alfred, Henry
Jarry, fils d'Anselme Jarry, négociant en tissus, et de
Caroline Quernest, fille d'un juge de paix. La famille
Jarry possède plusieurs maisons à Laval.

1874. Le 8 juin, Jarry est baptisé, dans la cathédrale de
Laval, en même temps que sa sœur aînée Caroline-Marie
dite Charlotte, née le 8 février 1865. Curieux retard
vis-à-vis des sacrements de l'Église.

1878. En mai, Alfred Jarry entre au petit lycée de Laval,
3e division des minimes. Il y reste jusqu'en juillet 1879.

1879. A la suite des revers de fortune d'Anselme Jarry,
Mme Jarry et ses deux enfants s'installent à Saint-
Brieuc où le père Quernest, qui a pris sa retraite de juge
de paix, donne des cours de législation au lycée. En
octobre, Alfred Jarry devient élève du lycée de Saint-
Brieuc; il y fera ses études jusqu'à la seconde incluse.

1885. Écrit ses premiers textes, surtout des comédies en vers
et en prose; il les conserve dans un dossier qu'il
intitulera, adulte, *Ontogénie* et qui sera retrouvé en 1947
par Maurice Saillet dans les archives du Mercure de
France. Quinze pièces du recueil furent publiées par
Maurice Saillet en 1964 sous le titre *Saint-Brieuc des
Choux* (éd. du Mercure de France). La totalité du dossier
se trouve maintenant dans le volume I des *Œuvres
complètes* (Bibliothèque de la Pléiade). Cette production
enfantine s'étend de 1885 à 1888. On y remarque le

thème de la pompe à merdre, nommée aussi le Taurobole (qui donnera son titre à l'acte dernier de *César-Antechrist*) ou, en latin, l'Antlium.

1886. Nombreuses nominations au palmarès du lycée (notamment 1er prix de version latine, 1er prix de thème latin).

1887. Nouvelles nominations, entre autres 2e prix d'excellence, 1er prix de composition française, 1er prix de langue latine, 1er prix de langue grecque.

1888. A la fin de la classe de seconde, et pour sa dernière année à Saint-Brieuc, Jarry obtient le 1er prix d'excellence, le 1er prix de composition française, le 1er prix de langue latine, le 1er prix de version grecque, le 1er prix de mathématiques et sept autres prix ou accessits. Jarry connaît une courte période de lyrisme macabre (exemple : le long poème *La Seconde Vie ou Macaber*). En octobre, Mme Jarry revient à Rennes, sa ville natale, avec ses deux enfants. Jarry entre en première au lycée de Rennes. Le professeur de physique est M. Hébert, déjà surnommé par les générations précédentes le P. H. ou le Père Heb, Eb, Ébé, Ébon, Ébance ou Ébouille. Jarry se lie intimement avec un élève de sa classe Henri Morin qui détient tout un lot de pamphlets, sketches, pièces fugitives ayant pour héros le Père Hébert, dont *Les Polonais* rédigés principalement par le frère d'Henri, Charles Morin, qui a quitté Rennes et poursuit ses études à Paris. En décembre, *Les Polonais* sont joués chez les parents d'Henri Morin qui interprète le rôle du P. H., le décor est de Jarry.

1889. Nouvelle représentation chez les Morin des *Polonais* et sans doute d'autres pièces hébertiques. Jarry est reçu à la première partie du baccalauréat et il a obtenu un premier accessit de version latine au Concours général. En octobre, Jarry entre en classe de philosophie; son professeur est B. Bourdon qui explique Nietzsche, non encore traduit, et sera, sous son nom latin de Bombus, l'un des personnages de certaines versions d'*Ubu cocu*.

1890. Jarry obtient la seconde partie du baccalauréat ès lettres (mention Bien). *Les Polonais* sont repris chez les Jarry rue Belair, en marionnettes puis en théâtre d'ombres. En octobre, entre en rhétorique supérieure au lycée de Rennes (classe préparatoire à l'École normale supérieure, correspondant sensiblement à l'actuelle hypokhâgne).

1891. En juin, Jarry s'installe à Paris, avec sa mère, 11, rue Cujas. Du 19 au 25 juin, passe les épreuves écrites du concours d'entrée à l'École normale supérieure. Échoue. En octobre, est élève de rhétorique supérieure au lycée Henri-IV (rhétorique A, 3e quartier). Parmi ses condisciples Albert Thibaudet, Louis Laloy, Jean Chantavoine, Gandilhon Gens-d'Armes... Son professeur de philosophie est Henri Bergson dont il prend en note l'intégralité du cours; il continuera ce travail pour l'année scolaire 1892-1893; grâce à M. Lucien Julia, fils d'Édouard Julia, ami de Jarry, on possède cet intéressant document (au total plus de 850 feuillets).

1892. En avril, Léon-Paul Fargue entre au lycée Henri-IV et devient très vite l'ami de Jarry qui se lie également avec un autre de ses condisciples, Claudius-Jacquet (dont sera fait, pour une bonne part, le personnage de Valens dans *Les Jours et les Nuits*). Du 17 au 23 juin, nouvelle tentative au concours d'entrée à l'E.N.S., nouvel échec. S'installe avec sa mère 84, boulevard de Port-Royal et loue pour lui-même, à deux pas de là, dans un passage s'ouvrant au 78 du boulevard, un local qui lui sert d'atelier et qu'il appellera le Calvaire du Trucidé. En octobre, se réinscrit à Henri-IV.

1893. Le 19 mars, premier texte imprimé de Jarry : *Châsse claire où s'endort* [*La Régularité de la châsse* dans *Les Minutes de sable mémorial*] dans *L'Écho de Paris littéraire illustré;* ce poème a obtenu un prix en février lors du concours littéraire mensuel de ce journal. Le 23 avril, publication dans *L'Écho de Paris* de *Guignol* (première apparition d'Ubu) primé au concours de mars. Le 10 mai, la mère de Jarry meurt à Paris. En juin, dans *L'Écho de Paris*, publication de *Lieds funèbres* couronné en mai. Du 16 au 22 juin, dernière et vaine tentative d'entrée à l'E.N.S. Le 28 août, dans *L'Écho de Paris* quotidien, publication de *L'Opium*, prix de prose au concours de juillet. En novembre, Jarry termine la traduction du *Dit du vieux marin* de Coleridge qu'il

proposera au *Mercure de France*. Avec ses amis Fargue,
Cremnitz et Francis Jourdain fréquente beaucoup les
peintres et les galeries d'art; assiste aux premiers
spectacles du théâtre de l'Œuvre. En décembre, première collaboration à *L'Art littéraire*.

1894.   Au début de l'année, envoie au *Mercure de France*,
Histoire tragique qui deviendra *Haldernablou* et paraîtra
dans le numéro de juillet. Le 4 février, le grand-père
Quernest meurt à Saint-Brieuc. Jarry se présente à la
licence ès lettres; est déclaré « éliminé » le 13 mars.
Devient actionnaire des éditions du Mercure de France
et un familier de la maison; amitié avec Remy de
Gourmont. On voit Jarry chez Mallarmé. Collabore aux
Essais d'art libre. En juin, séjour à Pont-Aven auprès de
Gauguin et de Charles Filiger. Fait paraître dans *L'Art
littéraire : Être et vivre* en mars-avril; *Visions actuelles et
futures* en mai (la 'Pataphysique est nommée dans ces
deux .textes qui traitent de l'art, de la mort et de
l'anarchie); l' « Acte unique » (acte prologal) de *César-
Antechrist* en juillet-août. En juillet, loue un appartement de deux pièces cuisine 162, boulevard Saint-
Germain; fait percer une cloison entre les deux pièces et
donne des représentations d'*Ubu roi* pour ses amis du
Mercure de France. Inscrit pour la quatrième fois au
concours de l'E.N.S., renonce à se présenter. En
septembre, dans le *Mercure*, grand article sur Filiger. En
octobre, premier numéro de *L'Ymagier*, revue d'estampes dirigée par Remy de Gourmont et Jarry, et nouvel
échec aux examens de la licence ès lettres. Le 5 octobre,
aux éditions du Mercure de France, publication des
Minutes de sable mémorial, premier livre de Jarry, où
Ubu est présent par *Guignol*. Le 13 novembre, Jarry est
incorporé au 101e régiment d'infanterie à Laval (son
service militaire devrait être de trois ans).

1895.   Le *Mercure de France* de mars publie l' « Acte héraldique » de *César-Antechrist*. A partir du 9 avril, au Salon
des Indépendants, le Douanier Rousseau expose le
portrait de Jarry (dont la trace est perdue). Le 18 août,
le père de Jarry, Anselme, meurt à Laval. En septembre, dans le *Mercure de France :* l' « Acte terrestre »
(*Ubu roi*) de *César-Antechrist*. Le service militaire laisse

des loisirs à Jarry qu'on rencontre fréquemment à Paris. Jarry et sa sœur Charlotte commencent à liquider les biens immobiliers de la famille. Le 1er octobre, *César-Antechrist* (avec son « Acte terrestre » : *Ubu roi*) paraît aux éditions du Mercure de France. Le 5 novembre, Jarry demande à Alfred Vallette de faire les services de presse en imitant sa signature. En décembre, Jarry est hospitalisé au Val-de-Grâce; il en sort le 11 réformé définitif n° 2 pour lithiase biliaire chronique. Le 23 décembre, à Laval, Alfred et Charlotte procèdent au partage des derniers biens restants : la maison des 13 et 15, rue de Bootz, la plus ancienne du patrimoine, appartient désormais à Charlotte. Par la vente des immeubles et le rachat de sa part de la rue de Bootz à Laval par Charlotte, Jarry a touché en trois mois plus de 15 000 francs-or.

1896. Le 8 janvier, importante lettre à Lugné-Poe lui exposant ses conceptions scéniques d'*Ubu roi* et lui annonçant *Les Polyèdres* (*Ubu cocu*). En mars, Jarry, qui s'est séparé de Gourmont, fonde sa personnelle revue d'estampes *Perhinderion*. Fait fondre des caractères du xve siècle qui serviront au numéro 2 (et dernier) de *Perhinderion* (juin) et à l'édition originale d'*Ubu roi*. En avril et mai, *Le Livre d'art*, revue de Paul Fort, publie *Ubu roi* en préoriginale. Le 1er mai, sur les amicales sollicitations de Félix Fénéon, première collaboration à *La Revue blanche* avec *Le Vieux de la montagne*. Jarry devient secrétaire du théâtre de l'Œuvre. Le 11 juin, sortie d'*Ubu roi* aux éditions du Mercure de France. Jarry voyage en Hollande avec son ami le peintre Léonard Sarluis. En été, séjour chez Gustave Kahn, près de Knokke-le-Zoute, en compagnie de Paul Fort, Charles-Henry Hirsch et Robert Ulmann. Nombreux articles sur *Ubu roi* dont un, excellent, d'Émile Verhaeren dans *L'Art moderne*. Dans le *Mercure de France* de septembre, Jarry donne son article *De l'inutilité du théâtre au théâtre*. Le 6 octobre, Jarry assiste de sa fenêtre du boulevard Saint-Germain avec Vallette et sa femme Rachilde, au passage du tsar Nicolas II en visite en France. Le 15 octobre, *La Revue blanche* publie *L'Autre Alceste*. Le 12 novembre, création de *Peer Gynt*

d'Ibsen, à l'Œuvre. Le 30 novembre, Jarry achète à
Trochon, marchand de cycles à Laval, une bicyclette
« Clément luxe 96 course sur piste » au prix de
525 francs, qu'il mourra avant d'avoir payée. Le 1er décembre, dans *La Revue blanche : Les Paralipomènes
d'Ubu*. Le 9 décembre, répétition générale d'*Ubu roi* au
théâtre de l'Œuvre; le lendemain 10 décembre, première. La pièce fait scandale; toute la presse s'en
empare, généralement pour en dire pis que pendre.

1897. Le 1er janvier, le *Mercure de France* publie la conférence
de Jarry à la création d'*Ubu roi* et *La Revue blanche*,
Questions de théâtre où il règle ses comptes avec la
critique. Jarry est agréé comme membre stagiaire de la
Société des auteurs et compositeurs dramatiques. Jarry,
qui a dilapidé son héritage en dix-huit mois, abandonne
le boulevard Saint-Germain et réintègre le Calvaire du
Trucidé, boulevard de Port-Royal. Le 2 mars, au cours
d'un dîner littéraire, Jarry ivre tire des coups de
revolver sur Christian Beck, jeune Belge, collaborateur
du *Mercure de France*, qui sera le singe papion Bosse-
de-Nage dans *Faustroll* (sur cette soirée, lire *Les Faux-
Monnayeurs* d'André Gide). Le 18 mai, publication aux
éditions du Mercure de France de *Les Jours et les Nuits,
roman d'un déserteur*. Achète le 9 juillet une périssoire
(un « as ») en acajou pour mieux pêcher dans la Seine, la
Marne et l'Yonne, avec ses amis du Mercure de France :
Vallette, A.-F. Herold, Pierre Quillard. Le 1er août,
première collaboration de Jarry à *La Plume*. Expulsé du
Calvaire du Trucidé, se réfugie chez le Douanier
Rousseau, 14, avenue du Maine. En octobre, aux
éditions du Mercure de France, publication d'*Ubu roi* en
fac-similé autographique avec la musique de Claude
Terrasse. Jarry collabore au n° 5 de *L'Omnibus de
Corinthe, véhicule illustré des idées générales* avec, notamment, cette *Opinion de M. Ubu sur le 14 juillet :* « Le
14 juillet est une date abominable, Môôôssieu, parce que
c'est l'anniversaire des massacres de septembre. » Il loue
en novembre un logement très bas de plafond au
« deuxième et demi » du 7, rue Cassette, qu'il conservera
jusqu'à sa mort. Jarry commence à travailler avec
Claude Terrasse à un *Pantagruel* destiné primitivement

au Théâtre des Pantins qui ouvre ses portes le 24 décembre, 6, rue Ballu, dans un vaste atelier attenant à l'appartement de Terrasse ; la machinerie est construite et actionnée par Jarry.

1898. Le 20 janvier, au Théâtre des Pantins, création d'*Ubu roi* par les marionnettes de Pierre Bonnard (sauf le Père Ubu qui est de Jarry). Le Mercure de France édite, dans le « Répertoire des Pantins », l'ouverture d'*Ubu roi*, la *Marche des Polonais* et la *Chanson du décervelage*, ces trois opus sous lithographies de Jarry. Au printemps, avec Vallette et Rachilde, A.-F. Herold, Pierre Quillard et Marcel Collière, Jarry loue une villa à Corbeil, 19, quai de l'Apport ; il la nomme le Phalanstère ; il y écrit la majeure partie de *Gestes et opinions du docteur Faustroll, pataphysicien* dont quelques chapitres paraissent dans le *Mercure de France* de mai, tandis que l'éditeur Pierre Fort publie *L'Amour en visites* (dont le chapitre XI *Chez Madame Ubu* est une reprise de *L'Art et la Science* des *Minutes de sable mémorial*). Le 19 mai, Jarry fait la connaissance d'Oscar Wilde, libéré de prison. Le 11 septembre, il assiste aux obsèques de Mallarmé, à Valvins. Le 5 décembre, il termine *Par la taille* (qui ne paraîtra qu'en 1906). En décembre, publication de l'*Almanach du Père Ubu illustré*, avec les images de Pierre Bonnard.

1899. La propriétaire ayant décidé de récupérer sa villa, le Phalanstère de Corbeil est dissous à la fin de janvier. Dans le numéro de février du *Mercure de France* paraît, sous la signature du « Docteur Faustroll », le *Commentaire pour servir à la construction pratique de la machine à explorer le temps*. En mai, Jarry publie en fac-similé autographique, à compte d'auteur (et à 50 exemplaires, mais en dépôt au Mercure), *L'Amour absolu*. Le 18 mai, il loue pour lui et les anciens phalanstériens de Corbeil une villa à La Frette ; c'est là qu'il termine, en septembre, *Ubu enchaîné*. La location de La Frette prend fin en novembre.

1900. Dans *La Revue blanche* du 1er janvier, *Les Silènes* de Grabbe dans la traduction de Jarry. Les Vallette louent une villa, qu'ils achèteront en 1904, aux Bas-Vignons, commune du Plessis-Chenet, au bord de la Seine, sur le chemin de halage. Jarry s'installe, non loin de là, dans une baraque dépendant de l'auberge du Barrage, au barrage du Coudray. Il est fréquemment l'invité d'Eugène Demolder, gendre de Félicien Rops et qui en a hérité une splendide propriété, la Demi-Lune, surplombant la boucle de la Seine. Demolder et Jarry travaillent ensemble au *Pantagruel* et à d'autres opérettes ou opéras bouffes destinés le plus souvent à Claude Terrasse. Le 15 mai, représentation de *Léda*, opéra bouffe écrit en collaboration avec Karl Rosenval (Mme Gaston Danville). Publication aux éditions de la Revue blanche d'*Ubu enchaîné*, inédit, précédé d'*Ubu roi*, version définitive. Du 1er juillet au 15 septembre, Jarry publie, en six numéros de *La Revue blanche*, *Messaline*, roman de l'ancienne Rome. En décembre, paraît *L'Almanach illustré du Père Ubu (XXe siècle)* avec les illustrations de Pierre Bonnard et la collaboration de Claude Terrasse, Fagus et Ambroise Vollard (qui finance l'entreprise).

1901. En janvier, *Messaline* paraît en volume aux éditions de la Revue blanche. Le 15 janvier, première « Spéculation » de Jarry dans *La Revue blanche*, début d'une collaboration régulière qui se poursuivra avec *Gestes* et de nombreuses critiques de livres ou de théâtre jusqu'à la disparition de la revue en 1903 et procurera, ces années-là, à Jarry ses principales ressources. De février à mai, la revue *La Vogue* publie en quatre numéros *Olalla*, de R. L. Stevenson, traduit par Jarry. En mai, au Salon des Indépendants, conférence de Jarry : *Le Temps dans l'art*. Jarry collabore avec un texte sur *Le Camelot* à un ouvrage collectif : *Figures de Paris, ceux qu'on rencontre et celles qu'on frôle* (Floury éd.). Le 23 novembre répétition « intime » au Cabaret des 4-Z'Arts, boulevard de Clichy, d'*Ubu sur la Butte* par le Guignol des Gueules de bois dont la répétition générale a lieu le 27 novembre. Les 19, 21 et 24 décembre, Lugné-Poe reprend *Peer Gynt* sur la scène du Nouveau Théâtre : Jarry y tient le rôle du Premier Troll de Cour.

1902. Dans *La Revue blanche* du 15 février, Jarry accuse Nonce Casanova d'avoir plagié sa *Messaline* dans un roman du même titre. Le 21 mars, Jarry prononce à Bruxelles, à la Libre Esthétique, une conférence sur les

Pantins. En mai, aux éditions de la Revue blanche, paraît *Le Surmâle*. Le 22 juillet, F. A. Cazals publie *Le Jardin des ronces* avec « privilège d'Ubu roi » calqué par Jarry sur le privilège de Henri II pour les œuvres de Rabelais. Le 13 octobre, les éditions de la Revue blanche sont cédées à Eugène Fasquelle.

1903. *La Plume* du 1er janvier donne le premier article de Jarry de la série « Périple de la littérature et de l'art ». 21 mars, premier numéro du *Canard sauvage* dirigé par Franc-Nohain, qui paraîtra jusqu'au 18 octobre et aura trente et un numéros; Jarry collaborera à tous, sauf un. Le 1er avril, dans *La Revue blanche*, *La Bataille de Morsang*, chapitre de *La Dragonne*, roman que Jarry ne pourra terminer. Le 15 avril, dernier numéro de *La Revue blanche* : Jarry y donne deux beaux poèmes : *Bardes et cordes* et *Le Chainier*. Le 16 mai, Jarry préside le banquet de *La Plume* au restaurant du Palais, 3, place Saint-Michel, et la séance de déclamation au Caveau du Soleil d'or; il récite *La Régularité de la châsse*, *La Princesse Mandragore* et *Le Bain du roi* (dernier hommage à Ubu). Jarry s'est fait de nouveaux amis : Guillaume Apollinaire, André Salmon, Pablo Picasso, Max Jacob, le sculpteur Manolo, Maurice Raynal, Pierre Mac Orlan, Charles-Louis Philippe. Il collabore à *L'Œil*, de son n° 2 (24 mai) à son n° 8 (5 juillet). Avec Eugène Demolder, il entreprend un opéra bouffe sur la Papesse Jeanne, à mettre en musique par Terrasse. En novembre, rejoint Claude Terrasse au Grand-Lemps (près de Grenoble) pour travailler à l'interminable *Pantagruel*. Le n° 2 (décembre) du *Festin d'Ésope*, revue d'Apollinaire, publie une partie de *L'Objet aimé* (le premier suicide de Monsieur Vieuxbois, d'après Töpffer, à peu près le quart de la pastorale intégrale qui paraîtra en 1908, dans la revue de Marinetti : *Poesia*).

1904. *La Plume* du 15 janvier donne le dernier article de Jarry du « Périple de la littérature et de l'art ». Dans son n° 6 (avril), la *Moderni Revue* de Prague commence la publication de *Messaline*, traduite en tchèque, qu'elle poursuivra en six numéros. Le 9 mai, Jarry revient du Grand-Lemps après un séjour de six mois dans la propriété de Terrasse où Eugène Demolder aura fait, lui

aussi, plusieurs séjours sans aboutir à la terminaison du
Pantagruel. Félix Fénéon introduit Jarry au *Figaro;* on
lui confie une rubrique de « Fantaisies parisiennes »; une
seule — sur le 14 juillet   paraît dans le numéro du
16 juillet; elle lui est payée 25 francs; trois autres
« fantaisies » seront écrites, mais ne seront pas accep-
tées. Le 15 novembre, Jarry se retrouve au Grand-
Lemps; il n'y reste cette fois qu'une dizaine de jours. Le
23 décembre, il acquiert une parcelle de terrain aux
Bas-Vignons, séparée de la maison des Vallette par le
Sentier des Vaches qui grimpe à travers bois jusqu'à la
propriété de Demolder.

1905. *Le Manoir enchanté* (intitulé aussi *Le Manoir de
Cagliostro*), opéra bouffe, musique de Claude Terrasse,
est donné, en représentation privée, à Paris, rue Murillo,
le 10 janvier. La production de livrets pour Claude
Terrasse, à laquelle participe Eugène Demolder, s'inten-
sifie (outre *Pantagruel*, toujours en chantier, *Jef*,
L'Amour maladroit, *Pieter de Delft*, *Le Bon Roi Dago-
bert*). Le 24 janvier, Jarry achète une nouvelle parcelle
de terrain aux Bas-Vignons. Le 7 février, il est de
passage à Rennes au cours d'un voyage chez ses oncles
de Lamballe. Le 29 février, il assiste au cimetière
Montparnasse aux obsèques de Marcel Schwob, mort le
26. Fin avril, il signe à la Société des auteurs et
compositeurs dramatiques un traité avec Claude Terrasse sur les droits du *Pantagruel* (inachevé). Au cours
d'un dîner chez Maurice Raynal, rue de Rennes, et en
présence d'Apollinaire qui le désarmera, il tire des coups
de revolver sur Manolo. On rencontre Jarry au Cercle
Victor-Hugo, où il a son couvert auprès de la marquise
de Belbeuf, de la Belle Otéro, de Liane de Pougy,
Colette Willy, Gabriel de Lautrec, Paul-Jean Toulet,
Curnonsky, Paul Reboux, Robert Scheffer; le Cercle
édite la revue *Le Damier*. En juillet, achat d'un
troisième lopin de terre aux Bas-Vignons. Le 30 juillet,
départ pour la Bretagne, chez les oncles de Lamballe. Il
commande les premiers travaux d'édification du Tripode, une baraque en bois, de 3,69 m × 3,69 m sur
quatre pieds de maçonnerie qui occupera à peu près
toute la surface des parcelles de terrain achetées en deux

ans. En décembre, Jarry remercie Marinetti de son *Roi Bombance* et lui envoie deux poèmes de C.-J. Kernec'h de Coutouly de Dorset, qui n'est autre que sa sœur Charlotte (les deux poèmes et la lettre paraîtront dans *Poesia* n° 9 à 12 à la fin de 1907). L'hiver est très rude et Jarry souffre du froid et de « l'influenza » (premiers signes, sans doute, de la tuberculose dont il mourra). Il travaille avec et chez le docteur Jean Saltas, 59, rue de Rennes, à la traduction de *La Papesse Jeanne* du Grec Emmanuel Rhoïdès, quoique ce texte ait déjà été traduit en français, avec préface de Barbey d'Aurevilly, ce que Jarry ignorera ou feindra d'ignorer jusqu'en 1907. Il fête la Saint-Sylvestre chez les Vallette.

1906. Quelques amis proposent à Jarry, dont le dénuement est extrême, une représentation d'*Ubu roi* à son profit; Laurent Tailhade ferait une conférence; Guitry prêterait son théâtre; Jarry accepte le 2 avril; *Vers et prose* de l'ami Paul Fort l'annonce; le projet ne se réalisera qu'après la mort de Jarry. *Vers et prose*, dans son numéro de mars-avril-mai, publie le premier chapitre de *La Dragonne* : « Omne viro soli ». Le 29 avril, au cimetière Montparnasse, obsèques d'Eugène Carrière, en présence de Jarry. Le 11 mai, Jarry, malade, part pour Laval où sa sœur Charlotte le soignera dans un logement loué 13, rue Charles-Landelle. Vallette et Fénéon lancent une souscription pour une édition de luxe du *Moutardier du pape*, état définitif de l'opérette sur la Papesse Jeanne mise en chantier en 1903; les bénéfices iraient à Jarry. Le 27 mai, se jugeant « à l'article de la mort », Jarry dicte à sa sœur un vaste plan de son roman en cours *La Dragonne*. Le 28 mai, il reçoit les derniers sacrements, rédige le faire-part de son décès et un testament au profit de Rachilde; le soir même il télégraphie aux Vallette qu'il va mieux; le 30, il les prie d'excuser sa « littérature exagérée »; le 8 juin, il corrige les épreuves du *Moutardier;* le 15 juin, il revend le terrain du Tripode à sa sœur; le 7 juillet, Vallette lui envoie son vélo; pour montrer à ses amis qu'il se porte bien, Jarry se fait photographier en escrimeur dans des poses avantageuses. Le 26 juillet, il est de retour à Paris et assiste au dîner offert par *Vers et prose* en l'honneur de Jean Moréas. Il lance chez l'éditeur Sansot une collection de « Théâtre mirlitonesque » : les deux premiers volumes (sous une couverture imitant le frontispice du *Pantagruel* (1532) de Rabelais) sont *Par la taille* (terminé en 1898) et *Ubu sur la Butte* (de 1901); les quatre autres volumes annoncés (dont *Ubu intime* autrement nommé *Ubu cocu*) ne paraîtront pas. En septembre, fait faire au docteur Saltas la tournée des mastroquets du Coudray, Essonnes et lieux voisins. En octobre, se félicite d'avoir retrouvé sur une table de bistrot les épreuves corrigées du *Moutardier*. En décembre, se réjouit de pouvoir bientôt collaborer à un journal de publicité pharmaceutique *Chanteclair* (il n'y collaborera pas). Le 9 décembre, sur l'invitation de Henry Vernot, beau-frère du baron Mollet, secrétaire d'Apollinaire, et de quelques amis, participe à un dîner avec dinde aux marrons. Le 25 décembre, réveillonne rue Mouffetard dans un restaurant à l'enseigne « Fabrique d'escargots de Bourgogne » qu'il nomme « Notre Grande Manufacture d'Escargots ».

1907. En janvier et février, Jarry est à Laval, au 13, rue Charles-Landelle; il n'assistera pas aux funérailles de sa cousine Lerestif des Tertres, morte à Lamballe le 30 janvier et inhumée le 1er février. La situation financière de Jarry devient inextricable; dettes partout : marchands de vins, propriétaire, artisans construisant le Tripode; Vallette lui déconseille de rentrer à Paris. Son propriétaire de la rue Cassette menace de lui donner congé; mais le 22 février lui accorde un nouveau délai jusqu'au 8 mars. Jarry est de retour à Paris vers le 10 avril, mais bien malade, au lit. A la fin du mois, Jarry est reparti pour Laval. Le 3 mai, l'éditeur Victor Lemasle met en vente une petite plaquette *Albert Samain : souvenirs* que Jarry estimera « bâclée ». Le 5 mai, sa sœur et lui quittent le 13, rue Charles-Landelle pour réintégrer la maison « ancestrale » du 13, rue de Bootz. Le 15 mai, le propriétaire de la rue Cassette signifie congé à Jarry judiciairement, mais les choses s'arrangeront encore une fois, in extremis. Au début de juin, *Le Moutardier du pape* est envoyé aux souscripteurs; Jarry a depuis longtemps dépensé les quelque

1 300 francs de la souscription et, du reste, les cent vingt exemplaires du tirage sont loin d'être épuisés. Comme l'année précédente, des quantités énormes de vin blanc et rouge entrent dans la cave de Laval. L'état de santé de Jarry se dégrade rapidement; il ne peut mener à bien aucun de ses projets (*Dragonne*, *Papesse Jeanne*, *Chandelle verte* — où il se propose de réunir un choix de ses spéculations, un autre roman). Au début de juillet, Jarry reçoit 100 francs de Thadée Natanson (qui avait dirigé *La Revue blanche* avec son frère Alexandre); cet « or polonais de nos trésors de Varsovie » lui permet de régler ses affaires avec son propriétaire de la rue Cassette qui lui a accordé un nouveau délai jusqu'au 15 juillet. Jarry est revenu de Laval le 6 juillet; le 8, extrêmement fatigué, il demande à Vallette de venir le voir rue Cassette; le 10 juillet, il reprend le train pour Laval. Le 29 juillet, Vallette lui déconseille formellement de venir au Tripode où l'attendent quantité de créanciers. Alexandre Natanson paie, en août, le terme du loyer de la rue Cassette. En septembre, Jarry annonce son retour à Paris pour le 23, mais en recule plusieurs fois la date. Dans les premiers jours d'octobre, Thadée Natanson et Octave Mirbeau lui envoient une assez forte somme. Jarry rentre à Paris le 7 octobre. Quelques jours plus tard il est « cloué à la chambre »; le 26 octobre, il sollicite de Thadée Natanson un demi-louis, voire un louis, afin de tenir une semaine, le temps, croit-il, d'achever *La Dragonne* qu'il promet à Fasquelle depuis plusieurs mois. Le 29 octobre, sans nouvelles de Jarry, Vallette et Saltas se rendent rue Cassette; Jarry est incapable de leur ouvrir la porte; ils font appel à un serrurier, trouvent Jarry dans un état si lamentable qu'ils le font transporter à l'hôpital de la Charité, 47, rue Jacob. Jarry est hospitalisé dans le service du professeur Henri Roger. Il meurt le 1er novembre 1907, à 4 h 15 du soir, d'une méningite tuberculeuse.

DOCUMENTS

SOUVENIRS DE LUGNÉ-POE

Lugné-Poe (1869-1940), directeur du théâtre de l'Œuvre, a publié ses mémoires en trois volumes (1931-1933) aux Editions Gallimard et un volume complémentaire et posthume (aux Editions du Sagittaire, 1946) sous le titre général de La Parade. Nous devons à l'amabilité des héritiers de Lugné-Poe de pouvoir ouvrir nos documents sur les pages consacrées à Jarry et à Ubu roi dans le volume II de La Parade intitulé Acrobaties (chapitre IX). On y trouvera de nombreuses lettres de Jarry à Lugné-Poe. Les lettres de Jarry, rarement datées, ne sont pas toujours citées par Lugné dans leur ordre chronologique; nous nous sommes efforcé de le rétablir. Des lettres importantes dont Lugné-Poe ne fait pas état ont été retrouvées ces dernières années; nous les insérons à la place qu'elles auraient dû occuper dans les souvenirs du directeur de l'Œuvre.

LE PÈRE UBU, SECRÉTAIRE-RÉGISSEUR!

Un mélancolique mouvement dans notre Administration s'était produit vers cette fin de saison. La gêne, longtemps persistante, en entraîna souvent bien d'autres. Une fringale nous tenaillait et l'os à ronger était ras comme un passe-lacet; il nous arriva même de grogner les uns après les autres et, exaspéré par les difficultés sans cesse renaissantes, je me montrais souvent acariâtre, exigeant, voire injuste avec mon entourage. Le bon van Bever[1] ne se sentit pas les forces de poursuivre; sa santé se trouvant compromise, il avait pris la campagne et s'efforçait de gagner sa croûte par des travaux plus paisibles, moins agités et... plus précis. Sa sortie ne s'effectua pas sans quelque nervosité de moi comme de lui.

Je cherchai le Maître-Jacques de notre cuisine.

Ma pensée tomba sur un être singulier entrevu parfois avec A.-F. Herold[2], qui m'était apparu très intéressé par l'Œuvre en même temps que par mes efforts en faveur de Wilde. J'avais remarqué les travaux de cet étrange personnage dans une revue intéressante: l'*Imagier*[3], où il signait Alfred Jarry. J'avais foi en lui et il excitait ma curiosité. Son regard de chouette, sa voix martelant les phrases sur deux notes, son érudition non étalée, avaient, dès novembre 1894, retenu mon attention. Je l'avais pisté au reçu d'un de ses numéros de l'*Imagier*, accompagné de la lettre ci-après qui me fit désirer le connaître.

Paris, le 30 octobre 1894.

Monsieur,

Je serais très heureux d'applaudir cette seconde année de l'Œuvre après vous avoir accompagné, de loin seulement, dans votre voyage septentrional sous les espèces du Bulletin où, avec les pages réservées à l'Œuvre, il y en avait quelques-unes du *Mercure* et de l'*Imagier*. Et je vous demande très instamment de ne point oublier dans vos services le susdit *Imagier*, dont je joins à ma lettre le numéro initial afin qu'il se présente lui-même.

Que ceci soit l'expression de toute ma sympathie d'art.

Alfred Jarry.

Rachilde et Franc-Nohain ont tous deux dessiné des portraits vivants et exacts de celui qui fut tout un temps secrétaire-régisseur de l'Œuvre et leurs croquis sont définitifs... il est impossible d'y reprendre ou d'y ajouter un trait. Jarry m'attirait, d'autre part, je savais qu'il travaillait à une pièce en vue de l'Œuvre; cependant, lorsque je le priai de prendre des fonctions chez nous, j'étais à mille lieues de m'imaginer le genre de pièce qu'il me préparait. Il se sentait attiré par le théâtre; même, nous confiait-il, il avait joué la comédie au collège avec ses camarades et avait réussi à faire jouer des marionnettes. Il me remit, puis il me retira un essai schématique d'imagination poétique : les *Polyèdres* [4]. Auparavant, il m'avait communiqué non achevé *Ubu roi* [5], que je ne savais par quel bout prendre pour le réaliser à la scène. Breton, mâtiné de Normand, Jarry feignit d'admettre mes objections après avoir commenté toutefois les heureuses perspectives d'une réussite.

8 janvier 1896

Cher Monsieur,

L'acte dont nous avions parlé vous sera porté à la date dite, soit vers le 20. Mais je vous écris d'avance pour vous demander de réfléchir à un projet que je vous soumets et qui serait peut-être intéressant. Puisque *Ubu roi* vous a plu et forme un tout, si cela vous convenait, je pourrais le simplifier un peu, et nous aurions une chose qui serait d'un effet comique sûr, puisque, à une lecture non prévenue, elle vous avait paru telle.

Il serait curieux, je crois, de pouvoir monter cette chose (sans aucun frais du reste) dans le goût suivant :

1° Masque pour le personnage principal, Ubu, lequel masque je pourrais vous procurer au besoin. Et puis je crois que vous vous êtes occupé vous-même de la question masques.

2° Une tête de cheval en carton qu'il se pendrait au cou, comme dans l'ancien théâtre anglais, pour les deux seules scènes équestres, tous détails qui étaient dans l'esprit de la pièce, puisque j'ai voulu faire un « guignol ».

3° Adoption d'un seul décor, ou mieux, d'un fond uni, supprimant les levers et baissers de rideau pendant l'acte unique. Un personnage correctement vêtu viendrait, comme dans les guignols, accrocher une pancarte signifiant le lieu de la scène. (Notez que je suis certain de la supériorité « suggestive » de la pancarte écrite sur le décor. Un décor, ni une figuration ne rendraient « l'armée polonaise en marche dans l'Ukraine ».)

4° Suppression des foules, lesquelles sont souvent mauvaises à la scène et gênent l'intelligence. Ainsi, un seul soldat dans la scène de la revue, un seul dans la bousculade où Ubu dit : « Quel tas de gens, quelle fuite, etc. »

5° Adoption d'un « accent » ou mieux d'une « voix » spéciale pour le personnage principal.

6° Costumes aussi peu couleur locale ou chronologiques que possible (ce qui rend mieux l'idée d'une chose éternelle); modernes de préférence, puisque la satire est moderne; et sordides, parce que le drame en paraît plus misérable et horrifique.

Il n'y a que trois personnages importants ou qui parlent beaucoup, Ubu, mère Ubu et Bordure. Vous avez un acteur extraordinaire pour la silhouette de Bordure contrastant avec l'épaisseur d'Ubu : le grand qui clamait : « C'est mon droit. »

Enfin, je n'oublie pas que ceci n'est qu'un projet à votre bon plaisir, et je ne vous ai parlé d'*Ubu roi* que parce qu'il a l'avantage d'être accessible à la majorité du public. D'ailleurs, l'autre chose sera prête et vous verrez qu'elle vaudra mieux. Mais si le projet ci-contre ne vous semblait point absurde, j'aimerais autant en être informé, pour ne point travailler à quelque chose qui ferait double emploi. L'une comme l'autre ne dépasseront point trois quarts d'heure de scène, comme nous en étions convenus.

A vous, avec l'assurance de toute ma sympathie pour votre entreprise qui m'a encore donné hier[6] une belle soirée d'art.

                                        Alfred Jarry.

Ubu et les *Polyèdres* s'associaient en maintes scènes : C'était de l'inhibition; je le fis remarquer à Jarry, il en convint et feignit d'abandonner la partie. L'*Imagier* ayant cessé de paraître, il fonda avec Remy de Gourmont[7] une autre revue, *Perhinderion* — revue iconographique comme l'*Imagier* —, et m'écrivit que les *Polyèdres* « n'étaient pas une chose extraordinaire »... n'étaient pas inédits entièrement et se ressentaient de la précipitation de la fabrication...

[*Nous publions ci-dessous l'intégralité de la lettre du 12 mars 1896 dont Lugné-Poe ne donne qu'un extrait :*]

12 mars [*1896*].

Je vous serais très reconnaissant si vous vouliez bien me faire envoyer des places pour l'Œuvre à *Perhinderion,* comme il se faisait pour *L'Ymagier;* d'autant que je ferai sans doute un compte-rendu. Ne sachant pas votre adresse nouvelle à ce moment, je vous ai envoyé un exemplaire sur papier jaune rue Turgot. Je pense qu'il vous a été remis : sinon je vous en ferai parvenir un autre.

Je me suis aperçu que *Les Polyèdres* [8] n'étaient pas une chose très extraordinaire, n'étaient pas entièrement inédits et se ressentaient de la précipitation de fabrication. Aussi j'aimerais autant moi-même qu'on ne s'en occupât pas, me réservant s'il me vient quelque chose que j'aime beaucoup, de vous le soumettre plus tard.

Cordialement à vous.

Alfred Jarry.

Si cela vous intéresse, je vous donnerai des renseignements sur des pièces allemandes un peu anciennes jamais traduites et quelques-unes d'un comique très voisin de *Ubu roi;* dont une par un auteur ivrogne célèbre en Allemagne [9].

[*La quatrième lettre jusqu'à présent recensée de Jarry à Lugné-Poe est du 11 juin 1896. Elle n'est pas reproduite dans les souvenirs du directeur de l'Œuvre.*]

Mon cher ami.

Je vous ai fait attendre un peu le paquet de lettres, mais il n'y avait pas de celles rentrant dans la catégorie *pressées.* L'annonce est remise à Fénéon pour le prochain n° de la *Revue blanche* et l'article [10] à Vallette pour ce n° du *Mercure,* avec un paragraphe court à propos du théâtre en plein air, pour que l'idée ne nous soit pas prise, s'il vous plaît (et au *Mercure*) de vous en occuper un jour.

Appris deux nouvelles adresses de libraires à Trou-
ville, en plus de celles données par Dujardin. Les ai
notées pour y envoyer des circulaires et vous retourne la
lettre. Il n'y avait rien dans les n^os de la *Revue
encyclopédique*. Il est venu un journal allemand qui
glorifie l'Œuvre : vous faut-il le texte ou que je vous
dise ce qu'il y a? N'ai point envoyé la carte routière,
pensant que vous n'aviez point votre bécane; mais un
mot et vs l'aurez par retour du courrier. Il est venu un
M. Dumont, qui m'a demandé de vous dire simplement
qu'il était venu; et un bonhomme des accessoires du
Casino de Paris. Leur ai répondu seulement que vous
étiez absent, car je vois qu'ils désiraient des finances.

Bien cordialement.

A. Jarry.

Faut-il vous retourner qqs livres, Jean Grave, etc.?
S'il y a des lettres auxquelles je puisse répondre ou
autres démarches, dites et je le ferai.

Jarry, entêté comme un mulet de son pays, me rapprochait
d'*Ubu* tout en flattant ma manie de vieilles pièces étrangères, etc. J'en vins donc à lui parler de possibilités de travail
en collaboration; quelques jours après, il m'écrivait :

[juin 1896 [11]]

J'ai reçu votre lettre avec retard par cause de voyage
en Hollande. Rentré hier, je suis à votre disposition
pour nos projets à l'Œuvre prochaine.

P.-S.   Je vous ai fait envoyer un *Ubu roi* ainsi que
Perhinderion n° 2.

Quelques jours après nous étions noués.

Dès ce moment, Jarry travaille avec nous.

Installé dans ses fonctions, il les prend au sérieux. En
costume de cycliste, sa tenue normale et régulière (lisez le livre
de Rachilde), Jarry m'aide en tout, et m'évite les obstacles.
C'est lui qui, lorsque je m'évade après le dernier spectacle pour
retrouver un peu de calme, occupe constamment notre bureau.

Il y vint même accompagné de lord Douglas [12] et de deux

autres jeunes bonshommes, ce que j'appris plus tard. Cela me contraria bien un peu, mais n'était-il pas de la maison?

Il ouvre le courrier et me l'envoie, élude les difficultés d'une façon fraternelle et avisée. Mieux, il organise la publicité de la saison qui vient.

Et toujours, il fait avancer le pion *Ubu*.

Enfin, quand la saison commence, il met à notre disposition sa propre bicyclette, pour aller relancer les abonnés. Un matin, il courut jusqu'à Marly pour secouer Victorien Sardou.

Victorien Sardou et Alfred Jarry face à face... Qui saura recomposer l'entretien?...

Relisons quelques lettres du Jarry d'alors!

29 juillet 1896.

Mon cher Lugné,

Je vous retourne tout ce qui est venu comme lettres et vous garde les enveloppes. Je crois qu'il est peut-être inutile de vous envoyer des factures, comme il en est venu du gaz, et qu'il suffirait de répondre que vous êtes absent : mais je voudrais votre avis. Dites-moi aussi s'il y a quelques-uns des journaux et revues qui viennent à l' « Œuvre » qu'il faudrait vous faire parvenir là-bas, ou si je dois tout déposer au 22 [13]...

Vallette me garde quelques pages du *Mercure* pour l'article de théâtre (acteurs et décors) ce mois-ci [14]. Il a reçu hier *Aglavaine et Selysette* [15]. Nous avons le temps d'en reparler, mais ne pensez-vous pas qu'il serait peut-être amusant, pour que tout soit nouveau quand on montera *Ubu*, de faire jouer Bougrelas par un gosse intelligent de l'âge requis et de réagir ainsi contre une tradition de travesti que personne n'a osé démolir depuis une phrase de la préface du *Mariage de Figaro?*

Cordialement à vous.

Alfred Jarry.

Je passerai rue Turgot tous les deux jours au moins. S'il y a une lettre qui ait l'air urgente, vous l'aurez tout de suite, sinon j'attendrai comme cette fois à en réunir plusieurs.

A. J.

[*Le post-scriptum qu'on vient de lire, donné par Lugné, est omis dans la Pléiade.*]

Samedi, 1er août.

Mon cher Lugné,

J'ai revu le secrétaire de Darzens[16] : il paraît que le petit fabricant chargé de la combinaison ne veut plus marcher avec un effet, et vous avez dû recevoir la lettre de Darzens au lieu de la bécane.

Quant à Dujardin[17], il a écrit devant moi aux adresses dans les villes d'eaux pour recommander et glorifier l'Œuvre, et j'ai fait partir ensuite bulletins et prospectus.

Je suppose que vous ne vous découragez pas pour deux désabonnements qui sont venus. Tout le monde s'accorde à trouver que le programme de cette année est incomparablement mieux que jamais. A vous de faire provision d'enthousiasme dans l'air coloré à l'espagnole de ce coin de Bretagne, pour que l'Œuvre s'installe définitivement cet hiver. Je vous aiderai du mieux que je pourrai, ayant confiance aussi.

S'il vient une lettre du comte Prozor[18], vous l'aurez avec précipitation.

Voici pourquoi j'ai confiance dans cette idée d'un gosse[19] dans le rôle de Bougrelas : j'en connais un à Montmartre qui est très beau, avec des yeux étonnants et des cheveux bruns bouclés jusqu'aux reins. Il a treize ans et est assez intelligent pourvu qu'on s'en occupe. Ce serait peut-être un clou pour *Ubu*, cela exciterait des vieilles dames et ferait crier au scandale certaines; en tout cas, ça ferait faire attention à des gens; et puis ça ne s'est jamais vu et je crois qu'il faut que l'Œuvre monopolise toutes les innovations.

Vous aurez le *Mercure* et la *Revue blanche* (et *Perhinderion*, que j'ai oublié je ne sais comment) et un *Ubu* sur papier de luxe et votre carte d'état-major; malgré ce retard de bécane, tout cela part avec ma lettre, mais étant donné le dimanche, les postes de Quimperlé vous les délivreront avec douze heures de retard.

Vous ai-je dit que Vallette agite dans le *Mercure* qui va paraître des idées de théâtre en plein air, une ou deux fois par an, dans un bois? D'ailleurs, je vous envoie ce *Mercure*. Il y aurait peut-être des choses étonnantes pour l'Œuvre et un public cycliste qu'on ferait payer jusqu'à la mort.

Cordialement à vous. Rappelez-moi au bon souvenir de Mlle Suzanne Desprès [20].

Alfred Jarry.

Mercredi soir, 12 août.

Mon cher ami,

Ma lettre (une grandissime enveloppe avec plusieurs timbres, se serait-elle arrêtée en route?) a croisé votre dépêche. Il est vrai que j'ai été indisposé un peu, mais je suis passé néanmoins fréquemment à l'Œuvre et s'il y avait eu une lettre urgente, je l'aurais retournée bien vite. Je préparais un autre envoi que voici : une lettre où il y a « personnelle » et un papier peu agréable.

Le concierge de la rue Turgot m'a demandé si le congé du local était sérieux ou non; j'ai répondu que vous ne m'aviez pas donné de détails là-dessus et que je n'avais point le droit d'en demander. Mais s'il faut lui dire autre chose, faites-le moi savoir et je n'y manquerai. Un mot aussi s'il faut envoyer la carte d'état-major.

Cordialement à vous,

Alfred Jarry.

[17] *août 1896.*

Mon cher Lugné,

Pas encore vu Mirbeau, peut-être parce que samedi était férié. S'il ne vient pas ce soir au journal, j'irai tout simplement à Carrières. Bien que la chose soit délicate, on peut prétexter, par une promenade à bicyclette, n'être pas venu exprès pour cela.

Autres commissions faites, mais pour le service du *Mercure,* Vallette me répond qu'il peut envoyer des numéros, mais pas inscrire officiellement au service, vu que tout marche maintenant administrativement et il n'est pas seul.

Venu plusieurs manuscrits : un d'un capitaine Cordier, le *Veau d'or*, ou d'un autre l'*Or* et un d'un initié de la *Fille d'Artaban* * qu'accompagne une lettre « personnelle » que je vous envoie. Faut-il envoyer aussi le manuscrit?...

Envoyé les livres (sur papier de luxe), de votre part, à Faguet et Bauër et un luxe à Mendès, parce que j'ai su qu'il glorifiait verbalement...

Pas encore vu venir d'abonnement des villes d'eaux.

Aussitôt récupéré *Peer Gynt*[21], je l'envoie, comme des lettres de Prozor, s'il y en a...

Cordialement à vous,

A. Jarry.

J'ai été dérangé hier et mercredi matin et n'ai pu mettre la lettre à la poste. Voici la vôtre. Je suis très enthousiaste de l'idée des mannequins et surtout des tailles décroissantes pour les ombres dans *Ubu*. Quant à *Peer Gynt*, j'irai demain matin trouver Mirbeau chez lui, tâchant d'avoir le manuscrit tout de suite.

[*Le post-scriptum de la lettre du 17 août se poursuit dans Lugné-Poe par les lignes suivantes, non reprises dans la Pléiade à cette date ni à aucune autre date. Ces lignes appartiennent peut-être à une lettre différente de celle du 17 août.*]

Pour le théâtre du Peuple, je n'ai jamais pensé non plus à un théâtre du peuple. Je n'en parle dans le *Mercure* et brièvement que pour qu'on ne nous vole pas l'idée d'un théâtre en plein air qui aurait sans doute, en plus large, le public de l'Œuvre. Mais, pour éviter toute confusion, je vais rajouter quelques mots sur les épreuves et les noms de Shakespeare et Eschyle.

Je passe à la *Revue blanche* ce soir pour voir si Fénéon[22] a idée de quelque autre réclame.

Cordialement,

A. J.

* L'auteur : Alfred Mortier.

[*On connaît une lettre du 21 août, laissée de côté par Lugné. Nous faisons de même : elle n'a pas de rapport à* Ubu.]

Mercredi matin

[*fin août 1896.*]

Mon cher Lugné,

Je pense que vous ne vous découragez pas et que nous allons monter *Peer Gynt*. Il est de ce drame comme de ceux de Shakespeare, qui gagnent à être montés d'une façon simple et même sordide et autrement ressembleraient au *Tour du monde en 80 jours* et autres pièces du Châtelet.

J'ai demandé à Fénéon de mettre comme réclame sur la couverture de la *Revue blanche* le petit cliché de l'Ibsen de Valloton, avec la liste des œuvres d'Ibsen antérieurement données par l'Œuvre.

Je vous envoie le double des épreuves de mon article du *Mercure*, qui n'est pas une théorie complète parce que j'ai pensé surtout à la mise en scène d'*Ubu*, et il sera bon que Mirbeau et Bauër en aient connaissance. Quant à Silvestre, il attend, paraît-il, à être plus près de la représentation, ce qui n'en vaudra que mieux.

Il y aura incessamment des épreuves de la pièce de Maeterlinck.

Je cherche les mannequins. Ce n'est pas très facile à trouver. Et j'entasse les manuscrits.

Cordialement à vous,

A. Jarry.

Mardi

[*début septembre 1896.*]

Mon cher Lugné,

Je m'excuse d'abord de vous avoir envoyé une lettre à Londres avec un simple timbre de trois sous : je ne m'en suis aperçu qu'après la mise à la boîte. J'espère qu'elle ne s'est pas, pour cela, égarée, car il y avait dans l'enveloppe une lettre d'Hauptmann.

Vallette a dû vous écrire pour vous demander des

détails sur la pièce de Gunnar Heiberg[23], dont lui a
écrit Prozor : Bauër et Mirbeau ont leur exemplaire de
l'article, étant au service du *Mercure*.

Je vous envoie la *Revue blanche* avec une nouvelle
annonce de l'Œuvre. Je n'ai pas été prendre le *Mercure*
au 22, rue Turgot, de peur de déranger Mlle Desprès,
mais je le lui demanderai à la première occasion...

Enfin vous allez revenir et on répétera *Peer Gynt*. Ce
sera le meilleur démenti à ceux qui disent que ce n'est
pas montable.

Bien cordialement,

Alfred Jarry.

*[La lettre suivante a été négligée par Lugné-Poe. Intéressante
parce que Jarry y met, une nouvelle fois, en avant ses relations au
Mercure.]*

[18 septembre 1896.]

Mon cher Lugné,

Je devais aller vous voir hier et je me suis oublié au
Mercure et aujourd'hui j'ai fait une excursion cycliste
avec A. F Herold compliquée d'accidents de machines,
il est 7 h et je pense qu'il est trop tard pour aller chez
vous. Je passerai demain sans faute vers 4 h. J'ai vu
hier Vallette, qui trouve l'article *très* bien et a fait
clicher le dessin. Bien cordialement à vous.

A. Jarry.

[11 octobre 1896.]

Mon cher Lugné,

Me suis heurté ce matin à des absences, peut-être
parce que dimanche et ne tiens guère à aller par cette
pluie à Marly. Tout cela est donc renvoyé à demain
matin. Vais voir si je peux faire une ou deux choses
avant 3 heures, ce qui sera plus profitable pour l'Œuvre
que de venir rue Turgot; si succès, je passerai ce soir;
sinon, à demain 1 h 1/2.

A vous,

A. Jarry.

Le paquet est parti pour l'imprimerie; les autres à la *Revue des revues*.

[*Ce post-scriptum (ou fragment d'une autre lettre?) ne figure pas dans la Pléiade.*]

[*13 octobre 1896.*]

Mon cher Lugné,

Pas trouvé S. D. hier; été ce matin chez V. S. [24] à Marly, lequel m'a fait dire (je venais de la part de l'Œuvre) qu'il serait à Paris dans huit jours et m'attendait : je pense donc que cela va. Viendrai peut-être ce soir, et demain matin verrai des gens.
A vous.

A. Jarry.

Voilà donc Alfred Jarry dans notre barque... il fait feu des quatre pattes comme nous... acteur... secrétaire... régisseur...

Mieux!... Il remanie la scène des trolls de *Peer Gynt* dont l'humour est si malaisé à suivre en français...

Il y dépense sa fantaisie. Qui mieux que lui pouvait être assez expert à ce jeu?... Enfin, il joue le vieux Dovre!... Il y fut « énaurme »!

QUATRIÈME SAISON

La quatrième saison de l'Œuvre s'ouvre avec Peer Gynt *d'Ibsen.* Ubu s'avance. *Jarry s'emploie personnellement à recruter les comédiens principaux d'*Ubu roi *et à les doter de tous les accessoires du Maître des Phynances. Les sept lettres présentées maintenant sont, à cet égard, fort précieuses. On comprend mal pourquoi Lugné-Poe les a éliminées de ses Mémoires.*]

Mardi 11 h.
[*Novembre 1896.*]

Mon cher Lugné,

Je ne peux pas venir aujourd'hui parce que comme cet article est une chose importante j'y ai travaillé encore toute la journée et ne peux le porter à F. qu'après déjeuner. Je vais tâcher pourtant de passer *ce soir* à l'Œuvre.

Reçu encore une foule de coupures. Ça va très bien. Vôtre.

A. Jarry.

P.-S.   Pourriez-vous envoyer directement à Vallette un mot afin que le petit du Mercure puisse récupérer les *Ubus* qu'a enfermés l'électricien du Nouveau Théâtre? On en vend et je vais en avoir besoin.

A. J.

[*17 novembre 1896.*]

Mon cher Lugné,

Étant passé au Mercure, j'apprends que vous avez vu Félicien M [25]. J'y devais passer demain matin avec un mot de S, et j'y irai tout de même pour voir si nous pourrons l'avoir demain à 4 h. J'ai revu le type pour cette affaire de l'Elisabèthan, je crois que ce sera difficile mais tout n'est pas perdu. Je revois ce soir Abd. [26] à la Capitale, si je ne la trouve pas je télégraphie pour qu'elle vienne demain à 4 h aussi comme elle l'a promis. Ne vous inquiétez pas si je ne viens peut-être pas avant minuit, j'ai trotté depuis ce matin et il sera prudent que je dorme si je dois recommencer demain jusqu'à la répétition. J'ai bien fait d'aller à 4 h au Mercure y ayant vu Descaves et quelques autres qui n'y viennent pas toujours. Mais ayez soin de Mme France dont je n'ai pas l'adresse. A vous.

A. Jarry.

[*17 novembre 1896.*]

Mon cher Lugné,

Je n'ai pu amener le type hier soir, mais il n'est pas impossible que l'affaire se fasse. Je le revois aujourd'hui. Je passe une partie de l'après-midi avec G[27], mais je crois que nous n'aurons demain que France et Abdallah. Je voudrais bien qu'on répète en tout cas.

Reçu une lettre d'une dame de mes amies qui demande deux places, payantes bien entendu, si on reprend *Peer Gynt*. Il sera plus politique *sûrement* de les lui donner, car il y en aura dix autres très riches qui s'abonneront et peut-être à des loges, tandis que je sais qu'elle n'a pas l'intention de s'abonner avant d'avoir vu un spectacle de l'Œuvre. A vous et à demain au plus tard 4 h.

A. Jarry.

[*29 novembre 1896.*]

Mon cher Lugné,

Je ne viendrai pas dans l'après-midi (les acteurs ne viennent pas d'ailleurs avant ce soir) parce qu'il faut que je tâche de voir Bans[28], à qui j'ai écrit pour le programme. Je viendrai un peu avant 9 h au théâtre et pourrai probablement amener Br[29] que j'ai revu.

A vous.

A. Jarry.

[*4 décembre 1896.*]

Mon cher Lugné,

Je suis arrivé en retard étant donné les quartiers lointains où j'ai dormi. Ai été directement (il était 9 h 20) vous attendre devant l'Odéon. Espère que ce sera bien passé. N'étant pas repassé chez moi, étais d'ailleurs fort sale et ç'aurait manqué de décorum. A cet après-midi ou ce soir 8 h 1/2. A vous.

A. Jarry.

[*6 décembre 1896.*]

Mon cher Lugné,

Je vois que Gémier va lâcher le rôle ne pouvant pas passer mercredi. Il serait très imprudent pour moi et aussi pour l'Œuvre de tout gâcher par cette précipitation. Je vous demande de me retarder de huit jours ou de ne pas jouer du tout.

A vous.

A. Jarry.

[*7 décembre 1896.*]

Mon cher Lugné,

On va apporter à partir de 2 heures à l'Œuvre un ventre en carton et osier et deux masques qui permettront de s'habituer au masque d'Ubu que ce fabricant ne m'aura livré qu'au dernier moment. Je crois qu'on doit payer tout de suite ledit ventre, qui coûte 6 frs, ce que   il y a 6 frs aussi des 2 masques   je n'ai pu faire étant actuellement sans phynances. Si ces objets ne sont pas démolis on nous les reprend à 30 % de perte. Il y a également un cheval à phynance qu'on peut livrer ce soir au Théâtre, et dont la location reviendrait à 30 frs, y compris la faculté pour nous de le peindre à notre gré. Mais il faudrait verser d'avance en cas d'accident le prix du cheval (100 frs), qui est grand comme un vrai cheval. Si vous ne voulez avancer cet accessoire, veuillez prévenir l'homme qui apportera le ventre de décommander le cheval, mais Gémier demande un cheval entier ou bien des chevaux-japons et nous avons intérêt à ce qu'il joue. A vous, et à 4 ou 5 h ce soir.

A. Jarry.

... *Peer Gynt* ayant triomphé, je devais tenir ma promesse à Alfred Jarry qui travaillait à l'Œuvre et lui jouer *Ubu*...

Mais Jarry traîne maintes histoires derrière lui; puis ses exigences d'auteur m'excèdent; j'ai tort, mais je suis pris de je ne sais quelle appréhension de l'effet d'*Ubu*... Ne vais-je pas un peu fort?... Trois jours après le succès de *Peer Gynt*, je m'en ouvre à Rachilde [30], l'amie de l'Œuvre.

Voyons!... m'écrit-elle, si vous ne sentiez pas un *succès* quand vous avez accepté cette pièce, pourquoi, vous, directeur de théâtre sachant de quoi se forme le succès, qui est, quelquefois, simplement un grand *tapage*, l'avez-vous prise?...

Moi, je ne suis jamais bien au courant de ce qui se passe parce que je vis très peu... et pas, surtout, dans nos sacrés milieux journalistiques, mais, cependant, j'entends dire et redire chez moi que toute la jeune génération, y compris quelques bons vieux aimant la blague, est dans l'attente de cette représentation.

Alors, qu'est-ce qu'il y a de cassé?...

Et après le succès de *Peer Gynt*, c'est le plus sage parti que de donner une œuvre extravagante, si vous la donnez tout à fait en guignol, surtout.

Mon pauvre Lugné, ne soyez pas comme ça *masque florentin* et ne faites pas, pour élever l'Œuvre, une vilaine action.

Serait une vilaine action, je pense, de manquer de parole à un auteur qui a tous les droits de compter sur vous.

Il ne s'agit pas peut-être d'un succès *idéal*, mais d'une drôlerie qui prouverait merveilleusement votre éclectisme, mieux que de jouer une bonne médiocrité comme j'en sais.

Poussez au *guignol* le plus possible, et, au besoin, j'ai cette idée depuis que je connais la pièce, faites relier vos acteurs (si possible) aux frises de votre théâtre par des ficelles ou des cordes, puisqu'ils sont de plus gros pantins que les autres.

Évitez la conférence! entre nous, je crois que ce serait dangereux parce que les bonnes pièces doivent pouvoir s'en passer, et surtout, les pièces drôles.

On n'a pas besoin de nous expliquer de quelle façon nous devons rire... nous le savons bien.

Maintenant, écrivez un petit mot à mon mari, c'est lui qui a de l'influence sur l'auteur et il pressera le jeune homme avec l'adresse qu'il faudra pour ce que vous voulez.

Oui, l'Œuvre doit s'élever...

... mais il y a un *Ibsen*..., et c'est même à mourir de chagrin qu'il ne puisse y en avoir qu'un!

Votre amie,

Rachilde.

Finalement, je m'attelle à *Ubu*, mais comme Jarry est animé d'une sorte de génie tourmenté, mille difficultés plus irritantes les unes que les autres naissent sous nos pas.

Pour la musique à composer, cela va tout seul, je trouve Claude Terrasse, beau-frère de Pierre Bonnard, qui lui-même nous aidera avec nos amis Vuillard, Lautrec, Sérusier, Ranson, aux décors, pour la mise en scène...

Les interprètes :

Gémier est tout indiqué; l'incarnation d'Ubu lui paraît d'une audace invraisemblable. Il hésite; à l'Odéon de Ginisty, il tient une place importante et craint que l'aventure Ubu la compromette. Après avoir accepté, il songe même à me lâcher; je tiens à lui, je le ramène par une jambe.

« Mon vieux, me déclara-t-il un soir à l'Odéon, je ne sais pas comment jouer cela.

Imite le parler de Jarry, sur deux notes, ce sera comique, ne crains pas d'insister, comme lui articule avec l'exagération du monsieur ou de l' " homais " sûr de son fait, machine à broyer les humanités!... »

Gémier doué d'une faculté d'assimilation étonnante, il ne lui en fallut pas davantage. Qu'on lui entrouvre une porte, il marche, vous dépasse, s'installe et triomphe. L'important, c'est de lui donner une clef qu'il puisse saisir : « La machine à broyer les humanités »... l'avait éclairé... Comment donc?... Allons-y... Pour Gémier c'est de la politique!...

Gémier, inspiré et gavroche, fut fêté; assez inconscient d'ailleurs, il nous donna l'impression que les choses d'alors lui étaient révélées. Un éclair traversa sa cervelle. Il s'identifia *Ubu*.

Louise France, dans la Mère Ubu, grasse à lard par la parole et le ton... grandit la réplique.

Jarry, lui, me jeta dans les dettes avec aveuglement; un matin, il me fit livrer quarante mannequins en osier, grandeur nature, me disant qu'après la représentation le marchand les reprendrait. Ces mannequins étaient ceux des nobles ou des bourgeois qu'Ubu dépouillait et qu'avec le « crochet à phynances » il précipitait dans la trappe... On dut vêtir ces quarante individus et ce ne fut pas non plus gratuit, on dut les loger. Quand le marchand d'osier vint après la représentation présenter sa facture   je les avais logés   je dus les payer! Des semaines et des mois les mannequins d'*Ubu* tinrent dans

nos locaux une place telle qu'on ne pouvait pas répéter sans
leur marcher sur les pieds; ils ne protestaient d'ailleurs pas et
me laissaient ce soin.

Mais la représentation?...

— Un scandale! — Il n'y a pas d'autre mot pour la
rappeler. Les premières répliques déchaînèrent le chahut; la
première est fameuse elle comporte six lettres (une de plus à
dessein!), elle n'en a pas cinq!

La salle, pleine à craquer, a été maintes fois décrite (10
décembre 1896). Des spectateurs s'en allèrent dès le début;
certains révoltés restèrent. Courteline, debout sur un strapon-
tin, criait : « Vous ne voyez pas que l'auteur se fout de
nous!... » Jean Lorrain, également furieux, s'enfuit [31]. On se
prit à brailler, à hurler, le compte rendu de Rachilde en a
donné un tableau très exact.

... Le rideau se leva sur un étrange décor; au fond, une
cheminée très modeste de marbre noir, avec feu allumé,
s'ouvrant à deux vantaux par le milieu, et cette cheminée
servait également de porte. Tout autour de la cheminée un
paysage neigeux plus ou moins polonais. C'était extravagant,
cauchemardant... Derrière la scène, dans la pénombre, Claude
Terrasse, aux cheveux crépus, debout, immense, dirigeait son
orchestre [32]; tendant l'oreille il essayait de distinguer l'action
d'*Ubu* se déroulant sous les huées, et avec sang-froid frappait
des cymbales de temps à autre, cela un peu au jugé, comme les
chiens attrapent les mouches.

Gémier, terrible, tour à tour injurié puis acclamé, sous son
masque en carton qui le gênait, imposa silence par une subite
gigue effarante qu'il dansa sans s'arrêter jusqu'au moment où
il tomba assis, sur le trou du souffleur, jambes ballantes
devant la salle! Ce fut la trêve. La salle, désarmée, lui fit
crédit... Il put achever.

Dès le lendemain, *Ubu* passa pour avoir été une grande
soirée et, depuis, cette répétition générale est restée dans les
annales du Théâtre.

Cette fois encore Gémier toucha quarante francs pour sa
création, Louise France autant; quant aux autres... quant à
nous... la misère! car la pièce ne pouvait être reprise, rien n'eût
pu se retrouver deux jours après de ce qui avait fait coïncider
l'au-point, le scandale, les inventions des interprètes, la
musique, etc. Cependant, un des faits les plus importants de

l'histoire théâtrale de l'époque s'était accroché; il eut une
lamentable répercussion.

J'ai dit quelle place tenait le critique Henry Bauër [33] à
l'*Écho de Paris* et la puissance de ses écrits. Henry Bauër avait
du cœur et du cran!... Jamais ni Octave Mirbeau [34], ni Catulle
Mendès [35], n'eussent marché en faveur de tel ou tel, si Bauër
n'avait pas été là pour les entraîner. Henry Bauër fut toujours
le premier à faire le « papier », la première chronique en
première colonne, en première page de l'*Écho de Paris*, celle
qui suscitait l'intérêt dans le public. Toutes les causes qui
eurent besoin d'un écrivain offensif pour déblayer la route ont
rencontré à point l'aide de Bauër qui se compromettait sans
hésiter pour Wagner ou le Théâtre Libre, Réjane ou Becque...
et pour combien d'autres! C'est entendu, on l'a dit et répété,
Bauër allait un peu à travers choux, mais il aidait, et Valentin
Simond, alors directeur de l'*Écho de Paris*, avait le grand
mérite de laisser à Bauër toute sa liberté. Mirbeau, doué de
plus de style que Bauër, aurait pu, s'il avait voulu, servir
certaines causes, mais il n'avait pas la hâte audacieuse,
téméraire de Bauër pour charger; on le vit bien dans l'histoire
d'*Ubu*, où, bien que se disant l'admirateur de Jarry, Mirbeau
lanterna pour en parler et ne le fit qu'après le spectacle.

Catulle Mendès, lui, n'avait pas la position d'Henry Bauër et,
dans ses chroniques, il ne prenait le train qu'à bon escient, avec
une subtilité telle qu'il gardait toujours une position de
retranchement.

Bauër s'était créé des jalousies et des inimitiés dangereuses,
d'abord celles de tous les critiques qui ne jouissaient pas de
son prestige; ces derniers guettaient l'occasion de jeter bas ce
puissant du jour. Jusqu'à *Ubu*, l'occasion ne s'était pas
trouvée, et Henri Fouquier [36], le critique du *Figaro*, écrivain
athénien d'infiniment de grâce et de ressentiment, à chaque
aventure qui laissait Bauër intact, pelotait en attendant la
partie; la partie fut *Ubu*.

Citons Mendès :

> ... Des sifflets? oui; des hurlements de rage et des
> râles de mauvais rires? oui; des banquettes prêtes à
> voler sur la scène? oui; des loges vociférantes et
> tendant les poings? oui; et, en un mot, toute une foule,
> furieuse d'être mystifiée, bondissante en sursaut vers la
> scène où un homme à la longue barbe blanche, au long

habit noir, qui sans doute représente le Temps, vient, à pas légers, accrocher une pancarte symbolique au manteau d'Arlequin; l'illusion des décors? oui; et les allusions à l'éternelle imbécillité humaine, à l'éternelle luxure, à l'éternelle goinfrerie incomprises? oui; et le symbole de la bassesse de l'instinct qui s'érige en tyrannie? oui; et le bafouement de la pudeur, de la vertu, du patriotisme, de l'idéal, surexcitant jusqu'à la bacchanale les pudeurs, les vertus, les patriotismes et l'idéal des personnes qui ont bien dîné? oui; et, par surcroît, les drôleries pas drôles, les grotesqueries désolantes, le rire ouvert jusqu'au macabre rictus des têtes de squelettes? oui; et, vraiment, toute la pièce ennuyeuse, sans qu'une explosion de joie, toujours attendue, y éclate? Oui, oui, oui, vous dis-je!...

Quelqu'un, parmi le tohu-bohu des huées, a crié : « Vous ne comprendriez pas davantage Shakespeare! » Il a eu raison. Entendons-nous bien : je ne dis pas du tout que M. Jarry soit Shakespeare, et tout ce qu'il a d'Aristophane est devenu un bas guignol et une saleté de funambulesquerie foraine; mais, croyez-le, malgré les niaiseries de l'action et les médiocrités de la forme, un type nous est apparu, créé par l'imagination extravagante et brutale d'un homme presque enfant.

Le Père Ubu existe.

Fait de Pulcinella et de Polichinelle, de Punch et de Karagueus, de Mayeux et de M. Joseph Prud'homme, de Robert Macaire et de M. Thiers, du catholique Torquemada, et du juif Deutz, d'un agent de la sûreté et de l'anarchiste Vaillant, énorme parodie malpropre de Macbeth, de Napoléon et d'un souteneur devenu roi, il existe désormais, inoubliable. Vous ne vous débarrasserez pas de lui; il vous hantera, vous obligera sans trêve à vous souvenir qu'il fut, qu'il est; il deviendra une légende populaire des instincts vils, affamés et immondes; et M. Jarry, que j'espère destiné à de plus délicates gloires, aura créé un masque infâme. Quant à l'abondance des mots ignominieux proférés par les protagonistes de cette œuvre inepte et étonnante, elle n'a point de quoi nous surprendre; il y a des moments de siècle où les dalles crevantes, les égouts, comme des volcans, éclatent et éjaculent...

Et maintenant voici quelques lignes du « direct » de Fouquier dirigé en plein « Bauër » :

> ... Il eût été extrêmement regrettable de ne pas tenir le public au courant de toutes les tentatives du théâtre « d'à-côté ». De ce théâtre d'à-côté est sortie une bonne douzaine d'artistes dont le talent est hors de conteste.
> ... Seul, aujourd'hui, me paraît devoir être retenu le nom de M. Gémier, de l'Odéon, prêté, pour cette « tentative d'art », complaisamment et peut-être imprudemment... S'il allait rapporter dans un théâtre d'État l'odeur du théâtre de l'Œuvre? Après tout, ça porterait peut-être bonheur à l'Odéon?
> Néanmoins, malgré la fatigue causée par une farce ennuyeuse à périr et l'écœurement d'une farce malpropre à souhait, la soirée d'hier m'est excellente, je le répète. En dépit des clameurs poussées par la bande trop aimable des esthètes aux cheveux frisés et des botticelliennes aux bandeaux collés sur les oreilles, le vrai public a fait justice et nous avons assisté à une véritable soirée de Neuf-Thermidor littéraire. Elle a, pour le moins, commencé à mettre fin à une sorte de Terreur qui régnait sur les Lettres. Le sifflet a, aux trois quarts, jeté bas un tyran symbolique que j'évoque sous les traits d'Ubu roi, à qui il ressemble par plus d'un côté. Comme lui, il est gros, tenant de la place, redoutable aux faibles, avide d'autorité, plein d'audace, faisant un bruit du diable dans le monde et voulant tout renverser et tout prendre. Ce tyran idéal, dont beaucoup subissaient le joug, est un composé de Jocrisse et d'Homais. Vide d'idées, mais gonflé,   tel l'Ubu ventru, – ce despote des esprits avait eu cette illumination de génie de comprendre qu'on peut se faire un empire en comptant sur la bêtise humaine. Il suffit de persuader à un troupeau d'imbéciles que tout ce qui est neuf ou réputé tel est supérieur, que tout ce qui est grossier est fort, que tout ce qui est obscur est profond, et que quiconque ne l'entend pas ainsi est un sot et un

arriéré pour que le troupeau obéisse, suive et acclame. Et, vraiment, depuis quelques années, ce tyran abstrait et impersonnel, cet Ubu littéraire terrorisait les snobs, et s'en faisait un état-major qui terrorisait à son tour la foule. Mais on a trop demandé à la complaisance du public et trop compté sur sa docilité. Il s'est fâché et ce n'est pas sans quelque joie que j'ai assisté à sa révolte !

La vérité fut que la situation d'Henry Bauër en quelques semaines s'écroula. C'était à croire que l'événement avait été attendu par tous ceux dont il avait servi la fortune. Sa nature généreuse, généreuse au-delà de la raison, de son intérêt de l'instant, le fit s'entêter. Il porta l'aventure d'Ubu seul, presque à bout de bras. Oui, *Ubu roi* fut un *désastre* artistique. D'aucuns diront : Oui, mais la *recette?*... La recette totale n'excéda pas 1.300 francs et nous devions nous montrer satisfaits ! On avait gratté, raclé sur tout ce qui avait été possible... pour un si minime résultat, battu le ban et l'arrière-ban, rétamé les poches des amis. — Allons ! disons qu'on avait crevé l'ânesse — Public et Journaux —, pour soulager l'âne Œuvre. Le public, outré, lâcha pied. Le public dit « d'avant-garde » est flasque et inconsistant.

Le grand public, en ces sortes d'aventures à Paris, ne participe jamais à la légende; mais des milliers de petits souvenirs, de traits qui subsistent, recueillis et que l'on ramasse, font qu'UN, qui n'assista pas au spectacle, raconte plus tard, avec détails et facilité, la bataille d'*Ubu*, les invectives entre spectateurs, et jusqu'aux menaces à Sarcey, et pour être renseigné et prouver qu'IL était là, UN les attribue à Courteline.

Pauvre Henry Bauër qui avait attendu ce moment-là pour l'*Œuvre* et qui sentit l'effondrement d'*Ubu*, avec, à ses côtés, ce soir-là, dans sa baignoire, Mme Jacquemin, peintresse peignant des yeux glauques ou des plantes mystérieuses et roussâtres, ou Mme G. Leblanc, car Bauër assistait toujours dans sa baignoire à nos représentations, flanqué de silhouettes féminines imitant Sarah la Grande, en caricatures.

Henry Bauër fut trahi par une salle de répétition générale au moins aussi bête que celles d'aujourd'hui. Il avait cru qu'il créerait l'atmosphère d'une telle « générale »; ne l'avait-il pas travaillée pendant des années? Le « papier » d'Henri Fouquier, qui puisait sa perfidie dans je ne sais quelle rancune, nous fit prévoir qu'Henry Bauër perdrait sa plate-forme de l'*Écho de Paris*. Déjà, quelques années auparavant, Antoine avait essayé de ruiner le critique de l'*Écho* en le stigmatisant complice de je ne sais quels marchandages. Le coup, pas neuf, ni propre, venu trop tôt, avait fait long feu; la bassesse de l'attaque n'avait alors surpris personne. Au soir d'*Ubu*, l'offensive, menée à l'italienne par Henri Fouquier, pressa, bouscula le critique, et les médiocres et les commerçants de théâtre sonnèrent l'hallali.

Quelques mois plus tard, Henry Bauër prit la critique de la *Petite République;* cette tribune ne pouvait être la sienne; il y fit figure d'ancêtre et ses chroniques ne portèrent plus. On le rencontrait transformé; en réalité il était amputé.

Pour moi, comme pour bien d'autres, auteurs, poètes, musiciens, la retraite d'Henry Bauër sonna la fin de maintes espérances. *Il faisait vivre* et non point mourir, et travailler le chercheur. Au soir d'*Ubu*, il chancela et chacun sentit l'atmosphère de régression qui allait empuanter la scène française.

Si *Ubu* eût pu, ce soir-là, s'imposer comme la pièce-type, la pièce révolutionnaire, comme on s'est aperçu qu'elle l'était depuis peu, bien des événements de théâtre eussent été autres. Où serions-nous? Qui a remplacé Henry Bauër? Personne.

LA BATAILLE D'UBU ROI
par *Georges Rémond*

La première d'*Ubu roi* était proche (novembre ou décembre 96, autant que je me rappelle). « Le scandale, disait Jarry, devait dépasser celui de *Phèdre* ou d'*Hernani*. Il fallait que la pièce ne pût aller jusqu'au bout et que le théâtre éclatât. »

Nous devions donc provoquer le tumulte en poussant des cris de fureur, si l'on applaudissait, ce qui, après tout, n'était pas exclu; des hurlements d'admiration et d'extase si l'on sifflait. Nous devions également, si possible, nous colleter avec nos voisins et faire pleuvoir des projectiles sur les fauteuils d'orchestre.

Par une injustice qui m'indigne encore aujourd'hui, les Maîtres-Fifis n'avaient pas été invités. Pour moi, j'eusse voulu les voir là, avec leurs bottes, et au premier rang. Ils y auraient fait de bonne besogne! Naturellement, le Père et la Mère Ernest furent conviés. Le Père Ernest accepta aussitôt, mais Mme Ernest déclara, en remerciant et en s'excusant « qu'à son âge elle n'allait plus dans le monde »!

Le grand soir arriva!

Le Père Ernest[1] avait revêtu la jaquette de ses noces cantaliennes, une cravate rouge, avec épingle, sans nulle allusion à ses opinions politiques, qui étaient réactionnaires. Il coiffait un chapeau cronstadt, de bon style.

Nos places étaient au balcon. Morand, Sior Carlo, Don Beppi, Fluchaire, Fontaine, Socard et moi encadrions le Père Ernest. Celui-ci, à la vue de ce balcon, de ces loges, de ces fauteuils, ne pouvait cacher son admiration : « Eh quoi! » s'exclamait-il, « tout ceci appartient à mon client Jarry? » Nous l'assurâmes « qu'il n'y avait pas à en douter ». C'est à ce moment, j'en suis sûr, qu'il décida de consentir à « Monsieur Alfred » un « œil » illimité.

Après les trois coups frappés, Jarry parut devant le rideau, très fardé, en chandail et sans faux col, s'assit devant une mauvaise table, à demi recouverte d'une sorte de serpillière, lut, ou plutôt bredouilla, d'une voix morte et de façon inintelligible, quelque chose d'aussi effacé que sa silhouette; et, sur le même ton, termina par ces mots : « la scène est en Pologne, c'est-à-dire nulle part ».

Cela n'était pas gentil pour les Polonais!

Aucune réaction! Pas d'applaudissements! Nul sifflet!

Ça commençait plutôt mal!

La toile se leva. Il n'y avait pas de décor. Un personnage à barbe et cheveux blancs interminables, « le Temps », que l'on nous dit être l'acteur Lugné-Poe, promenait un écriteau, décrivant appartements ou paysages, la steppe parcourue par les armées, couverte de neige, et hantée des ours.

Les personnages principaux portaient des masques dont le faux nez leur contractait les narines, de façon qu'ils eussent l'enchifrènement du rhume de cerveau qui fait dire « badame », pour « madame », « ibbonde », pour « immonde »; ou plus encore, l'accent, le hennissement puritain et claironnant des passagers du *May Flower*.

Mais, lorsque le premier mot de la pièce, le « Maître Mot », retentit dans la bouche du Roi Ubu, articulé et sonorisé par l' « r » de supplément, profondément embrené cependant par l'accent nasal, l'assistance, frappée à la poitrine et au nez, réagit comme un seul homme. Désormais les personnages s'agitèrent et parlèrent en vain ; le spectacle fut la salle même.

On entendait : « ouigre congre ! »   « mangre crochon ! » « sigre trrourr du crull »   « outre, bouffre »   « bouffresque ! » — « C'est sublime ! »   « C'est plus fort qu'Eschyle ! » — « Tas d'idiots ! vous ne comprendriez pas mieux Shakespeare ! »   « Vous avez sifflé Wagner ! » — « Silence aux petits pâtissiers ! »   (Ces petits pâtissiers, fervents de Déroulède, avaient, quelques années auparavant, joué un rôle décisif dans les manifestations contre *Lohengrin*.)   Dans une loge, un homme vêtu d'un justaucorps violet, barbe bleue, cheveux crespelés, très noir, lança, par deux fois : « Ohé ! les races latines ! ohé les races latines ! » Quelqu'un dit que c'était le Sar Péladan. Un autre assura que c'était Dorado   « Qui ça, Dorado ? » — « Le Roi des Incas ! » Au milieu de nous, Sosthène avait immensément grandi ; flamme ou démon, je me demandais comment un être si long avait pu dormir dans le ventre de sa mère et comment il se reploierait dans le tombeau ; allait-il pas, en attendant, crever le plafond ? Il proférait des menaces et des insultes en chinois et en arabe et de ses bras infinis en paraissait saupoudrer les fauteuils. Ceux-ci, exaspérés, menacèrent de « venir nous secouer les puces ». Mais les épaules formidables du bon tolstoïste burgunde Fontaine nous mettaient à l'abri de toute éventualité. Sior Carlo avait tiré du fond de ses paupières inférieures sa paire d'yeux noirs, malicieux et méchants, et les promenait sur la foule, regrettant seulement de ne s'être pas muni de petits cailloux ou noyaux, dont il bombardait si bien les crânes, les soirs de manifestations ; Fluchaire étendait et repliait les bras, en grimaçant et sifflant selon sa coutume, et comme s'il eût fait des haltères. Au milieu de nous le Père Ernest affleurait au balcon, comme à la terre de son Cantal une lame de granit bleu. Parfois il tendait vers la scène ses deux ailerons minéraux et de sa voix pétrée disait : « pourquoi ? pourquoi ? » Puis il reprenait la rumination de ses châtaignes natales. Je lui avais confirmé que tout cela appartenait bien à « Monsieur Alfred » — « Est-ce possible ? » répliquait-il. « Mais pourquoi ces cris, ce

tumulte? De quoi s'agissait-il? » Sans doute en était-il toujours
ainsi dans les réunions publiques. Il avait entendu dire que la
pièce parlait d'un Roi et aussi d'une guerre en Russie. C'était
donc là une affaire entre républicains et royalistes, dreyfusards
et antidreyfusards, partisans et adversaires de l'alliance russe.
Qui l'emporterait? On ne le saurait qu'aux prochaines élec-
tions! Mais, dédaignant ces questions secondaires, son visage
était tout à l'admiration pour son « client ». Et même quelque
gloire en rejaillissait sur nous.

Quelquefois, au milieu du vacarme, Gémier-Ubu venait
brusquement à la rampe et clamait le « mot ». Celui-ci, porté
par ses roues ou ses ailes sonores, s'étendait sur la salle comme
une gigantesque chauve-souris. Il en résultait une si forte
présence que le silence se faisait et que les applaudissements
éclataient, unanimes.

Le rideau tomba ainsi sur la fin du premier acte.

L'entr'acte fut assez calme. Nous nous efforcions de
reconnaître les écrivains, journalistes, ou hommes célèbres,
moins popularisés qu'aujourd'hui par la photographie : Catulle
Mendès, Henry Bauër, Edmond Lepelletier, Tailhade, Pela-
dan. Nous cherchions Francisque Sarcey pour le conspuer ou le
frapper, mais en vain!

Le vacarme reprit dès le début du deuxième acte, et l'on
comprit que la représentation n'irait pas beaucoup plus loin.
Certes, nous avions grand désir d'acclamer Cremnitz dans le
personnage de l'ours; mais il fallait renoncer à cette espérance.
Désormais nulle réplique ne pouvait être entendue. L'ire du
public avait grandi. La vague déferlante et la masse des
clameurs accablaient les acteurs. Il arrive un instant, dans le
typhon, où la boussole, chavirée, perd le sens des pôles. La
Mère Ubu tournoyait sur elle-même; j'entendis une voix lui
crier : « Tu es saoule, salope » et l' « extra » de Mme Ernest
voltigea sur la scène devant mes yeux : « u-ne-sa-lo-pe-de-
veau-pour-Monsieur-Jarry-u-ne! »

Gémier Ubu roi, majestueux, vint, une dernière fois, à la
rampe, leva, de dessus son noble visage, le masque en poire
triangulaire qui obturait son nez et, cette fois, d'une voix
claire, roulant comme le tonnerre et les tambours, impérieuse
comme celle d'Hercule entrant chez Augias clama :

« Merrrrdrrrrre. »

Puis, son masque à la main, déclara :

« La pièce que nous venons de représenter est de M. Alfred Jarry ! »

Et le rideau tomba pour ne plus se relever !

Il y eut quelques accrochages à la sortie, échange du « mot » et de quelques coups de poing, mais en somme plus de rigolade que de fureur. L'électricité s'éteignit, se ralluma. Les agents faisaient circuler, mais n'eurent pas à intervenir autrement...

Nous revînmes à pied jusqu'à la lointaine rue Saint-Jacques, en compagnie du Père Ernest. Il répétait sans cesse : « et tout cela, tout ce beau monde appartenait à mon client, Monsieur Alfred ! »...

Arrivés rue Saint-Jacques, il offrit une tournée générale de prunelle de Mme Ernest. Celle-ci ne nous avait pas attendus. Elle dormait, depuis longtemps, avec les anges du Cantal, et dans le Val de Grâce.

APRÈS UBU ROI

LETTRES D'ALFRED JARRY

à Henry Bauër [1]

Le 15 décembre 1896.

Mon cher Maître,

Il vous appartenait, après avoir découvert et annoncé *Ubu roi*, de remettre au point la compréhension des gens affolés après ce spectacle. Votre bienveillante chronique a fait naître les profitables polémiques qui suivent. Il est si amusant de voir la tête du mufle, amateur d' « esprit parisien » à qui on a présenté sa propre image sur la scène, laquelle eût mieux valu, comme vous l'avez excellemment dit, sans les coupures auxquelles nous a forcés notre insuffisante préparation.

Merci encore et pour l'Œuvre et pour moi du second article et du premier et du tout.

Croyez-moi votre respectueusement dévoué.

Alfred Jarry.

à *Catulle Mendès* [2]

15 décembre 1896.

Mon cher Maître,

Je vous remercie aussi infiniment que possible de ce que
vous avez bien voulu dire d'*Ubu roi*. Personne n'a su délimiter
aussi exactement ce qui était et n'était pas dans ce bonhomme
et définir ce que j'avais du moins tâché d'y mettre. Je suis
beaucoup plus heureux de votre bienveillance pour la pièce
que de tout ce bruit, que j'espérais à peine autour.

Croyez à ma respectueuse reconnaissance.

Alfred Jarry.

à *Henri Fouquier*

16 décembre 1896.

Monsieur,

Je me permets de vous adresser une réponse à vos deux
articles sur *Ubu roi*, non au sujet d'*Ubu roi*, ce qui serait d'un
intérêt limité, mais parce que vous avez soulevé plusieurs
questions extrêmement intéressantes sur les conditions du
théâtre, le public, l'anarchie de l'art, etc., et qu'il ne saurait
vous déplaire qu'on les discute.

Je compte sur votre bienveillante courtoisie pour l'insertion
de cette réplique [3], et vous prie d'agréer l'assurance de ma
profonde considération.

Alfred Jarry.

L'AFFAIRE UBU

LETTRE DE CHARLES MORIN À HENRY BAUËR,
DU 17 DÉCEMBRE 1896

Monsieur,

Puisque vous vous êtes amusé des faits et gestes de
M. Ubu, permettez-moi de vous donner sur le personnage

quelques détails inédits. M. Ubu existe réellement mais sous les espèces d'un énorme, inoffensif et pacifique bonhomme. Il a fallu l'imagination dévergondée de deux potaches, mon frère et moi, actuellement tous deux officiers d'artillerie, pour en faire le monstre sanguinaire, dépeint dans *Ubu roi*. Or, cette pièce, si pièce il y a, est notre œuvre commune, et Jarry, camarade de mon frère, l'a publiée après avoir simplement changé les noms de quelques personnages. A tout cela d'ailleurs nous ne voyons aucun mal, comme bien vous pensez[1]; mais ce que je tiens à vous faire savoir, c'est que j'ai encore entre les mains quelques manuscrits traitant du père Ubu, en vers cette fois[2], mais toujours dans la note sinistre et grotesque. Me permettez-vous de vous envoyer ces griffonnages incohérents? D'ailleurs la pièce la plus longue n'a qu'une trentaine de vers, ce sera vite lu. Si même, vous les jugez dignes de la publicité, la gloire du Père Ubu en sera certainement accrue mais naturellement, nous tenons, mon frère et moi, à garder dans tout cela le plus complet anonyme[3].

Veuillez agréer, monsieur, l'expression de ma considération distinguée.

Charles Morin,
Lieutenant au 15e d'artillerie,
Douai.

LETTRE D'HENRI MORIN À CHARLES CHASSÉ

Toulon le 13 mars [1921].

Cher monsieur,

Je vous retourne ci-joint votre manuscrit auquel j'ai joint quelques notes qui je l'espère vous intéresseront à titre documentaire. Vous m'excuserez de l'avoir gardé aussi long-temps. J'ai dû en effet m'absenter pour un voyage de quelques jours pendant lequel j'ai interrompu ce travail d'annotation qui m'a demandé quelque temps car je n'ai rien voulu avancer dont je ne sois certain.

Mais je voudrais encore insister sur ce fait que Jarry n'a jamais rien composé dans aucun des cycles ubiques. Il n'a même pas été le Malherbe qui apporte de l'ordre et de la mesure dans le chaos d'une production littéraire trop touffue.

Il a été seulement le metteur en scène de diverses œuvres qui étaient complètement achevées lorsqu'il en a eu connaissance, et en particulier *Les Polonais*. En matière ubuesque, Jarry n'a jamais rien inventé (sauf le nom) ni même rien composé. Dans ses œuvres postérieures à la représentation d'*Ubu roi*, il a démarqué quelques bribes d'anciens cycles qu'il connaissait d'ailleurs fort peu [1].

Et c'est tout.

Jarry cultivait d'ailleurs les images beaucoup plus que les idées. Le fond de son caractère était un penchant naturel à la mystification et un goût prononcé pour les antithèses violentes et le rapprochement des extrêmes. C'est ce goût qui conduit souvent à des rapprochements à la fois obscènes et sacrilèges, comme celui que vous citez [2].

En dehors de tout cela il était libertaire mais surtout en paroles. A coup sûr, il aimait peu tout ce qui était discipline et contrainte. Mais il n'aurait jamais été un apôtre ni un propagandiste par le fait. Il était libertaire dilettante et surtout parce que c'était la mode.

Il fut pendant tout le temps que je l'ai connu un excellent camarade, moqueur, mais jamais méchant   l'envie et la jalousie étaient des sentiments tout à fait inconnus de lui. Je suis persuadé que s'il avait vécu assez longtemps pour jeter sa gourme littéraire, il serait devenu un écrivain de réel talent.

Je ne sais pas si les atténuations que vous projetez pour votre rédaction dans le but de laisser subsister un voile   qui ne serait d'ailleurs que bien transparent   sur la vraie personnalité du P. H., n'auraient pas pour effet de diminuer la force et la précision de votre argumentation [3]. Ce que vous en dites   et dans les termes où vous le dites   ne peut je crois causer le moindre tort à personne, même à ce bonhomme s'il est encore en vie [4]. Car il est un côté de son caractère que vous ignoriez peut-être mais que nous connaissions parfaitement, c'est qu'il était quelque peu vain et glorieux   ses descendants avaient d'ailleurs hérité de ce travers   et jamais la réclame même de mauvais aloi ne fut considérée dans cette famille comme une offense. Vous êtes naturellement entièrement juge de ce que vous devez dire ou ne pas dire sur la vraie personnalité du P. H., mais je crois qu'à l'heure actuelle vos scrupules sont sans fondement.

Vous pouvez bien entendu faire de tout ce que je vous ai

écrit tel usage que vous jugerez convenable, et je serai toujours à votre disposition pour des explications complémentaires si cela était nécessaire. Faites bien ressortir, ainsi que vous en annoncez l'intention dans votre dernière lettre, que toutes les pièces ubuesques livrées par Jarry à la publicité l'ont été avec mon consentement[5]. Je ne me souviens même pas si j'avais consulté mon frère à ce sujet, la chose étant de peu d'importance et son sentiment m'étant connu d'avance.

Croyez cher monsieur à mes sentiments très dévoués.

Henri Morin.

Page 3. Discours de Jarry avant la première d'*Ubu roi*[6].

Cette théorie par laquelle certains pensent démontrer l'identité des contraires était chère à Jarry lorsque nous étions au lycée. Mais ce n'est pas seulement pour la développer devant son public qu'il prononça le petit discours que vous citez. C'est d'abord pour épater ledit public. Ensuite pour compliquer et obscurcir à ses yeux la trame d'*Ubu roi* qu'il savait être on ne peut plus simple et rudimentaire. Et pour cause.

Nous retrouvons toujours le même procédé employé dans le même but.

Page 4. Jarry n'était pas un prévoyant. Il n'avait pas calculé que son œuvre allait lui valoir d'innombrables questions et qu'il aurait à départager les gens donnant des interprétations divergentes. Il écrit pour cela les *Paralipomènes*. Il y présente Ubu comme type de l'anarchiste puisque ce type est à la mode du moment. Vous avez pu voir même que Ubu de par ses origines est exactement le contraire. Il est couard, sale et laid non pas parce qu'il est homme — mais bien parce que le modèle d'où nous l'avions dérivé nous avait paru tel.

Page 15. Au sujet de la vie privée du P. H.

Je m'associe entièrement à la déclaration de M. Guillaumin[7].

Le P. H. pour nous était un grotesque et rien de plus. Les innombrables histoires dont nous en avons fait le héros perdent dès le début du cycle ubique tout rapport réel avec le P. H. tel qu'il était connu à Rennes. Tout ce que nous avons échafaudé sur lui n'a aucun rapport avec sa vie réelle, laquelle était des plus honorables. Mon frère et moi nous n'ignorions pas autant que nos autres camarades ce qu'était la vie privée du bonhomme. Il appartenait ainsi que notre père à l'Université [8] et nous savions très bien qu'il trimait pour élever une famille de cinq enfants [9]. La mère Ubu était une très bonne mère de famille qui n'avait d'autre défaut que d'être passablement crampon et bavarde à l'excès. Tout en prenant le P. H. comme tête de turc nous aurions été navrés que nos fantaisies lui causent quelque tort. [...]

Page 18. Au sujet de l'originalité propre à Jarry.

Cette tendance à faire un usage presque continuel de l'ironie était déjà au lycée tout à fait caractéristique de la tournure d'esprit de Jarry. On chercherait en vain quoi que ce soit de semblable dans *Les Polonais* et même dans l'ensemble des cycles ubiques, œuvre primesautière de gamins imaginatifs ignorant profondément l'humour, l'ironie, choses trop compliquées pour leurs cervelles très neuves; pleines d'entrain juvénile et très sain, comme vous le dites justement.

Page 19. Au sujet du développement précoce de la sexualité chez Jarry.

Je puis confirmer sur ce point ce que vous a dit monsieur Philippot et affirmer que Jarry, qui avait seize ans lorsqu'il arriva au lycée de Rennes, n'avait à ce moment-là plus grand-chose à apprendre en matière sexuelle. Il possédait à fond un tas de bouquins où les divers sujets qui s'y rapportent étaient traités avec une précision médicale. Il abordait volontiers ces sujets et il en parlait en effet avec une extrême grossièreté. Je crois d'ailleurs que Jarry était incapable d'avoir un rapport correct avec une femme et je regrette d'avoir à dire que malgré sa belle intelligence il fut un érotomane un peu crapuleux.

Le respect de la femme était un sentiment qui lui était absolument inconnu dès l'âge de seize ans. Je me suis même souvent demandé comment, avec de telles habitudes de langage, il pouvait arriver à rester convenable devant sa mère et sa sœur — son père habitait à Laval où il avait ses affaires et de très bonne heure Jarry avait dû échapper complètement à la direction paternelle et rester quelque peu livré à lui-même.

Page 41. Au sujet des Salopins.

Leur origine se perd dans la nuit des temps les plus reculés du premier cycle. Ce sont d'abord de pauvres êtres déchus, sordides et chargés par le P. H. de tendre des embuscades où

tombent les rentiers. Plus tard lorsque grandit la puissance du
P. H. et son autorité sur les populations malheureuses les
salopins, devenus palotins [10], constituent une sorte de police
militaire chargée de remettre les cartes à phynances [11] aux
victimes du P. H. et de tirer la gidouille aux gens qui ayant
reçu la carte à phynances n'ont pas payé à la date indiquée.
Plus tard encore, ils deviennent des machines de caoutchouc
gonflées à l'air comprimé mais par des mécaniques et ils
constituent la redoutable armée du P. H. [12]. C'est alors qu'ils
chantent : « Nous boulottons par une charnière [13] » etc.

Page 43. Au sujet des *Cornes du P. Ubu* [14].

Plus j'examine la question et plus je me persuade que *les
Cornes du P. Ubu* n'ont jamais existé que dans l'imagination
de Jarry, à moins qu'il n'ait voulu parler des *Andouilles du
P. H.* Ce qui me le fait croire c'est que (je me souviens
maintenant de ce détail) la moitié au moins de cette très
ancienne pièce se passait dans l'intérieur de la Gidouille du
P. H. [15].

Le P. H. se trouvait grandement malade parce qu'il avait
absorbé beaucoup trop d'andouilles malgré les objurgations de
la M. H. et il fallait procéder à un nettoyage interne tel que celui
qui est décrit au 5e livre de *Pantagruel*. Est-ce une réminiscence? Je ne puis le dire car la pièce était du camarade Le Maux
et, comme je vous l'ai dit, plus haut, il avait tout lu. A
l'époque où elle fut composée nous ignorions encore l'immortel
auteur de *Pantagruel*.

Page 46. Pourquoi nous avons laissé subsister la mystification? Il y a d'abord les raisons que vous donne mon frère et
qui sont excellentes [16]. Il y a aussi celle que je vous ai donnée à
la note de la page 15. Et enfin celles-ci :

1° Pourquoi aurions-nous fait cesser une plaisanterie qui
pendant plusieurs années nous a permis de nous divertir
grandement au détriment du monde littéraire du temps? A
cette époque de notre vie, nous n'avions guère de considération que pour les sciences exactes. Croyez bien que ce ne fut
pas pour nous une mince satisfaction de voir patauger à fond
les Catulle Mendès, Henry Bauër et autres princes de la
critique du moment. Être seuls à le savoir augmentait encore
notre plaisir et je partage assez l'avis de mon frère lorsqu'il
vous dit que le succès d'*Ubu roi* donne la mesure de la Bêtise

d'une époque —. mettons qu'il y a eu autre chose et que c'est aussi un phénomène du moment — mais il y a eu aussi cela. Nous en avons profondément joui et mon Dieu! les satisfactions de l'existence ne sont pas tellement nombreuses qu'on sacrifie volontairement celles qui se présentent d'elles-mêmes.

2° Pourquoi et de quel droit aurions-nous voulu priver Jarry d'un élément de succès possible au début de sa carrière littéraire — au moment de la première représentation, il était certain que Jarry avait renoncé à l'École Normale[17] et à l'enseignement et qu'il cherchait sa voie dans la littérature. Puisqu'il escomptait ce succès, pourquoi chercher à le lui enlever, et d'ailleurs à quel moment? Avant ou après la première? Il suffit de réfléchir un instant pour se rendre compte que le geste eût été absurde dans un cas comme dans l'autre.

3° Enfin, ce qui clôt toute discussion à ce sujet, c'est que j'ai autorisé Jarry à faire jouer sa pièce et à tirer des *Polonais* tout ce que bon lui semblerait. A ses risques et périls naturellement. Car connaissant mal le public auquel il s'adressait, j'étais persuadé qu'il allait au-devant d'une épouvantable avalanche de pommes cuites.

Au sujet du cahier vert sur lequel furent écrits *Les Polonais*[18].

Je me souviens très bien de ce cahier — et du titre qui fut inscrit sur la première page. Ce titre était : *Les Polonais* — Tragi-comique. Pièce en cinq actes de MM. Charles et Henri M. — Auteurs de *La Bastringue*, de *La Prise d'Ismaël* et de bien d'autres ouvrages sur le P. H.

Vous trouverez dans ce titre la manière de certains auteurs de la fin du XVIIIe siècle qui jugeaient bon pour se recommander au public de rappeler dans une nomenclature sommaire leurs œuvres antérieures.

L'édition très ancienne de *Gil Blas de Santillane*[19] que nous possédions portait un titre rédigé de cette façon. Il a inspiré celui des *Polonais*.

NOTICES ET NOTES

UBU ROI

Des fins fonds d'où Ubu émergea, toutes nos connaissances reposent sur les témoignages des frères Charles et Henri Morin recueillis par Charles Chassé dans *Sous le masque d'Alfred Jarry (?)*. *Les Sources d'Ubu roi* (1921) et repris, avec quelques documents nouveaux, dans *Dans les coulisses de la gloire : d'Ubu roi au Douanier Rousseau* (1947).

De rares contemporains d'Alfred Jarry savaient qu'*Ubu roi* était une pièce « écrite au collège en collaboration avec deux camarades » (Alfred Vallette : notice nécrologique de Jarry dans le *Mercure de France*, décembre 1907). Jarry s'en est toujours affirmé l'auteur, et l'auteur unique : ce mensonge, si c'en est un, est impudemment soutenu dans *Les Paralipomènes d'Ubu*; certes, Jarry se garde de parler à la première personne ou d'user d'un pluriel de majesté qui eût été gros d'ambiguïté; cependant, nul lecteur de son temps n'aurait conçu « l'auteur » comme étant autre que lui-même.

Notre préface rappelle les circonstances d'écriture de la pièce *Les Polonais* (qui deviendra *Ubu roi*) et justifie son appropriation par Jarry, nous n'y reviendrons pas.

En revanche, il n'est peut-être pas indifférent de savoir de quel magma primordial sortaient *Les Polonais* et de quelle longue histoire du P. H. ils constituaient l'un des épisodes. Nous remonterons ainsi aux ante-prolégomènes d'Ubu.

Aujourd'hui encore, comme il l'avait fait pour notre *Alfred Jarry, d'Ubu roi au docteur Faustroll*, Jean Chassé veut bien nous autoriser à extraire du livre de son père, Charles Chassé, la reconstitution, d'après la tradition orale, des origines du P. H. écrite, de mémoire, par Charles Morin :

On peut voir encore aujourd'hui, dans le désert du Turkestan, les ruines d'une ville immense, qui fut, des milliers d'années avant notre ère, la capitale d'un grand empire, dont les derniers souverains identifiés par l'Histoire sont M. Dromberg I, M. Dromberg II et M. Dromberg III. La population de l'empire en question était composée d'Hommes-Zénormes. Sous le règne de M. Dromberg III naquit, sur les bords de l'Oxus, le P. H., résultat du commerce d'un Homme-Zénorme avec une sorcière tartare ou mongole qui vivait dans les joncs et les roseaux des rives de la mer d'Aral.

Caractéristiques du P. H. — Il naquit avec son chapeau forme simili-cronstadt, sa robe de laine et son pantalon à carreaux. Il porte sur le haut de la tête une seule oreille extensible qui, en temps normal, est ramassée sous son chapeau; il a les deux bras du même côté (comme ont les yeux, les soles) et, au lieu d'avoir les pieds, un de chaque bord comme les humains, les a dans le prolongement l'un de l'autre, de sorte que quand il vient à tomber, il ne peut pas se ramasser tout seul et reste à gueuler sur place jusqu'à ce qu'on vienne le ramasser. Il n'a que trois dents, une dent de pierre, une de fer et une de bois. Quand ses dents de la mâchoire supérieure commencent à percer, il se les renfonce à coups de pied.

N. B. On appelle ombilic le ou les points d'une surface où cette surface est coupée par son plan tangent suivant un cercle.

On démontre que :

1° Tous les points de la surface du P. H. sont des ombilics;

2° Tout corps tel que tous les points de sa surface soient des ombilics est un P. H.

Le P. H. fut baptisé à l'essence de pataphysique par un vieil Homme-Zénorme en retraite qui habitait une cassine au pied des montagnes de Chine et le prit pour garder ses polochons. (Les polochons étaient des animaux assez semblables à de gros porcs; ils n'avaient pas de tête, mais, en revanche, possédaient deux culs, un à l'avant, l'autre à l'arrière.)

Tous les ans, à la fonte des neiges, le P. H. emmenait son troupeau composé de 3 milliards 333 millions 333 mille 333 polochons paître dans les steppes entre la mer Caspienne, la mer d'Aral et le lac Balgatch; lui-même emportait sa nourriture dans une énorme poche qu'il traînait derrière lui au moyen d'une bretelle. A son retour, aux premières neiges, son parrain comptait soigneusement ses polochons, ce qui l'occupait pendant tout l'hiver.

Mais le parrain était très pingre au point de vue nourriture et, une année, en fin de saison, le P. H., se trouvant à court de subsistance, avait boulotté un des polochons. Il voulut faire croire à son parrain que ledit polochon avait été enlevé par une panthère; malheureusement, la queue du polochon était restée entre ses dents, ce qui le trahit. Aussitôt, le parrain envoya son polochon voyageur extra-rapide demander à M. Dromberg III de mobiliser les Hommes-Zénormes pour venir s'emparer du P. H., lequel s'était grouillé pendant la nuit et avait traversé les montagnes de Chine, derrière lesquelles il se croyait à l'abri.

Mais, dès le lendemain, il aperçut par-dessus les montagnes les silhouettes des Hommes-Zénormes; de suite, il prit chasse avec une telle vitesse qu'il passa dans une gorge trop étroite des monts Altaï et y laissa deux morceaux de sa robe de laine; en plus, sa gidouille fut fortement comprimée sur les côtés et il s'y forma deux méplats qui étaient encore visibles à la fin du XIXe siècle. Cependant il avait passé!

La foule immense des Hommes-Zénormes arriva au même défilé, dans une horrible pagaïe; ils s'écrasèrent tous les uns sur les autres, ceux de l'arrière poussant toujours, sans savoir pourquoi le mouvement s'arrêtait. Si on en croit Hérodote (Lib. III, chap. XII), le fracas des Hommes-Zénormes fut entendu de l'île de Ceylan.

Pendant que le P. H. continuait à fuir à travers la Mongolie, la Mandchourie et la Sibérie, le reste de l'armée des Hommes-Zénormes avait coupé court et retrouvé facilement sa trace à cause des marques laissées par ses deux pieds dans l'axe. Arrivé à la source du fleuve Anadyr, il rencontra le Diable à qui il vendit son âme s'il voulait le sauver. Le marché conclu et, au moment où il allait être croché par les Hommes-Zénormes, il piqua une tête dans le gouffre effrayant au fond duquel sont les sources de l'Anadyr et fut instantanément transformé en un petit poisson de cuivre. Il descendit le fleuve, passa la mer et le détroit de Behring, entra dans l'océan Glacial et fut pris dans la banquise au nord de *la Sibérie. Il y resta mille ans, conservé dans la glace. A la suite d'un hiver exceptionnellement doux, il put se dégager et continua sa route vers l'ouest et, aux environs du cap Nord, sentit les premiers effluves chauds du Gulf-Stream. Attiré par la chaleur, il descendit le long des côtes de Norvège, puis le pas de Calais et arriva à l'embouchure de la Seine.*

Là, pour le malheur de l'humanité, il eut l'idée de remonter le fleuve et fut finalement pêché par un bonhomme qui pêchait à la ligne près du pont du Louvre. Mais, à mesure qu'il sortait de l'eau, le P. H. reprenait sa forme première et le bonhomme, voyant surgir cet ignoble chapeau, ce mufle porcin et cette énorme gidouille, s'enfuit épouvanté. Le P. H. se débarrassa, non sans peine, de l'hameçon qui l'avait croché et commença incontinent la série de ses méfaits. Ceci se passait au XIVe siècle, sous le règne du roi Charles V.

Peu après, le P. H. fut reçu au bachot avec la mention très mal, par des professeurs terrorisés. Son seul bagage scientifique se composait de deux ou trois caractères cunéiformes qu'il essaya de reproduire tant bien que mal.

Ensuite, à la tête d'une bande de fripouilles commandée par le capitaine Rolando (travesti bêtement en Bordure par le jeune J...y), il s'empara du château de Mondragon dont il fit son repaire.

Puis, ce fut le voyage en Espagne, l'usurpation du royaume d'Aragon, le départ en Pologne comme capitaine de dragons, etc.

On a remarqué l'agacement de Charles Morin devant la transformation du capitaine Rolando en Bordure. La thèse des deux frères veut qu'*Ubu roi* s'identifie totalement aux *Polonais*, hormis les noms de quelques personnages : Ubu d'abord — et ce n'est pas rien — ultime altération du patronyme Hébert, et les Palotins (anciennement salopins) Giron, Pile et Cotice qui s'appelaient Don Juan d'Avilar, Don Pedro de Morilla et Don Guzman Alvarez. Selon toute vraisemblance, c'est au moment où il bâtit *César-Antechrist* (1895) « où tout est par blason », que Jarry baptise les Palotins de noms empruntés au vocabulaire de l'héraldique. La rancune égare Charles Morin; il s'imagine que Jarry a, tout seul, à Paris, dépouillé les personnages des *Polonais* de leur hispanité. En fait, Morin l'aîné avait quitté Rennes et cessé de collaborer à la geste hébertique quand Jarry et Henri Morin faisaient de

nos trois hidalgos les Palotins Quatrezoneilles, Merdanpot et
Mouchedgog (*Les Minutes de sable mémorial* et *Ubu cocu*) sur le
modèle rabelaisien des capitaines picrocholistes Merdaille,
Basdefesses, etc., et des cuisiniers Mouschelardon, etc., ou
encore à l'imitation des trois estafiers, soudards et filous dont
est flanqué Falstaff dans les *Joyeuses Commères* de Shakespeare : Bardolph, Nym et Pistol, ce qui, entre parenthèses,
tendrait à prouver que ni Rabelais ni Shakespeare n'étaient
inconnus des lycéens de Rennes malgré l'affirmation contraire
des frères Morin. En blasonnant les Palotins dans *César-
Antechrist* et *Ubu roi*, en les élevant de leur aristocratie trop
humaine, quoique imaginaire, au rang d'objets-symboles ou,
pour parler moderne, ici — pensons-nous — avec quelque
exactitude, au rang d'objets à fonctionnement symbolique,
Jarry leur rendait une noblesse, et dès lors immarcescible,
dont les dernières mutations rennaises les avaient destitués.
Quant à Bordure, Charles Morin n'a pas compris qu'il venait,
lui aussi, de l'héraldique. (Nous renvoyons à nos notes pour le
décryptage et la signification de ces noms.)

   Des *Polonais* de 1885-1887, dus à Charles et Henri Morin, le
manuscrit, d'une trentaine de pages d'un cahier d'écolier, est
perdu. Sa description (par Charles Morin à Charles Chassé) fait
douter qu'il ait pu contenir tout le texte d'*Ubu roi*. *Les
Polonais* de 1888, incontestablement joués à Rennes par Henri
Morin et Alfred Jarry, seraient donc déjà une version remaniée
et complétée pour la scène du court texte primitif. De ces
Polonais, très proches — on veut bien l'admettre, quoique
sans la moindre preuve — de notre *Ubu roi*, aucun manuscrit
ne nous est non plus parvenu. Le seul manuscrit de la pièce —
telle que nous la connaissons — passé en vente publique ne
présentait ni ratures ni surcharges et était une copie destinée à
l'impression. On a quelques raisons de penser (voir nos notes
aux souvenirs de Lugné-Poe) que Jarry a retravaillé *Les
Polonais* de 1888 pour en faire l'*Ubu roi* de 1896, tout
identiques qu'il les ait prétendus, mais nous ignorons les
retouches qu'il y aurait alors opérées, en plus de la transformation, assurément tardive, des Palotins en figures de blason.

   Si Ubu est présent dès 1894 dans *Les Minutes de sable mémorial* par d'anciennes scènes rennaises tirées d'*Ubu cocu* (dont
l'une, sous le titre *Guignol*, avait été imprimée — et primée —
par *L'Écho de Paris littéraire illustré* du 23 avril 1893, ce qui a

le mérite de fixer au plus tard à cette date la création du nom
d'Ubu), *Ubu roi* apparaît pour la première fois dans *César-
Antechrist*, achevé d'imprimer en octobre 1895, dont il
constitue l'« Acte terrestre » (publié d'abord dans *Le Mercure
de France* de septembre 1895) avec de notables coupures par
rapport au texte actuel : cinq premières scènes de l'acte I;
scènes III, IV, V et VII de l'acte II; scènes I et II de l'acte IV,
et, inversement, quelques phrases qui ne seront pas mainte-
nues dans la version définitive et diverses variantes.

La revue de Paul Fort, *Le Livre d'art*, donne l'intégralité
d'*Ubu roi*, en pré-originale, dans ses numéros 2 (avril) et 3
(mai) de 1896.

L'édition originale, aux Éditions du Mercure de France, sort
des presses le 11 juin 1896.

Une édition en fac-similé autographique, avec la musique de
Claude Terrasse, paraît, aux mêmes éditions, en 1897.

Le sous-titre « ou les Polonais », qui ne figure pas dans
César-Antechrist, apparaît dans *Le Livre d'art* et sera supprimé
de l'originale et des éditions postérieures.

Le programme du théâtre de l'Œuvre, lithographié par
Jarry, élimine également le sous-titre comme le fera en 1898 le
programme du Théâtre des Pantins (autre lithographie de
Jarry).

Après l'hésitation du *Livre d'art*, Jarry a décidément pris le
parti d'échapper à la matrice rennaise.

La pièce est créée par le théâtre de l'Œuvre, sur la scène du
Nouveau Théâtre, rue Blanche; elle sera jouée deux fois : le
9 décembre 1896 (répétition générale) et le lendemain 10 décembre (première). Cette brève carrière parisienne ne doit pas
surprendre : les spectacles de l'Œuvre, lors de leur création,
n'ont jamais plus de deux représentations dans la capitale; ce
sont les tournées qui assurent le plus clair des ressources de la
troupe, mais Lugné-Poe, mis sur le flanc (au moral et
dans ses finances, malgré la quasi certaine participation
de Jarry aux dépenses) par les deux soirées de la rue
Blanche n'emportera pas *Ubu roi* en tournée; d'ailleurs, il
rompra l'année suivante avec les symbolistes.

Firmin Gémier, pensionnaire de l'Odéon, est « prêté » pour
deux seuls soirs (voir conférence de Jarry). Les décors sont de
Sérusier et A. J., à s'en tenir au programme, mais Pierre
Bonnard, Toulouse-Lautrec, Vuillard, Ranson y auraient

collaboré. Jarry a dessiné les masques. La musique est de Claude Terrasse; l'orchestre   que le temps, et l'argent, a manqué pour recruter   se réduit à un piano.

L'édition autographique de 1897 donnera la *Composition de l'orchestre* qui était la suivante :

> *Hautbois*
>
> *Chalumeaux*
>
> *Cervelas*
>
> *Grande Basse*
> *Flageolets*
>
> *Flûtes traversières*
>
> *Grande Flûte*
>
> *Petit Basson*   *Grand Basson*
> *Triple Basson*   *Petits Cornets noirs*
>
> *Cornets blancs aigus*
>
> *Cors*   *Sacquebutes*   *Trombones*
>
> *Oliphans verts*   *Galoubets*
>
> *Cornemuses*
>
> *Bombardes*   *Timbales*
> *Tambour*   *Grosse Caisse*
>
> *Grandes Orgues*

On connaît par un document inédit, révélé dans le n° 3-4 des *Cahiers du Collège de 'Pataphysique* (22 haha 78 = 27 octobre 1950) le *Répertoire des costumes :*

Père Ubu. — *Complet veston gris d'acier, toujours une canne enfoncée dans la poche droite, chapeau melon. Couronne par-dessus son chapeau, à partir de la scène* 11 *de l'acte II. Nu-tête à partir de la scène* vi *(acte II).* — *Acte III, scène* 11*, couronne et capeline blanche en forme de manteau royal... Scène* iv *(acte III) grand caban, casquette de voyage à oreilles, même costume mais nu-tête à la scène* vii*. Scène* viii*, caban, casque, à la ceinture un sabre, un croc, des ciseaux, un couteau, toujours la canne dans la poche droite. Une bouteille lui battant les fesses. Scène* v *(acte IV) caban et casquette sans armes ni bâton. Une valise à la main dans la scène du navire.*

Mère Ubu. — *Costume de concierge marchande à la toilette. Bonnet rose ou chapeau à fleurs et plumes, au côté un cabas ou filet. Un tablier dans la scène du festin. Manteau royal à partir de la scène* vi*, acte II.*

Capitaine Bordure. — *Costume de musicien hongrois très collant,*
· *rouge. Grand manteau, grande épée, bottes crénelées, tchapska*
à plumes.

Le Roi Venceslas. — *Le manteau royal et la couronne que portera*
Ubu après le meurtre du roi.

La Reine Rosemonde. — *Le manteau et la couronne que portera*
la mère Ubu.

Boleslas, Ladislas. — *Costumes polonais gris à brandebourgs,*
culottes courtes.

Bougrelas. — *En bébé en petite jupe et bonnet à* [deux mots
effacés].

Le Général Lascy. — *Costume polonais, avec un bicorne à*
plumes blanches et un sabre.

Stanislas Leczinski. — *En Polonais. Barbe blanche.*

Jean Sobieski, N. Rensky. — *En Polonais.*

Le Czar ou l'empereur Alexis. — *Costume noir, grand ceinturon*
jaune, poignard et décorations, grandes bottes. Terrifique
collier de barbe. Bonnet [mot rayé : *pointu*] *en forme de cône*
noir.

Les Palotins très barbus, houppelandes fourrées couleur merdre;
en vert ou rouge à la rigueur; maillot.

Cotice. — [mot rayé : *maillot*].

Peuple. — *En Polonais.*

M. Fédérovitch. — *Id. Bonnet de fourrure au lieu de tchapska.*

Nobles. — *En Polonais, avec manteaux bordés de fourrure et*
brodés.

Magistrats. — *Robes noires, toques.*

Conseillers, Financiers. — *Robes noires, bonnets d'astrologues,*
lunettes, nez pointus.

Larbins des Phynances. — *Les palotins.*

Paysans. — *En Polonais.*

L'Armée polonaise. — *En gris avec fourrures et brandebourgs. Au*
moins trois hommes avec fusils.

L'Armée russe. — *Deux cavaliers : costume semblable à celui des*
Polonais, mais vert avec bonnet de fourrure. Têtes de chevaux
de carton.

Un Fantassin russe. — *En vert, avec bonnet.*

Les Gardes de la Mère Ubu. — *En Polonais, avec hallebardes.*

Un Capitaine. — *Le général Lascy.*

L'Ours. — *Bordure en ours.*

Le Cheval à Phynances.   *Cheval de bois à roulettes ou tête de cheval en carton, selon les scènes.*

L'Équipage. — *Deux hommes en marins, en bleu, avec col rabattu, etc.*

Le Commandant.   *En officier de marine français.*

Ubu roi a été monté deux fois sous la direction de Jarry lui-même : sur la scène de l'Œuvre en 1896 et en marionnettes au Théâtre des Pantins en janvier 1898. Le Théâtre des Pantins s'était ouvert en décembre 1897, au 6 rue Ballu, dans le vaste atelier attenant à l'appartement du musicien Claude Terrasse. Nous avons pu retrouver le texte d'*Ubu roi* soumis à la Censure théâtrale en vue de la représentation aux Pantins. Par les mains de Georges Roussel, directeur du théâtre et frère du peintre Nabi K. X. Roussel, Jarry confie à la Censure un exemplaire complet (avec la couverture) de l'édition originale de la pièce; le censeur coche en marge les passages à modifier; Jarry rend l'exemplaire à la Censure quelques jours plus tard avec les intéressantes propositions suivantes (tous les passages entre crochets sont biffés par le Censeur) :

> *Remplaçons le 1er mot par*
>   [*Sangsurdre*]
> [*ou par*]
>   — *Dre*
> [*ou par Mais...*]
> [*ou nous le supprimerons entièrement.*] *et, de toute façon, l'avons supprimé dans tout le reste de la pièce, partout où il se trouvait.*

Ce texte, écrit à la mine de plomb, doit être postérieur aux ratures jarryques et surcharges à l'encre qui entourent le premier « Merdre » de la pièce. Jarry, suivant le conseil du Censeur, avait remplacé « Merdre » par « Sangsurdre » puis par « Gidouille », puis par « Dre », puis par rien.

Ces suppressions successives semblent annoncer l'inaugural silence d'*Ubu enchaîné.*

Ces modifications ont pour conséquence 1° de remplacer le « Merdre » inaugural par « Dre »; 2° de supprimer tous les « merdre » interjectifs (ou leurs composés : « bougre de merdre » et « Oh! merdre » (acte I, scène i); « grosse merdre » (acte I, scène iv); « sac à merdre! » (acte V, scène i); ou des formules de civilité comme « Madame de ma merdre... » (acte III, scène VII) qui se réduit à « Madame »; 3° de substituer au mot « merdre » le mot « gidouille » dans les expressions : « croc à merdre » (acte III, scène VIII); « garçon de ma merdre » et « gare au croc à merdre » (acte IV, scène III); « sabre à merdre » (acte IV, scène IV); de lui substituer le mot « physique » dans « voilà le sabre à merdre » (acte III, scène VIII); le mot « oneilles » dans « chargez-vous du ciseau à merdre » (acte IV, scène III); le mot « bougre ! » au mot « merdre » (acte V, scène I).

Nous nous devons de faire un sort particulier au « Merdre » capital de l'acte I, scène VII, qui est le signal donné par Ubu aux conjurés pour massacrer le roi Venceslas. Fidèle à son engagement vis-à-vis de la Censure, Jarry n'hésite pas à faire dire au Père Ubu : « Je tâcherai de lui marcher sur les pieds, il regimbera, alors je ne lui dirai rien, et à ce signal vous vous jetterez sur lui. » On ne peut s'interdire de comparer ce silence du Père Ubu (qui remplace le « Merdre » hurlé de l'acte II, scène II, du texte original) au refus du Père Ubu de prononcer le mot, malgré l'invitation de la Mère Ubu, au tout début d'*Ubu enchaîné.*

Le dossier de la Censure contient une version de la *Chanson du décervelage* de la main de Claude Terrasse. Cette version se remarque par l'absence du cinquième et dernier couplet (qui peut s'expliquer par la disparition de la seconde feuille de la copie), par deux variantes : au sixième vers du deuxième couplet, « on s' flanque des coups » au lieu d' « on s' fiche »; au septième vers du quatrième couplet, « une gigantesque *merde* » au lieu de « merdre »; enfin et surtout par le titre *Tudé* que Jarry n'a jamais employé personnellement (voir nos notes aux *Paralipomènes*) et qui est le titre de la chanson écrite au lycée de Rennes par Charles Morin avant l'arrivée de Jarry et dont la primitive version a été révélée par Charles Chassé, *op. cit.*

Respectueux des traditions de l'édition critique, nous publions ici le texte d'*Ubu roi* sur la dernière édition parue du vivant de l'auteur, à savoir l'édition de 1900 aux Éditions de la Revue blanche, intitulée *Ubu roi/Ubu enchaîné/Comédie.* Si tant est que la définition du genre porte sur les deux pièces, pour la première fois Jarry présente *Ubu roi* comme une comédie. On observera aussi que la graphie *Ubu roi* avec un r minuscule singularise cette édition par rapport aux éditions précédentes. La même année, aux mêmes Éditions de la Revue blanche, le volume sort sous le titre *Ubu enchaîné précédé de Ubu roi*, sans que nous ayons pu déterminer avec une certitude suffisante pour nous en prévaloir auprès du lecteur, laquelle des deux éditions fut antérieure à l'autre. Seules les différencient couverture et page de titre; le texte est identique (voir notre notice d'*Ubu enchaîné*).

Le texte se distingue de l'édition originale de 1896 aux Éditions du Mercure de France par la suppression du sous-titre : « Drame en cinq actes en prose restitué en son intégrité tel qu'il a été représenté par les marionnettes du Théâtre des Phynances en 1888 »; par quelques variantes signalées en note; par une disposition typographique nouvelle des indications scéniques et surtout par l'apothéose finale d'Ubu au moyen de la *Chanson du décervelage;* ignorée dans l'édition de 1896 et à la représentation du théâtre de l'Œuvre, elle terminait la représentation d'*Ubu roi* au Théâtre des Pantins en janvier 1898; *Les Paralipomènes* nous l'avaient révélée sous le titre de *Valse* et elle appartenait (voir notice à ce sujet) aux lointaines pièces hébertiques qui devaient aboutir à *Ubu cocu*.

NOTES

Page 28.

1. Cette indication est évidemment absente de l'édition originale qui a précédé de plusieurs mois la représentation de la pièce. Le comédien Nolot jouait les deux rôles du Tsar Alexis et de Bougrelas; Lugné-Poe les deux rôles de Michel Fédérovitch et d'un Messager.

Page 29.

2. Édition originale : Ce livre / est dédié /...

Page 30.

3. Le nom d'Ubu proviendrait d'une des contractions du nom d'Hébert : Ébé. A Rennes, la *Chanson du décervelage* se terminait au refrain par « Hurrah, cornez au cul, Vive le Père Ébé. » Henri Morin aurait posé comme condition de son legs à Jarry des pièces hébertiques le camouflage du nom du

professeur Hébert, insuffisamment déformé en Ébé. Par l'effet de la rime intérieure du dernier vers de la *Chanson du décervelage*, Ubu se serait substitué à Ébé. Hypothèse vraisemblable puisqu'on peut déceler cette germination à l'acte V, scène II quand la rime à « financier » amène Ubé et non Ubu (« Vive le Père Ubé, notre grand financier! »); et hypothèse séduisante, qui ferait d'Ubu un pur produit poétique.

4. Le nom de Bordure, comme ceux des trois Palotins (Giron, Pile et Cotice), est étranger à la geste primitive (voir notice d'*Ubu roi*). En termes de blason, la bordure est une pièce en forme de ceinture qui environne tout l'écu (il y a des bordures de poil : bordures de vaire, d'hermine...); le giron est un triangle à pointe longue qui s'enfonce au cœur de l'écu (la comparaison anatomique qu'en propose l'*Encyclopédie* de Diderot est intéressante : « Ce mot signifie à la lettre l'espace qui est depuis la ceinture jusqu'aux genoux, à cause que quand on est assis les genoux un peu écartés, les deux cuisses et la ligne qu'on imagine passer d'un genou à l'autre, forment une figure semblable à celle dont nous parlons. »); la pile est un pal qui s'étrécit depuis le chef pour se terminer en pointe dans le bas de l'écu; la cotice est une bande diminuée parallèle à d'autres bandes, et quand la cotice tient lieu de brisure on la nomme bâton. L'explication « sexuelle » des blasons n'est nullement moderne. De très vieux héraldistes étaient parfaitement conscients des origines des figures et de leur signification (la citation de l'*Encyclopédie* en est un exemple, on pourrait en fournir d'autres). Au temps de Jarry, l'homme qui avait pressenti le parti qu'on pouvait tirer de l'héraldique dans la création poétique et picturale était Remy de Gourmont. Quand Jarry écrit *César-Antechrist* et en invente les écus (dont nos Palotins d'*Ubu roi*), il est au plus haut période de son amitié et de sa collaboration avec Gourmont. Il reste que les quatre figures du blason retenues par Jarry sont particulièrement évocatrices : la bordure représente le sphincter (comme Orle — autre figure de blason — dans *César-Antechrist*); les trois autres le membre viril.

5. Dans le *Programme d'Ubu roi* (voir p. 337), on peut lire, au deuxième paragraphe : « Fort tard après la pièce écrite, on s'est aperçu qu'il y avait eu en des temps anciens, au pays où fut premier roi Pyast, homme rustique, un certain Rogatka ou

Henry au gros ventre, qui succéda à un roi Venceslas, et aux trois fils dudit, Boleslas et Ladislas, le troisième n'étant pas Bougrelas; et que ce Venceslas, ou un autre, fut dit l'Ivrogne. Nous ne trouvons pa› honorable de construire des pièces historiques. »

Ce texte est, au moins, énigmatique puisque, tout en affirmant qu'il se préoccupe peu de la vérité historique, Jarry montre cependant qu'il a cherché des renseignements sur l'histoire polonaise. Nous voulons donc, ici, établir les rapprochements, souhaitables pour le lecteur (puisque l'on sait par Charles Chassé que ces noms sont d'invention jarryque), entre les personnages d'*Ubu roi* et les personnes historiques qui portèrent ces noms.

On connaît plusieurs rois *Venceslas*, mais tous sont bohémiens et non polonais. Citons d'abord saint Venceslas (907-936), duc de Bohême, nommé roi par l'empereur allemand Othon, et qui mourut sous les coups de son frère Boleslas. Les autres rois Venceslas furent respectivement Venceslas II (qui occupa le trône de 1300 à 1305) et son fils Venceslas III qui mourut assassiné en 1306, l'année même de son accession au trône. De plus, il existe bien un Venceslas dit « l'Ivrogne » (né en 1359, mort en 1417), mais il fut empereur d'Allemagne et roi de Bohême.

L'histoire dénombre, en revanche, plusieurs rois de Pologne appelés *Boleslas* (ou Boleslav). D'abord Boleslas Ier dit « le Vaillant » (roi de 992 à 1025), fils du premier roi de Pologne connu et fondateur de la famille des Piast : Mieszko; ensuite Boleslas II « le Hardi » (roi de 1058 à 1080); enfin Boleslas « Bouche-Torse » (roi de 1102 à 1138), lequel eut quatre fils qui se partagèrent la Pologne.

Quant aux rois *Ladislas*, s'il en est plusieurs en Hongrie, la Pologne, elle, n'en compte que deux : Ladislas Herman (roi de 1081 à 1102) et Ladislas Lokietek, c'est-à-dire « le Bref » (roi de 1309 à 1333). Ainsi, il y eut bien des Ladislas et des Boleslas rois de Pologne. Un seul Venceslas régna sur la Pologne; ce fut Venceslas II, roi de Bohême et de Hongrie, élu roi de Pologne en 1300 par le parti opposé à Ladislas Lokietek, mais ce dernier reprit le trône après la mort de Venceslas en 1305 pour être universellement reconnu roi de Pologne en 1309. Pour être complet, il existe encore un autre roi Venceslas de Pologne, mais il faut aller le chercher dans une pièce de théâtre, celle de Rotrou, ainsi intitulée, où « l'action se passe à Varsovie » et dans laquelle on découvre un Ladislas, fils de ce roi.

On sait par Charles Chassé que, dans la version primitive, Boleslas et Ladislas s'appelaient Constantin et Vladimir et qu'ils étaient censés représenter les deux fils de monsieur Hébert.

Bougrelas est une création de Jarry. Voir dans sa correspondance avec Lugné-Poe son insistance (vaine) pour faire jouer le rôle par un splendide enfant de quatorze ans, coqueluche des jeunes esthètes (dames et messieurs) de Montmartre.

La formule de Jarry « Nous ne trouvons pas honorable de construire des pièces historiques » doit être reconsidérée maintenant au regard de ces informations biographiques. En effet, pour ne pas faire de pièce historique, il n'est pas nécessaire de ne pas prendre de personnages historiques. Au contraire, en en prenant, qui appartiennent à des siècles très différents, et en les mélangeant volontairement, on arrive aussi sûrement à cet effet d'irréalité qui peut faire devenir l'œuvre d'art « éternelle tout de suite ».

6. Aucune Rosemonde polonaise n'est connue. Les Rosemonde historiques, la reine des Lombards comme la maîtresse de Henri II d'Angleterre, mises à la scène plusieurs fois l'une et l'autre — et le plus près de Jarry la Rosemonde anglaise dans l'opéra de Donizetti (1834) donné en France avec succès —, ont en commun une existence tragique, faite de traîtrises, d'assassinats, d'emprisonnements et de fuites.

7. Le général Lascy — qui n'est pas seulement imaginaire — est Grand Palatin du roi de Pologne dans l'opéra-comique de Chabrier : *Le Roi malgré lui* (créé en 1887 à la veille de l'entrée de Jarry au lycée de Rennes). On trouve aussi le général Lascy dans le *Don Juan* de Byron. Au dire de Charles Morin, c'est là qu'il aurait été pêché. Historiquement prénommé Pierre, le comte Lascy, feld-maréchal russe (1678-1751), passa au cours de sa carrière militaire au service de la Pologne à qui il fit gagner la bataille de Poltava (1709).

8. Stanislas Leczinski, roi élu de Pologne, puis destitué, réfugié en France, devenu duc de Lorraine et beau-père de Louis XV.

9. Jean Sobieski, roi de Pologne, si gros qu'au cours d'une bataille contre les Turcs ses aides de camp durent le soutenir,

évanoui, sur son cheval. Une sorte de Père Ubu. L'anecdote
est rapportée par Brillat-Savarin, *Physiologie du goût*, Méditation XXI, où Jarry a pu la rencontrer.

10. L'empereur Alexis et Michel Fédérovitch sont fort liés
puisque le premier est fils du second. Michel Fédérovitch fonda
la dynastie des Romanov et régna, de 1613 à 1645, sous le nom
de Michel III. L'empereur Alexis lui succéda, et régna
jusqu'en 1676.

Page 31.

11. Le mot serait de création rennaise, si l'on fait crédit aux
frères Morin. Jeu d'enfants sur un mot frappé d'interdit? Il
existe, non loin de Rennes, une localité nommée Merdrignac. Le
mot, avec son r adventice, fonde à jamais et signale le Père
Ubu ; il est son « mot de passe » (*Ubu roi*, acte I, scène VII).
Qu'il ne le prononce pas (début d'*Ubu enchaîné*), et il renonce
à sa souveraineté. Dans l'édition originale, Merdre est suivi
d'un point d'exclamation.

Page 33.

12. Allusion aux aventures du P. H. dans les textes rennais
précédant *Les Polonais* (témoignage de Charles Morin). Jarry,
qui a pris soin d'ôter à ses personnages leur nationalité
espagnole, conserve curieusement cette allusion, totalement
incompréhensible pour les lecteurs et les spectateurs d'*Ubu roi*.

Page 37.

13. Ce mot n'a pas livré tous ses secrets. Selon les frères
Morin, Rastron était le surnom d'un de leurs condisciples,
Ange Lemaux, qui habitait rue du Chapitre (*cha* appelant *ra!*).
Nos recherches ne nous apprennent rien de semblable. Ange
Lemaux habitait avenue du Mail d'Onges (son père fut
correcteur, puis comptable — et non typographe comme le dit
Charles Morin — à l'imprimerie Oberthür). De plus, dans
L'Amour absolu, Jarry place Rastron à côté de Rakir parmi les
jouets que fabriquait — et nommait — Emmanuel Dieu tout
enfant, bien avant Rennes et la rencontre d'Ange Lemaux.

Page 39.

14. Charles Morin nous convainc aisément — même en
notre époque de détergents — qu'il s'agit du balai des
cabinets.

Page 43.

15. Jurement qui découle — de source   de jarnicoton et de jarnidieu, attestés chez tous les familiers des Valois.

Page 45.

16. Cornemuse dans Rabelais (*Gargantua* et *Le Cinquième Livre*). Bouzine, avec boudouille et gidouille, désigne le ventre d'Ubu. Gidouille viendrait de guedouille, lui-même issu de guedoufle (bouteille pansue dans Rabelais). Pour Rabelais dans Jarry, consulter généralement François Caradec : *Rabelais dans l'œuvre de Jarry*, *Cahiers du Collège de 'Pataphysique*, n° 15 (23 clinamen 81 = 1953). Depuis longtemps, la désinence « ouille » est, en français, dépréciatoire (une dépouille, chanter pouilles, etc.) et désigne souvent, de ce fait, ce qui est « au-dessous de la ceinture ». L'andouille, fréquente dans Rabelais et dans Ubu, est à ce titre exemplaire : elle condense la merdre et le phallus.

Page 47.

17. Dans un diplôme d'études supérieures, non publié (*L'Originalité du langage théâtral dans Ubu roi*, 1966-1967), Paul Jacopin a comparé les textes de *Macbeth* et d'*Ubu roi*. Cette réplique de Bordure serait à rapprocher de la réplique du soldat dans *Macbeth*, acte I, scène II. Autres rapprochements : *Ubu roi* I, I : *Macbeth* I, III; *Ubu roi* III, VIII : *Macbeth* V, III. Cité par Henri Béhar : *Jarry, le monstre et la marionnette*, Larousse, 1973.

Page 50.

18. Authentique ville de Pologne.

Page 54.

19. Dans l'édition originale, on lit : « Qu'est cela? » « Dégaînons », avec l'accent circonflexe, est une faute courante chez Jarry.

Page 58.

20. Comme nous y invite opportunément Michel Arrivé (Pléiade, p. 1158), il convient d'entendre la déploration de la reine Rosemonde prononcée avec l'accent du Cantal! (Voir le programme d'*Ubu roi*, p. 337.)

21. Peut-être réminiscence d'*Hamlet* (acte I).
22. Dans l'édition originale : Königsberg.

Page 70.

23. La Machine à décerveler, qu'on a pu remarquer dans la liste des personnages, n'intervient à aucun moment de la pièce. En revanche, elle se manifeste dans l' « Acte terrestre » (scène VII) de *César-Antechrist* tout juste avant la réplique du Père Ubu; les indications scéniques précisent : « Dans le sous-sol la Machine à décerveler » :

> *Bruit souterrain : Pétrissant les glottes et les larynx de la mâchoire sans palais,*
> *Rapide, il imprime, l'imprimeur.*
> *Les sequins tremblent aux essieux des moyeux du moulin à vent.*
> *Les feuilles vont le long des taquins au vent.*
> *La mâchoire du crâne sans cervelle digère la cervelle étrangère*
> *Le dimanche sur un tertre au son des fifres et tambourins*
> *Ou les jours extraordinaires dans les sous-sols des palais sans fin.*
> *Dépliant et expliquant, décerveleur,*
> *Rapide il imprime, il imprime, l'imprimeur.*

Page 71.

24. *Pigner* est un terme encore très usité dans l'Ouest de la France. Il s'applique d'ordinaire à un enfant qui « pleure pour rien »; il signifie « pleurnicher ».

Page 76.

25. Première et unique mention de la famille d'Ubu dans *Ubu roi*. Cette allusion au prolifique père de famille Hébert se retrouve dans *Ubu cocu*.

Page 77.

26. Ce jurement fameux du Père Ubu associe le « cornez-au-cul » de la lutte bretonne (mal compris de Jarry) et de la

Chanson du décervelage à la gidouille. On peut s'offrir le luxe d'y voir une sexualisation du ventre ubique. Ubu en colère, le ventre exacerbé, deviendrait taureau.

27. Jarry donne à ce bouseux le nom du roi de Pologne le plus célèbre de notre histoire.

Page 79.

28. Édition originale : Ubu.

Page 82.

29. Édition originale : conseillers de phynances.

Page 83.

30. Les chiens à bas de laine sont dressés à détrousser les rentiers. Ce thème appartient à la geste primitive du P. H.

Page 84.

31. Pocher signifie ici enfermer dans la pôche du Père Ubu. Le P. H. du lycée de Rennes traînait toujours derrière lui une sorte de gibecière.

Page 86.

32. Le P. H. originel portait une petite canne. Jarry restera sur ce point fidèle au prototype : le Père Ubu, dans ses portraits d'apparat dessinés par Jarry, se présente avec une canne enfoncée dans sa poche.

Page 87.

33. Dans l' « Acte terrestre » de *César-Antechrist* (scène XII), cette réplique du Père Ubu commence par une longue évocation des Palotins, où se mêlent curieusement des images rennaises et des réminiscences maldororiennes :

Ubu : Nos Palotins sont aussi d'une grande importance, mais point si beaux que quand j'étais roi d'Aragon. Pareils à des écorchés ou au schéma du sang veineux et du sang artériel, la bile financière leur sortait par des trous et rampait en varicocèles d'or ou de cuivre. Ils étaient numérotés aussi et je les menais combattre avec un licou d'où pendaient des plombs funéraires. Les femmes avortaient devant eux heu-

reuses, car les enfants nés leur seraient devenus semblables. —
Et les pourceaux coprophages vomissaient d'horreur. — Ah!
maintenant..., etc.

Page 90.

34. Dans l'édition originale, la liste des personnages de cette
scène s'arrête à : « soldats ».

Page 92.

35. Emprunté à Rabelais.

Page 93.

36. Le bâton à physique est attesté dès le lycée de Rennes.
Attribut du P. H. parce que, sans doute règle, ou tringle, ou
verge (comme disent les dictionnaires) dont se servait le
professeur de physique Hébert dans ses démonstrations. (A
rapprocher aussi du « petit bout de bois », voir note 32.) Qu'il
ait eu dès cette époque un « contenu sexuel » est fort
vraisemblable (on peut compter sur des adolescents de quinze
ans pour fourrer du sexe un peu partout!), mais Jarry lui
donnera sa vraie dimension panspermique dans *César-Ante-*
christ : vertical, le bâton à physique est mâle (ou pal);
horizontal, femelle; il est Moins-en-Plus, le sexe et l'esprit,
l'homme et la femme. Par sa rotation, il forme la sphère, il est
l'œuf et le zéro, c'est-à-dire Ubu. Très tôt, dans *L'Art littéraire*
de mai-juin 1894, Jarry définissait le bâton-à-physique, avant
d'en faire le personnage de *César-Antechrist :*

Du Bâton-À-Physique :

Phallus déraciné, ne fais pas de pareils bonds! Tu es
une roue dont la substance seule subsiste, le diamètre du cercle
sans circonférence créant un plan par sa rotation autour de son
point médian. La substance de ton diamètre est un Point. La
ligne et son envergure sont dans nos yeux, clignant devant les
rayures d'or et vertes d'un bec de gaz palloïde.

Le cycle est un pléonasme : une roue et la superfétation
du parallélisme prolongé des manivelles. Le cercle, fini, se
désuète. La ligne droite infinie dans les deux sens lui succède.
Ne fais pas de pareils bonds, demi-cubiste sur l'un et l'autre
pôle de ton axe et de ton soi! Le cavalier t'étreint (suspendu s'il

le désire, à la Cardan entre tes côtes — laissons le disque quelques siècles encore aux accessoires et à l'homme) et tu poursuis la succession de tes équilibres momentanés, dans le sens du mouvement (si le spectateur est à ta droite, et encore ta droite est ta gauche dans la deuxième moitié de ta course) des aiguilles d'une montre.

Tu concilies le discontinu de la marche et le continu de la rotation astrale; à chaque quart de chacune de tes révolutions (qu'on la mesure d'où l'on voudra) tu fais une croix avec toi-même. Tu es saint, tu es l'emblème bourgeon de la génération (si cela était pourtant, tu serais maudit, Bourgeois), mais de la génération spontanée, vibrion et volvoce dont les images gyroscoposuccessives révèlent à nos yeux, hélas trop purs, la scissiparité, et qui projettes loin des sexes terrestres le riz cérébral de ton sperme nacré jusqu'à la traîne où les haies d'indépendantes pincettes des chinois Gastronomes illustrent la Vierge lactée.

Page 96.

37. Réminiscence des historiques paroles de Guillaume Ier à Sedan en 1870.

Page 99.

38. La pôche du Père Ubu se distingue d'une poche ordinaire par l'accent circonflexe.

Page 104.

39. *Lumelle* signifie lame dans Rabelais (*Le Cinquième Livre*). Se retrouve dans la *Chanson du décervelage*.

40. Cette scène, inspirée de la scène II du deuxième intermède de *La Princesse d'Élide* de Molière, fut supprimée lors de la création d'*Ubu roi* au théâtre de l'Œuvre.

Page 107.

41. En son sens premier : réciter des *Pater noster*.

42. Voir la note 12 de la lettre d'Henri Morin, page 528.

Page 111.

43. La ressemblance entre Bordure et l'ours se comprend par le *Répertoire des costumes*. Le même acteur aurait dû interpréter les deux rôles.

44. Intéressante création verbale, qui est à la fois une condensation de « Mère Ubu » et un jeu de mots sur rebut.

Page 112.

45. Gironné, en héraldique, signifie « divisé en plusieurs parties ».

Les relations amoureuses du Palotin Giron et de la Mère Ubu seront plus explicites dans *Ubu sur la Butte*.

Page 113.

46. Le rixdale est une ancienne monnaie d'argent en usage dans l'Est et le Nord de l'Europe.

47. Parodie d'*Andromaque* (acte V, scène v).

Page 119.

48. Le Père Ubu ne manque aucune occasion de nous faire part de ses connaissances, très particulières, du latin. Voir précédemment acte IV, scène vi, et *Les Paralipomènes d'Ubu*.

Page 121.

49. Édition originale : Vive...

Page 123.

50. On rapprochera cette tirade de celle d'*Ubu cocu* (V, 11). La première version d'*Ubu roi*, dans l' « Acte terrestre » de *César-Antechrist*, ne contient rien de l'actuel acte V. De plus, Charles Morin affirmait à Charles Chassé que son acte V était bâclé. Or cet acte est aussi long que les quatre autres, et la scène 1 de cet acte est la plus longue de la pièce. Enfin, la *Salomé* d'Oscar Wilde fut jouée au théâtre de l'Œuvre les 10, 11 et 12 février 1896. On pourrait y voir la source de cette « décollation de saint Jean-Baptiste », thème infiniment plus symboliste que potachique !

Page 129.

51. Les ruines du château de Mondragon achèvent de s'écrouler près d'Arles. Souvenir d'enfance des frères Morin originaires du midi de la France, comme *tuder* viendrait d'eux et du provençal *tudar*.

52. Le palotin Pile avoue ainsi son sang espagnol (que nous

connaissons par Charles Morin). Voir aussi, acte IV, scène VI, l'évocation de la Castille par le Palotin Cotice.

Page 130.

53. Ici se termine le texte de l'édition originale.

54. Ce texte se chantait à Rennes sur l'air de la *Valse des Pruneaux*, paroles de Villemer-Delormel, musique de Charles Pourny. On connaît par Charles Chassé l'original ubique de ce texte, intitulé *Tudé*. On notera, comme principales variantes : « Ru' d' l'Échaudé » au lieu de « A Thorigné » (commune peu éloignée de Rennes). Le mot Palotin a remplacé le mot Salopin.

De plus, Jarry transcrit « Hurrah! cornez-au-cul... » par « Hourra, cornes-au-cul... ». Or l'expression « cornez-au-cul » fait référence à l'une des figures de la lutte bretonne : le coup de coin du cul.

La paroisse de Toussaints est située au cœur de Rennes. L'église même de Toussaints jouxte le lycée. La rue du Champ-de-Mars relie les quais de la Vilaine au Champ-de-Mars.

Le Mercure de France était alors installé au 15 rue de l'Échaudé-Saint-Germain, dans le 6e arrondissement; il y resta jusqu'au premier trimestre de l'année 1903; il s'installe alors rue de Condé (cf. notice d'*Ubu cocu*).

A Rennes, la chanson comprenait six couplets, Jarry n'en donne que cinq. Il a réuni des éléments des couplets 3 et 4 de la version rennaise pour former le couplet 3 de sa version.

Charles Chassé désigne le Pince-Porc et le Démanche-Comanche comme les instruments de supplice employés par les Salopins. Dans ses *Visions actuelles et futures*, Jarry cite le Pince-Porc dans l'inventaire de ses « malthusiennes machines » : « Ainsi chantâmes-nous ce jour-là, où nous ne parlâmes point de nos malthusiennes Machines, ni de l'Autoclave, ni de la Digitale, NI DU PINCE-PORC. »

UBU COCU

NOTICE

De toutes les pièces du cycle ubique, *Ubu cocu* est certainement celle qui pose le plus de difficultés quant à l'établissement du texte, dont il existe deux versions de la main exclusive de Jarry et une troisième refabriquée de nos jours avec divers fragments authentiques mais épars. (A la réflexion, il est presque inquiétant qu'*Ubu roi* ne soulève aucune interrogation de cette sorte.) La datation des deux versions magistrales d'*Ubu cocu* est, elle aussi, fort malaisée. Le lecteur est donc averti que nous entreprenons une exploration périlleuse. S'il veut bien nous suivre un peu, il comprendra vite que son embarras n'a d'égal que le nôtre, et que notre mérite — qu'il partage — est de tenter de nous en sortir, lui et nous. Notre éditeur a la bonne grâce d'admettre que les seules questions intéressantes sont celles qui n'ont pas trouvé de solution.

Nous distinguerons le « thème » d'ubu cocu (titre imprimé en capitales) du texte d'*Ubu cocu* qui désignera la version publiée en 1944 aux Éditions des Trois Collines, par les soins de François Lachenal, sur le manuscrit appartenant alors à Paul Éluard; nous nommerons *Les Polyèdres*, l'état supposé du texte qu'on peut dégager d'un manuscrit acquis par le libraire Matarasso; et *L'Archéoptéryx*, la version considérée comme complète publiée par Michel Arrivé dans le tome I des *Œuvres complètes* de Jarry, telle qu'elle a été remarquablement reconstituée par Jean-Pierre Giordanengo.

Le « thème » nous est parvenu sous une triple forme, qui est même quadruple, comme on va le voir : nous possédons d'abord le texte d'*Onésime ou les Tribulations de Priou*, qui date de l'époque rennaise; nous connaissons ensuite *Ubu cocu;* nous avons enfin le texte de *L'Archéoptéryx*. Mais ce texte est double. Jarry a voulu établir, en effet, un texte définitif à partir d'une version plus ancienne mais, pour notre malheur, s'est contenté de recopier du primitif manuscrit les passages par lui changés. Or, s'il est possible de savoir, d'après l'écriture, quels passages Jarry a laissés intacts, il est impossible de savoir dans quelle mesure les passages réécrits (ou, comme dit Littré, récrits) ont été modifiés ou, plus simplement, ajoutés. De plus, ubu cocu nous est également et devrions-nous dire : primordialement connu par la pièce de 1893 intitulée *Guignol*, reprise dans *Les Minutes de sable mémorial*, et par *Les Paralipomènes d'Ubu*, texte publié le 1er décembre 1896, quelques jours avant la première d'*Ubu roi*.

Jean-Hugues Sainmont et Maurice Saillet, puis Michel Arrivé, avaient établi une chronologie de ces différentes rédactions d'ubu cocu. Résumons cette chronologie, en nous reportant aux deux articles patristiques de J.-H. Sainmont : « Occultations et exaltations d'Ubu cocu » et « Rennes, visions d'histoire » (*Cahiers du Collège de 'Pataphysique*, n° 3-4, 1950, et n° 20, 1955).

A l'origine donc, il y a *Onésime*. Ce texte est, sans doute, le premier apport effectif de Jarry à la geste hébertique, entreprise par les frères Morin et quelques autres. On peut dater cette pièce de l'année scolaire 1888-1889 à cause des équations du second degré qui ornent le dos du manuscrit. Jarry aurait écrit l'année suivante *Ubu cocu*, pièce qu'il joua, en même temps que *Les Polonais*, sur son théâtre de marionnettes. A Paris, en 1893, Jarry en prélève quelques passages pour *Guignol* puis, lorsqu'il entreprend de convertir Lugné-Poe à Ubu, il établit un nouveau texte concurremment au texte d'*Ubu roi*, la première forme d'*Ubu cocu ou l'Archéoptéryx*, ces *Polyèdres* qui dateraient alors de fin 1895-début 1896. En 1897, toujours d'après J.-H. Sainmont, Jarry réécrivit *Les Polyèdres* en recopiant, si le besoin de corrections se faisait sentir, la page en son entier. La correction terminée, il écrivit un premier acte entièrement nouveau, sauf pour sa scène II, qui est constituée par la *Chanson du décervelage*.

Le lecteur pourrait se demander comment J.-H. Sainmont obtient cette date de 1897. On possède un manuscrit de deux pages du long poème qui commence par « Craignez et redoutez le Maître des Phynances... », lequel poème, qui clôt *L'Archéoptéryx*, se termine, dans le manuscrit de deux feuillets, sur cette étrange date : octobre 1887. Or, selon J.-H. Sainmont, il ne peut s'agir là que d'un lapsus, puisque Jarry est encore, à cette date, au lycée de Saint-Brieuc. Telle est l'opinion, résumée, de J.-H. Sainmont, répétée par tous les commentateurs.

Or, en relisant le livre de Charles Chassé consacré aux *Sources d'Ubu roi*, un détail nous a frappé. Page 57, Charles Chassé donne des extraits de la littérature ubique du commandant Morin, reconstitués pour Chassé sur un cahier. Charles Morin, parlant des particularités du P. H., écrit que son oreille « est flexible, tranchante comme un rasoir et constitue une arme terrible ». En note, Charles Chassé ajoute : « cf. ces vers

dans le poème intitulé : *Le Maître des Finances* et qui figure
dans le cahier :

> *Son oreille se tord et s'abat en sifflant.*
> *Un salopin giflé se réveille en hurlant.*

Ces deux vers, qui figurent dans les éditions de 1921 et de
1947 du livre de Chassé, sont presque semblables aux vers 19
et 20 du fameux poème final de *L'Archéoptéryx* :

> *Son oneille se tord et s'abat en sifflant :*
> *Un palotin giflé se réveille en hurlant.*

Ce rapprochement nous permet d'affirmer, sans trop de
risques, que le poème *Le Maître des Finances* est, à très peu
près, celui que Jarry utilise pour la scène v de l'acte II d'*Ubu
cocu*, mais singulièrement écourté, et pour la scène finale de
L'Archéoptéryx. Dans ces conditions, ce poème ne serait pas de
Jarry, mais des Morin, et Jarry en aurait pris connaissance en
arrivant au lycée de Rennes en octobre 1888. La date
d'octobre 1887, loin d'être un lapsus, serait au contraire d'une
exactitude absolue.

Jarry recopie le texte du poème de Charles Morin, y apporte
quelques corrections (oreille/oneille; finances/phynances, etc.)
et, par respect des origines rennaises de la chanson, note
fidèlement la date de l'original morinesque qu'il a sous les
yeux.

Cette hypothèse suffirait à ruiner la date de 1897 pour
L'Archéoptéryx. Toutefois, le manuscrit du *Maître des
Phynances* ne nous a pas révélé tous ses secrets. On a pu
l'examiner à l'Expojarrysation de 1953, et il nous est décrit
dans le *Cahier du Collège de 'Pataphysique* n° 10, qui en
constitue le catalogue, sous le n° 283. Les deux pages
manuscrites qui nous occupent furent, dit le catalogue,
« écrites au recto à l'encre » et comportent « les biffures au
crayon bleu, correspondant aux suppressions de l'*Ubu cocu* des
Trois Collines ». Nous en inférons que le texte écourté du
« Craignez et redoutez... » qu'on lit à l'acte II, scène v d'*Ubu
cocu*, n'en est pas une première version hâtive et incomplète,
comme le laisse entendre J.-H. Sainmont dans son article

mais qu'il est le raccourci volontaire et voulu d'une version
jugée inutilement longue. Ce ne serait pas lors de la réécriture
de *L'Archéoptéryx* mais lors de l'écriture d'*Ubu cocu* que Jarry
le recopia. Il est peu croyable, en effet, qu'il se soit amusé à
biffer, sur un manuscrit tardif, les vers qui manquaient dans
une précédente version.

Ces remarques sur la volonté, nettement manifestée dans
Ubu cocu, de synthétiser, nous amènent à nous demander si ce
texte était écrit aussi tôt qu'on a bien voulu le dire. Une
relecture attentive des textes relatifs à UBU COCU nous oblige à
reconsidérer le problème de la datation de ses différentes
leçons.

A la comparaison attentive des textes, deux détails nous
ont frappé. Ainsi, à l'acte V, scène I de *L'Archéoptéryx*, lors
de la conversation entre Prayou et Achras, ce dernier parle
de caisses qu'il a vues à la gare de Lyon. Il ajoute : « Je
crois que j'ai entendu dire que c'était adressé à Monsieur
Ubu. » Dans la scène correspondante d'*Ubu cocu* (acte V, scène I),
le même Achras dit : « Je crois que j'ai entendu dire
que c'était adressé à Monsieur Ubu, rue de l'Échaudé. »
La différence serait minime si cette allusion au siège du
Mercure de France n'était l'une des rares transpositions
importantes que Jarry ait fait subir au texte rennais de
la *Chanson du décervelage*. Dans la version de cette scène entre
Prayou et Achras, telle qu'elle nous est donnée dans *Les Paralipomènes*, datés de la fin 1896, Achras dit bien à B. Bombus :
« ... envoyé à Monsieur Ubu, rue de l'Échaudé. » Tout se passe
donc comme si, sur ce simple détail, on pouvait déjà penser que
le texte des *Polyèdres*, première manière de *L'Archéoptéryx*, date,
pour cette scène, d'une époque où Jarry ne songe pas encore à
installer le décervelage et ses pompes au siège du Mercure.
Michel Arrivé, à qui ce détail n'a pas échappé, en vient à
contrebattre la chronologie de J.-H. Sainmont et à proposer,
pour *Ubu cocu*, la date de 1893. Mais pourquoi cette date?
Jarry ne fréquente pas encore les salons du Mercure en 1893,
et cette adresse sera celle de la rédaction de la revue de 1890 à
1903 !

En relisant la *Chanson du décervelage*, qui se retrouve dans
Ubu cocu, *L'Archéoptéryx* et *Les Paralipomènes*, on s'aperçoit
qu'*Ubu cocu* comme *Les Paralipomènes* donnent : « Hourra,

cornes-au-cul, vive le père Ubu! » L'écriture de la première exclamation de ce vers dans *L'Archéoptéryx* est semblable a la version donnée par Chassé (« Hurrah, cornez-au-cul... ») et a celle donnée par le texte du « Répertoire des Pantins », publie en 1898. Sur ce point, le texte d'*Ubu cocu*, comme celui des *Paralipomènes*, se distingue de *L'Archéoptéryx*. Nous y trouvons une raison de penser que l'écriture d'*Ubu cocu* date de 1896. Ce serait à cette date que Jarry aurait remanié pour la scène les textes rennais, à cette date aussi qu'il aurait change le texte du *Tudé* morinesque pour en faire ce que nous connaissons, mais, ne l'employant plus pour *Ubu cocu*, il l'utilisera après sa publication dans *Les Paralipomènes*, comme clôture de la représentation d'*Ubu roi*, en 1898.

En examinant le problème de la représentation scénique des différents textes d'UBU COCU, un deuxième détail nous a frappé. A la scène v de l'acte IV de *L'Archéoptéryx*, lors de la discussion d'Achras et de Prayou, après l'intervention des Palotins qui ont dépouillé Prayou de ses chaussures, Achras lui dit : « Quant à vos souliers, voyez-vous bien, frappons a cette échoppe fermée et le malheur sera réparé. » Dans la scène correspondante d'*Ubu cocu* (III, ii), Achras dit a Rebontier : « Quant à vos souliers, voyez-vous bien, je vais faire monter le savetier du coin et le malheur sera réparé. » On comprend mal cette décision d'Achras, mais tout s'éclaire lorsqu'à la scène iv (qui renoue le fil de l'action, momentanément coupe par la *Chanson du décervelage*) Achras dit au savetier : « Pour ne point nuire, voyez-vous bien, à l'unité de lieu, nous n'avons pu nous transporter jusqu'à votre échoppe. Installez-vous dans ce petit réduit, votre enseigne au-dessus de la porte, et mon jeune ami va vous présenter sa requête. » On voit ici que les divergences d'avec *L'Archéoptéryx* se comprennent par l'insistance toute volontaire mise dans *Ubu cocu* sur les problèmes de la représentation. (Il nous semble même que les conseils donnés au savetier par Achras rappellent les idées exprimees par Jarry dans sa lettre à Lugné-Poe du 8 janvier 1896.) Il y a dans ces répliques la marque de quelqu'un qui écrit pour la scène. D'où nous concluons qu'*Ubu cocu* est postérieur à la première écriture de *L'Archéoptéryx*, lequel n'est pas jouable tel quel, primo parce qu'il n'est pas terminé et aussi parce que l'auteur n'y tient que très peu compte, comme dans *Onésime*. de la réalité scénique, n'hésitant pas, par exemple, à indiquer :

l'Égypte, pour un échange très court de répliques (*L'Archéoptéryx* : IV, vii et V, ix et x). Remarquons d'ailleurs que dans
sa lettre à Lugné-Poe du 8 janvier, où il promet son manuscrit
pour le 20, Jarry ajoute à la fin, parlant d'*Ubu roi* et d'*Ubu
cocu* : « L'une comme l'autre ne dépasseront point trois quarts
d'heure de scène, comme nous en étions convenus. » Or, le
texte ici publié d'*Ubu cocu* est la seule des différentes versions
terminées d'ubu cocu à être *faite pour* la scène et a pouvoir
tenir exactement dans la durée théâtrale promise par Jarry a
Lugné.

Arrivé à ce point, il nous faut maintenant revoir l'ensemble
des textes relevant d'ubu cocu et tenter d'en réécrire l'histoire
en proposant, à notre tour, une chronologie. Avant de
comparer en détail chacun de ces textes avec les autres, nous
jetterons un coup d'œil sur le tout en invitant le lecteur a se
reporter au tableau de concordance des personnages, publié
ci-après. On constate aussitôt que le nom du partenaire
d'Achras est, dans *L'Archéoptéryx*, Prayou, dans *Ubu cocu*,
Rebontier. Bien que tous deux fassent référence aux pièces
rennaises, on remarque que Prayou est une déformation de
Priou, infiniment plus proche, donc, du nom originel que
Rebontier, lequel n'était d'ailleurs pas dans la geste rennaise
un personnage précis, mais un type social : le rentier. Et
l'antériorité du nom de Priou sur celui de Rebontier nous est
montrée par *Onésime* (et l'opéra chimique *Les Alcoolisés*,
recueilli dans *Ontogénie*).

Barbapoux pose un autre problème. Ce personnage, incontestablement rennais (il est appelé par la mère Eb dans *Onésime*,
V, iii), se présente sous ce nom dans *Guignol* et dans
L'Archéoptéryx. Dans *l'bu cocu* et *Les Paralipomènes*, il est
nommé Memnon (voir notre note 3 d'*l'bu cocu*), ce qui le
rattache alors à une tradition plus littéraire que potachique.
Son apparition dans *Les Paralipomènes* et dans *Ubu cocu* nous
confirme que sa naturalisation est tardive et, pour tout dire,
ne remonte pas avant 1896. Le remplacement du Rennais
Barbapoux par l'Égyptien Memnon nous permettra d'avancer
plus loin, en ce qui concerne *Les Polyèdres*, premier état de
L'Archéoptéryx, une hypothèse tout à fait neuve.

Pour l'essentiel donc, le lecteur se rendra compte que le
tableau d'évolution des noms d'ubu cocu confirme la datation
de 1896 pour *Ubu cocu*. Pourtant, le même lecteur pourrait

ous chicaner sur deux points. L'évolution du nom des
Palotins ne semble pas correspondre tout à fait à ce schéma.
Le potachique Merdanpot se retrouve en effet sous l'euphémi-
sant Herdanpo dans *L'Archéoptéryx* et dans *Guignol.* Or, c'est
justement le fait qu'il se retrouve dans ces deux textes qui nous
fait croire, si nous admettons la rédaction d'*Ubu cocu* en 1896
que la graphie Herdanpo est apparue entre le potachique
Merdanpot et le cocuesque Merdanpo. Rappelons que Jarry
n'a pas craint, en 1900, de reprendre dans *Ubu enchaîné* le très
potachique nom de Pissembock, cité en 1896 dans *Les
Paralipomènes.* Second point alarmant : l'apparition, tempo-
raire, du personnage de Priou sous la dénomination de Moncrif
dans *Les Paralipomènes.* Ce nom se retrouve au livre premier
des *Jours et les Nuits,* auquel Jarry travaille à la fin de 1896.
Cet emploi du nom de Moncrif pour l'originel personnage de
Priou montrerait que Jarry, en réécrivant *Les Polyèdres,* a
cherché à s'éloigner des modèles rennais trop transparents.
Ubu cocu, au moment de la publication des *Paralipomènes* ne
devant plus être joue, Jarry le baptise Moncrif, sobriquet d'un
ami de Fargue, le poète Maurice Cremnitz. Or, si Jarry ne prend
pas pareille distance vis-à-vis des Palotins (l'inverse se produit
pour Merdanpot!), c'est aussi sans doute parce que les Palotins
sont des « figures »; ils ne renvoient pas a d'explicites
personnages.

Nous pouvons maintenant tenter de retracer l'histoire de
cette impossible pièce. Au principe, il y a les textes hébertiques antérieurs à l'arrivée de Jarry à Rennes. Charles Chasse,
dans son livre sur *Les Sources d'Ubu roi,* nous donne trois
textes et nous cite deux vers d'un quatrième qui ont été
utilisés par Jarry dans *Ubu cocu* et dans *L'Archéoptéryx.* Sans
doute peut-on ajouter a ces premiers matériaux des idées de
pièces liées à la geste hébertique; ainsi Charles Chassé nous
apprend qu'une très ancienne pièce concernant le P. H. se
déroulait à l'intérieur de sa gidouille. On peut penser que cette
idée, d'ailleurs inspirée du *Cinquième Livre* de Rabelais, est l'un
des points de départ des *Cornes du P. U.* (voir *Les Paralipomènes*) et du premier acte de *L'Archéoptéryx.*

Peu de temps après son arrivée au lycée de Rennes, Jarry
écrit *Onésime ou les Tribulations de Priou.* Il est difficile, le
manuscrit nous étant parvenu incomplet, de dire quel est le
sujet exact de la pièce. Il semble bien que les déboires scolaires

TABLE DE CONCORDANCE DES PERSONNAGES DE LA SAGA D'*UBU COCU*

Onésime	Ubu cocu ou l'Archéoptéryx	Guignol	Les Paralipomènes d'Ubu	Ubu cocu
Le P. H.	Père Ubu	M. Ubu	Ubu	Père Ubu
La Mère EB.	Mère Ubu	Mᵐᵉ Ubu		Mère Ubu
Onésime O'Priou	Prayou		Moncrif	Rebontier
M. J*** professeur agrégé	Achras	Achras	Achras	Achras
Frère Tiberge			Frère Tiberge	
Frère Pimor				

Onésime	Ubu cocu ou l'Archéoptéryx	Guignol	Les Paralipomènes d'Ubu	Ubu cocu
Mathieu Bringuenille	Scytotomille		Scytotomille	Scytotomille
Une infinité de Palotins	Les trois Palotins	les Palotins		Les trois Palotins
(Quatrezoneilles Merdanpot Mouchedgog, etc.)	Herdanpo Mousched-Gogh Quatrezoneilles	Herdanpo Mousched-Gogh Quatrezoneilles		(Merdanpo Mousched-Gogh Quatrezoneilles)
Barbapoux	Barbapoux	Barbapoux	Memnon	Memnon
	Sa conscience	La conscience et l'Être	La conscience et B. Bombus	La conscience

de Priou en forment le thème essentiel. Toutefois, quelques personnages ou situations (le duel ridicule de l'acte II, l'annonce du cocuage d'Ubu par Barbapoux) qui n'ont pas un grand rapport avec l'action principale se retrouveront dans les ultérieurs développements de ce texte-matrice.

Si, maintenant, on relit *Les Paralipomènes*, on observe que Jarry nous révèle l'existence de quatre pièces anciennes, distinctes, semble-t-il, et dont les titres de trois seulement nous sont connus. *Les Cornes du P.U.*, d'abord, où « l'Epithumia d'Ubu y errait, comme l'âme de ce cerveau ». Il est vraisemblable que l' « âme du Père Ubu » était une des exhalaisons de sa gidouille, et qu'elle ne se confond pas avec sa « conscience », transmutation de B. Bourdon, professeur de philosophie de Jarry à Rennes et qu'il estimait. Bourdon n'apparaît pas dans *Onésime* pour l'excellente raison qu'il ne prendra ses fonctions au lycée de Rennes que le 2 décembre 1889.

Dans ses *Paralipomènes*, Jarry nous dévoile ensuite l'existence d'une pièce, dont il ne nous donne pas le titre ; d'après les épisodes qu'il nous résume, elle n'est pas sans rapports avec *Ubu enchaîné*. Après avoir parlé des *Cornes du P.U.* et du *pré-Ubu enchaîné*, Jarry déclare : « Entre toutes les autres pièces, de deux seulement, *Prophaiseur de Pfuisic* et *Les Polyèdres*, quelques lignes, a titre de curiosité, peuvent être publiées. » Et Jarry ajoute : « *L'Autoclète*, imprimé déjà, était des *Polyèdres*. » Précision bibliographique importante : il en découle que le thème du cocuage d'Ubu, et les scènes y afférentes publiées dans *Guignol* (II et III) ne faisaient pas partie des *Polyèdres!* Il nous est donc nécessaire de définir ce que sont ces trois textes postérieurs à *Onésime*. Charles Chassé va nous être d'un grand secours. Il a, en effet, recueilli de precieux renseignements d'Henri Morin qui lui a donné, pour ce que pouvait être UBU COCU à Rennes, deux synopsis de pièces très différents.

Après avoir feint d'ignorer de quoi Jarry voulait parler dans *Les Paralipomènes*, Henri Morin écrit à Charles Chassé : « Le nommé Barbapoux, coryphée des vidangeurs, est bien le répétiteur que vous avez connu au lycée de Rennes. La pièce où il est mis en scène est très postérieure aux *Polonais;* elle a dû être composée en 1889 ou 1890 et jouée à cette époque sur le théâtre d'ombres de Jarry à Rennes. Y figurent également

le P. Ubu naturellement, puis M. B***, lui aussi professeur du
lycée, représenté sous les espèces d'un pauvre être falot, sorte
d'automate mû par une mécanique, souffre-douleur du P. Ubu
qui assouvissait sur lui de mille manières les instincts féroces
que vous lui connaissez. La matière fécale, son extraction et
son transport jouaient dans cette pièce un rôle considérable,
mais c'est à peu près tout ce dont je me souviens. » Dans
L'Archéoptéryx, on retrouve bien les deux personnages de
Bourdon et de Barbapoux, ce dernier sous ce nom. Quoique
Barbapoux n'y soit pas présenté comme « le coryphée des
vidangeurs », ce qu'il est dans *Guignol* (III, 1), les mots qu'il
dit (*L'Archéoptéryx*, V, v) : « C'est là-dedans que je travaille »
lui confèrent cet office. Ces mêmes paroles sont prononcées
par Memnon dans *Ubu cocu*, où elles ont peu de sens puisque
Memnon, dans cette pièce, est défini comme une statue
chantante ramenée d'Égypte (II, IV). On peut donc assimiler
la pièce dont parle Henri Morin aux *Cornes du P.U.* à cause de
la mention de Barbapoux, l'amant-vidangeur attitré de la
Mère Ubu dans *Onésime* déjà.

Mais plus loin dans son livre, Charles Chassé nous explique
qu'Henri Morin lui a confié des dessins. Et le commentaire de
ces dessins nous livre le synopsis d'une pièce différente des
Cornes du P.U. Qu'on en juge : « Les principaux personnages
de cette pièce étaient, outre le P. H., deux universitaires
rennais, M. B*** (que les dessins représentent comme presque
squelettique) et M. P*** et aussi le bel Octave, M. Pr***, alors
élève du lycée. La pièce roulait tout entière sur une rivalité
amoureuse, toute fictive, qui aurait mis aux prises M. Pr***
(reconnaissable sur les dessins à son monocle) et M. B***,
lesquels désiraient tous deux épouser la fille du P. H. »
Quelques lignes plus loin, Charles Chassé nous donne un
résumé de cette pièce, d'après les dessins qu'il a sous les yeux :
« Nous y voyons le P. H. en mer, d'abord pimpant, puis
souffrant du mal de mer. Puis voici le P. H. témoin d'un duel
burlesque entre M. P*** et M. Pr***. M. B*** étant l'autre
témoin ; le P. H. menaçant M. P*** de le fourrer dans sa
poche   la poche de la légende   ; le P. H. frappant à une
porte ; le P. H. interrogeant un poteau indicateur ; le P. H.
retrouvant son ours de Pologne ; le P. H. tombant dans un
escalier. Viennent ensuite deux conversations autour des W.-
C. ; le P. H. essayant de pénétrer dans la fosse d'aisances,

l'explosion qui le met en morceaux ; le ramassage des débris du
P. H. » Le principal sujet de cette pièce serait bien la rivalité
amoureuse de Priou et de Bourdon qui désirent tous deux
épouser l'une des filles de M. Hébert. En ce sens, ce synopsis
de pièce ne peut être confondu avec celui des *Cornes du P. U.*
où Barbapoux cocufiait Ubu ! On reconnaît pourtant dans ce
synopsis qui pourrait bien être celui de *Prophaiseur de Pfuisic*,
des éléments qui viennent d'*Onésime* : le duel, le personnage de
Priou. On en viendrait à considérer qu'*Onésime*, entre 1889 et
1891, a éclaté en *deux pièces*, lors de l'apparition de B. Bourdon à Rennes. Des éléments d'*Onésime* auraient été répartis
dans chacune des deux pièces. L'une, *Les Cornes du P. U.*, se
serait intéressée particulièrement au cocuage du P. H. par
Barbapoux et à l'Archéoptéryx ; et cette pièce, si l'on en croit
Les Paralipomènes, se serait (au moins, en partie) déroulée à
l'intérieur de la gidouille du P. H. ; de plus, B. Bourdon y
aurait pris la forme de la conscience du P. H. L'autre pièce,
Prophaiseur de Pfuisic, aurait traité de la rivalité amoureuse
de Priou et de B. Bourdon. On peut même se demander si,
dans cette pièce, B. Bourdon ne se manifestait pas sous le nom
de B. Bombus (et non sous la forme de la conscience du
P. H.).

Certes, des trois pièces dont parle Jarry dans *Les Paralipomènes*, deux seules subsistent dans le livre de Chassé. Si Henri
Morin ne veut rien savoir des *Polyèdres*, ne serait-ce pas tout
simplement que cette pièce est postérieure aux créations
rennaises ; elle daterait des premiers temps de l'installation de
Jarry à Paris. Le témoignage de Léon-Paul Fargue, recueilli
par J.-H. Sainmont, nous apprend que Jarry, au début de leur
amitié, lui fit lire et relire des passages d'une pièce où
apparaissaient B. Bombus et Achras, à ce point que Fargue
pouvait réciter des morceaux entiers de l'actuel *Ubu cocu !* Il
est, selon nous, possible d'identifier *Les Polyèdres* avec la
première rédaction de *L'Archéoptéryx.* L'Égypte va nous y
aider. Jamais, en effet, *Ubu cocu* ne s'y déroule. On prétend y
aller (III, II et IV), on en revient (II, IV) ; on n'y est jamais !
Or, dans *L'Archéoptéryx*, de même que dans *Les Polyèdres*,
suivant l'affirmation des *Paralipomènes*, la scène se déroule à
plusieurs reprises en Égypte (*L'Archéoptéryx* : IV, VII et V, IX
et X). Jarry, lors de l'écriture d'*Ubu cocu* pour la scène, en
aurait gommé l'Égypte, sauf en la personne de Memnon, dont

la réplique de Quatrezoneilles (*Ubu cocu*, acte II, scène ιv) justifie l'inexplicable présence.

L'Égypte n'apparaît dans aucun des deux synopsis morinesques. Elle serait donc postérieure aux écrits de Rennes et contemporaine de la réécriture de *Prophaiseur de Pfuisic* à Paris, c'est-à-dire de ce que nous appelons *Les Polyèdres*, et qui ne serait rien d'autre que la première version de *L'Archéoptéryx*.

Les choses, alors, commenceraient à s'éclairer. Jarry en quittant Rennes emporte le texte d'*Onésime*, celui des *Cornes du P. U.* et celui de *Prophaiseur de Pfuisic;* il reprend cette dernière pièce et il y introduit le thème égyptien.

En avril 1893, il publie *Guignol*. Pour ce faire, il extrait le premier acte des *Polyèdres*, qu'il intitule *L'Autoclète*, et il emprunte des scènes des *Cornes du P. U.* pour *L'Art et la Science*, troisième partie de *Guignol*. Bref, *Guignol* donnerait une impression d'unité en rassemblant sous un unique titre des scènes venues de pièces nettement distinctes.

Voyons pourquoi ce qu'on connaît de la première version de *L'Archéoptéryx* est antérieur à *Guignol* et pourquoi le texte d'*Ubu cocu* est postérieur à cette première version de *L'Archéoptéryx*, que nous appelons *Les Polyèdres*.

Le texte de *L'Archéoptéryx* est fort proche de *L'Autoclète* alors que le texte de la troisième partie de *Guignol* est différent, à la fois d'*Ubu cocu* et de *L'Archéoptéryx*.

Ainsi, dans *Ubu cocu*, le père Ubu prétend « méditer » et de cette méditation il ressort que « la sphère est la forme parfaite, le soleil est l'astre parfait, en nous rien n'est si parfait que la tête, toujours vers le soleil levée, et tendant vers sa forme, sinon l'œil, miroir de cet astre et semblable à lui... » ce qui se retrouve textuellement dans *Guignol* (III, ιι), mais nullement dans *L'Archéoptéryx*. Or, si ces considérations peuvent être mises en rapport avec le chapitre 32 du *Quart Livre* qui nous conte la belle histoire de Physis et d'Antiphysie, elle peut tout aussi bien s'inspirer des théories swedenborgiennes du docteur Misès, dont Jarry n'eut connaissance qu'en 1891-1892 par le cours de Bergson à Henri-IV! Détail peut-être, mais qui suffirait à démontrer l'antériorité du premier *Archéoptéryx* sur *Ubu cocu*.

Rapprochons maintenant *Les Polyèdres* d'*Onésime* et de *Guignol*. Dans *Guignol*, Ubu se montre avec : « bedaine, valise, casquette, pépin ». Fort semblable à son apparition dans *L'Archéoptéryx* (II, III) : « caban, parapluie, casquette de voyage, valise » et assez éloigné de sa description d'*Ubu cocu* (I, III) : « en costume de voyage, portant une valise », qui porte la marque, déjà relevée, du synthétisme du texte des *Polyèdres*, et qui prend ses distances vis-à-vis de l'original portrait du P. H., sensible encore dans la formule de *Guignol*, où l'indication « bedaine » était nécessaire puisque, rappelons-le, c'est ici la première manifestation authentiquement publique du personnage d'Ubu dans un texte.

Un autre élément du texte rapproche *L'Archéoptéryx* et *Guignol*, c'est l'énumération finale des sévices rêvés par le père Ubu. On en trouve des versions différentes dans *Onésime* (V, IV), *Ubu roi* (V, I), *L'Archéoptéryx* (V, III) et *Ubu cocu* (V, II). Le début de cette tirade est le même dans *Onésime* et dans *L'Archéoptéryx* : « On se contentera de lui faire torsion du nez et des oneilles.... » *Ubu cocu* donne : « On se contentera de lui tordre le nez et les oneilles... » Pour le reste de l'énumération, *L'Archéoptéryx* ajoute à *Onésime* l'ablation des dents et la décapitation ; *Ubu cocu* ajoute à *L'Archéoptéryx* l'extraction de la langue, la lacération du postérieur, le déchiquètement de la moelle épinière, l'arrachement de la cervelle et remplace, dans la triade : « empalé, décapité, moulu », le troisième terme par « découpé ». La tirade d'*Ubu cocu* et celle d'*Ubu roi* sont analogues. Tout ce qui manque à *L'Archéoptéryx* se lit dans *Ubu cocu* et dans *Ubu roi*, qui complète les tortures par « l'ouverture de la vessie natatoire » et qui transforme la simple décapitation en « grande décollation renouvelée de saint Jean-Baptiste... ».

Enfin, les sous-titres d'*Ubu roi* et de l'*Ubu cocu* des Trois Collines se font écho. Dans *Ubu roi* (ce qui n'apparaît qu'avec l'édition de juin 1896 du Mercure de France) on peut lire sous le titre : « Drame en cinq actes/en prose, Restitué en son intégrité/tel qu'il a été représenté par/les marionnettes du Théâtre/des Phynances en 1888. »

Le sous-titre de l'*Ubu cocu* des Trois Collines est : « Restitué en son intégrité/tel qu'il a été représenté/par les marionnettes du/Théâtre des Phynances. » Cette mention n'a évidemment pas été portée par Jarry sur un manuscrit de Rennes ; elle répond, elle veut répondre au sous-titre parisien d'*Ubu roi*.

Les Polyèdres seraient ainsi le titre de la première version de

L'Archéoptéryx donné par Jarry à Lugné-Poe jusqu'à ce qu'il rebaptise cette version *Ubu cocu* à la fin de 1896, imitant le sous-titre de l'*Ubu roi* du Mercure de France de juin 1896.

Cette réécriture de la pièce pour la scène eut sans doute pour effet de remettre au jour des textes rennais, telle la *Chanson du décervelage* qui, à défaut d'être employés pour *Ubu cocu*, pouvaient désormais servir à *Ubu roi*. Mais Jarry trouva un autre emploi aux différents fragments et reconstitutions dont il disposait de cette pièce; il en fabriqua *Les Paralipomènes* qui, dans son esprit, devaient liquider tout le passé d'Ubu, y compris *Les Polyèdres* proposés à Lugné-Poe concurremment à *Ubu roi*. Dans *Les Paralipomènes*, Jarry insiste curieusement sur l'obscurité de ce qu'il appelle *Les Polyèdres*. Relevons quelques formules : « A la suite de péripéties abstruses... », « A la fin de n'importe quelle pièce, la situation devenant inextricable, on peut adapter la scène du Crocodile, qui, dans l'exemple actuel, dénoue *les Polyèdres*. » Une telle formule tend à faire croire que Jarry a sous les yeux plusieurs versions de la même pièce et que des scènes entières peuvent trouver place à tel ou tel endroit. Remarquons toutefois que la scène du crocodile dénoue seulement *Ubu cocu* et non *L'Archéoptéryx!*

Reste à traiter le problème de la datation d'*Ubu cocu ou l'Archéoptéryx*, publié en son intégralité par Michel Arrivé, et connu sous le nom de manuscrit Henri Matarasso. Si la date d'octobre 1887 n'est plus un lapsus, sur quels indices pourrions-nous fonder la datation de cette réécriture? Nous en découvrons trois : le brouillon du premier acte de *L'Archéoptéryx*, brouillon communiqué par Maurice Saillet, et reproduit en 1950 dans le *Cahier 3-4 du Collège de 'Pataphysique;* la note manuscrite conservée à la bibliothèque Jacques Doucet, et reproduite par Michel Arrivé, page 521 de son premier tome de la Pléiade; enfin, la mention des œuvres « à paraître » (et même parues!) au dos de la couverture d'*Ubu sur la Butte*.

Regardons ces trois documents. Le brouillon de deux pages du premier acte de *L'Archéoptéryx* est écrit sur des feuilles de papier à l'en-tête du Théâtre des Pantins. On sait par J.-H. Sainmont que le nouveau premier acte de cette pièce fut écrit à la suite de la révision du manuscrit, et avec la même plume dont on décèle la continue altération. En conséquence, le brouillon sauvé par Maurice Saillet est très précisément contemporain de cette correction-réécriture. Le papier à en-tête du Théâtre des Pantins nous impose une date postérieure à décembre 1897, puisque ce théâtre ne subsista que de décembre 1897 à mars-avril 1898. Nous disons bien une date postérieure et non contemporaine. En effet, si ce papier à en-tête nous bloque en amont, il nous laisse, en aval, toutes possibilités jusqu'à la mort d'Alfred Jarry, qui a pu conserver un petit stock de ce papier longtemps après la fermeture du théâtre. Passons au deuxième indice : le document du Fonds Doucet. Il prouve que Jarry rêvait à une publication commune des trois *Ubu*. A cette fin, il voit un calibrage identique pour *Ubu cocu* et pour *Ubu roi*, et les 3/5 de ce calibrage pour *Ubu enchaîné*. Devant ces calculs, Michel Arrivé fait très justement remarquer que « l'allusion à *Ubu enchaîné* — dont l'appréciation quantitative par rapport à *Ubu roi* indique, par son exactitude, qu'il est achevé — permet de supposer qu'il [c'est-à-dire ce document] n'est pas antérieur à l'été 1899 ». Nous ne saurions mieux dire. Et nous allons jusqu'au bout du raisonnement. Nous comparons le volume mesuré par Jarry d'*Ubu enchaîné*, avec celui d'*Ubu cocu* ou de *L'Archéoptéryx* et nous constatons que *L'Archéoptéryx* est sensiblement plus long qu'*Ubu cocu*. En bref, quand Jarry fait ses calculs, *Ubu enchaîné* est terminé, mais non *L'Archéoptéryx* qu'il mesure inexactement.

Nous suggérons qu'en 1899 Jarry travaillait en même temps à *L'Archéoptéryx* et à *Ubu enchaîné;* il se propose de réunir en un volume, aux éditions de la Revue blanche, les trois *Ubu* : *Ubu roi*, *Ubu enchaîné* et *Ubu cocu*, mais il n'arrive pas à se sortir à temps du remaniement de *L'Archéoptéryx* et il en remet la publication à des jours meilleurs, ou bien les éditions de la Revue blanche jugent que *L'Archéoptéryx* gonflerait abusivement le volume et convainquent Jarry de l'abandonner. Subsiste une autre hypothèse qui ne contredit pas celle à l'instant avancée. Le manuscrit Matarasso, du fait de son écriture soignée et de son absence de ratures, pourrait servir à une édition autographique. Jarry s'est déjà offert ce luxe en 1897 avec *Ubu roi*, en 1899 avec *L'Amour absolu*. Il peut avoir le goût et le projet d'un *Ubu cocu* autographique, surtout si les frères Natanson n'en ont pas voulu dans sa forme imprimée; cela ne modifierait guère la date de réécriture, sinon pour la retarder encore un peu.

Si l'*Ubu cocu* (des Trois Collines) que nous tenons pour le

seul texte d'UBU COCU entièrement achevé et organisé par
Jarry lui-même est à l'évidence fait pour la représentation sur
la scène de l'Œuvre, *L'Archéoptéryx*, lui, est le seul texte conçu
dans l'esprit des opéras bouffes qui supposent, au minimum,
une chanson par acte. Or Jarry, à partir de décembre 1897,
sacrifie abondamment, à l'instigation de Claude Terrasse, à
ce genre. *L'Archéoptéryx*, seul, répond aux contraintes tradi-
tionnelles de ce type d'œuvre. Jarry ne rencontre Claude
Terrasse que très peu de temps avant la création d'*Ubu roi*,
d'où la rareté — et même l'absence — de chansons à
l'intérieur du texte d'*Ubu roi*. Leur collaboration ne commence, en fait, qu'après la création d'*Ubu roi*, pour se
poursuivre jusqu'à la mort de Jarry (*Pantagruel, Par la taille,
Le Moutardier du pape*, et tant d'autres...). *L'Archéoptéryx*
s'inscrit dans cette période de collaboration étroite entre les
deux hommes, puisque ce texte nous montre un souci
exceptionnel des parties parlées et chantées. Ainsi Jarry est
bien content de récupérer la *Chanson du décervelage* pour la
fourrer dans le nouveau premier acte. L'*Ubu intime* annoncé
parmi les publications du Théâtre Mirlitonesque, au dos de
couverture d'*Ubu sur la Butte* en 1906, serait cette version,
agréablement émaillée de chansons, de l'insaisissable UBU
COCU.

Pour que le lecteur ne nous accuse pas de contourner
allégrement les difficultés, nous soulèverons un dernier problème en confessant que nos solutions ne sont pas exaltantes.
Pourquoi *L'Archéoptéryx*, que nous datons de 1898 au plus tôt,
a-t-il été réécrit à partir du premier *Archéoptéryx* et non à
partir d'*Ubu cocu* qui lui est postérieur? La commodité peut
expliquer le parti adopté par Jarry qui, ainsi, n'était pas
contraint de réécrire la totalité de la pièce. Autre supposition,
Jarry ne possédait plus le manuscrit d'*Ubu cocu* confié à
Lugné-Poe à la fin de janvier 1896 et que celui-ci pouvait
avoir conservé. Quand Jarry entreprend la réécriture de
L'Archéoptéryx, ses relations, comme celles de tous les symbolistes, avec Lugné-Poe sont devenues tout à fait mauvaises (les
choses s'arrangeront un peu plus tard) et il se garde de
réclamer son texte au directeur de l'Œuvre.

En résumé, nous proposons au lecteur une chronologie
rectifiée des différents états d'UBU COCU : *Onésime*, tout
d'abord, de 1889; *Les Cornes du P. U.* et *Prophaiseur de*

Pfuisic entre octobre 1889 et mai 1891; la première rédaction d'*Ubu cocu ou l'Archéoptéryx* (que nous nommons *Les Polyèdres*) dans les trois années qui suivent l'arrivée de Jarry à Paris, soit entre le second semestre de 1891 et le début de 1894; *Ubu cocu* « restitué en son intégrité tel qu'il a été représenté par les marionnettes du Théâtre des Phynances » écrit à l'usage de Lugné-Poe en décembre 1895-janvier 1896; et la tentative de réécriture d'*Ubu cocu ou l'Archéoptéryx* en décembre 1899-janvier 1900.

NOTES

Page 134.

1. Achras, en grec, signifie poirier. Ce nom rappelle M. Périer, professeur de mathématiques de Jarry à Rennes. Au témoignage de Léon-Paul Fargue, c'est l'élocution de M. Périer qui détachait nettement chaque syllabe, que Jarry emprunta pour faire cette « voix » si particulière, remarquée de tous les contemporains.

2. Le nom de Rebontier peut être rapproché du mot « redontier » qui, en argot ubique, signifiait « rentier » d'après Charles Morin, cité par Charles Chassé.

Pour les changements de noms entre les différentes versions d'UBU COCU, le lecteur est prié de se reporter à notre tableau de concordance dans la notice d'*Ubu cocu*.

3. Le personnage de Memnon, qui prend la place du plus potachique Barbapoux des versions précédentes, pose un petit problème d'histoire littéraire. Quiconque a fait ses humanités sait que Memnon est le fils de Tithon et d'Aurore. Tué par Achille sous les murs de Troie, sa mère demanda à Zeus réparation d'une si cruelle perte. Le feu du bûcher où brûlait son corps s'écroula; mille oiseaux en sortirent, ils se séparèrent bientôt en deux bandes rivales qui s'entre-déchirèrent jusqu'à retomber en cendres à l'endroit où ils étaient nés. Cette histoire, proche à certains égards de celle de Phénix, est contée par Virgile, Pline, Juvénal et surtout Ovide (*Les Métamorphoses*, XIII, 3; vers 600-616). Or le nom de Memnon fut donné à deux statues égyptiennes représentant Aménophis III, et ces statues avaient la particularité de « chanter » au lever du soleil. Ce phénomène, dû à l'action du vent

pénétrant dans les fissures de la pierre tapissée de rosée,
intrigua les hommes pendant plusieurs siècles, et incita même
un empereur romain à se déplacer!

Ce thème connu et frappant, Jarry l'a certainement rencontré au cours de sa carrière d'excellent latiniste. Mais Memnon
peut venir aussi, suivant l'hypothèse émise par Henri Béhar,
du *Malade imaginaire* de Molière. On y lit, en effet (II, v) :
« Mademoiselle, ne plus ne moins que la statue de Memnon
rendait un son harmonieux lorsqu'elle venait à être éclairée
des rayons du soleil : tout de même me sens-je animé d'un
doux transport à l'apparition du soleil de vos beautés. » Il
reste que cette statue de Memnon apparaît dans le *Peer Gynt*
d'Ibsen, pièce créée au théâtre de l'Œuvre juste avant *Ubu roi*.
Pourtant, si l'épisode de la statue de Memnon y occupe la
scène x de l'acte IV, la traduction de *Peer Gynt* du comte
Maurice Prozor ne parut dans *La Nouvelle Revue,* en trois
livraisons, qu'à partir du 15 mai 1896. Il faudrait donc
supposer que Jarry eût connaissance du manuscrit complet de
Peer Gynt avant que la rédaction de ce qu'il appelle encore *Les
Polyèdres,* et qui s'intitulera bientôt *Ubu cocu,* ne soit
terminée, ce qui est hautement improbable! La lettre à Lugné-
Poe du 12 mars 1896 laisse clairement entendre qu'*Ubu cocu*
est terminé et que son projet de représentation doit être
abandonné. Jarry aurait pris connaissance de la traduction
complète du comte Prozor plus de quatre mois avant sa
publication en revue, c'est une hypothèse difficile à soutenir :
d'abord parce que Jarry n'est pas encore, en janvier 1896,
secrétaire de Lugné-Poe et du théâtre de l'Œuvre, ensuite
parce qu'il n'est pas sûr que la traduction de M. Prozor fût
achevée à cette date.

Par souci d'exhaustivité, nous donnerons toutefois le chant
de la statue de Memnon dans la traduction du comte Maurice
Prozor, publiée en 1899 à la Librairie académique Perrin
(p. 164-165) :

> *De la cendre des Dieux sort avec le temps*
> *Des oiseaux chantants.*
> *Amnon, l'autocrate,*
> *Veut que l'on combatte*
> *Pour rechercher*
> *Le mystère caché,*

L'esprit que leur chant recèle.
L'erreur est mortelle!

Page 135.

4. L'icosaèdre est un polyèdre limité à vingt côtés. On retrouve l'icosaèdre dans la Spéculation de Jarry intitulée *Ce que c'est que les ténèbres* (*La Plume*, 1er mai 1903). Le thème plus général des polyèdres nous rappelle cette phrase du « Linteau » des *Minutes de sable mémorial* : « ... qu'on pèse donc les mots, polyèdres d'idées ».

Page 136.

5. Dans *L'Archéoptéryx*, les accessoires des personnages sont : « caban, parapluie, casquette de voyage, valise ». Le caban et le parapluie désignent un Père Ubu très proche du prototype rennais.

6. *L'Archéoptéryx* : « carilglyonner ».

Page 138.

7. *L'Archéoptéryx* donne simplement : « De plus, vous allez aller chercher... »

8. « Achras exit » dans *L'Archéoptéryx*.

Page 139.

9. D'après le témoignage de Fargue, cette phrase fut réellement dite à B. Bourdon par un élève.

Page 141.

10. *L'Archéoptéryx* : « — (à Achras) Et vous, Monsieur... »

Page 143.

11. *L'Archéoptéryx* : ... « Les trois Palotins se dressant dans des caisses. »

12. Cette *Chanson des Palotins* figure, avec *La Marche triomphale*, *Le Décervelage du P.H.* et *Tudé* (titre rennais de la *Chanson du décervelage*), dans un cahier prêté par Charles Morin en 1920-1921 à Charles Chassé. Trois de ces quatre textes furent utilisés par Jarry dans son *Ubu cocu*. Or, au moment où Charles Morin confiait ces documents à Charles Chassé, *Ubu cocu* était inédit. Toujours d'après le témoignage

de Charles Morin, cette *Chanson des Palotins* devait être chantée sur l'air de *L'Oncle Célestin*.

13. *L'Archéoptéryx* : « Dans de grandes caiss's en fer-blanc. »

Page 144.

14. *L'Archéoptéryx* : « Au moyen d'un tub' coudé! »

Page 149.

15. Ces deux mots ne figurent pas dans *L'Archéoptéryx*.

Page 152.

16. Cette indication scénique, dans *L'Archéoptéryx*, est : « Il saisit la conscience par les pieds et, ne trouvant pas la valise, ouvre une porte, au fond, à guichet en as de carreau, et la fait disparaître la tête la première dans un trou entre deux semelles de pierre. »

Page 153.

17. Réminiscence de l'air célèbre d'Offenbach dans *La Belle Hélène* :

> *Ce roi barbu qui s'avance*
> *bu qui s'avance*
> *bu qui s'avance.*

Dans *La Marche triomphale*, citée par Charles Chassé d'après Charles Morin, on lit :

> *Ce gros tonneau qui s'avance*
> *neau qui s'avance, neau qui s'avance*
> *c'est le père Ebé.*

La Marche triomphale porte comme indication : « sur l'air de *La Belle Hélène* ».

Page 154.

18. Dans *Ubu roi*, le coup de poing explosif est l'arme des Palotins.

19. Tout ce passage se trouve dans la scène II de la troisième partie de *Guignol*. Il est absent de *L'Archéoptéryx* (voir à ce sujet notre notice d'*Ubu cocu*).

Page 157.

20. Ce texte est nettement plus court que la version donnée dans *L'Archéoptéryx* (V, xɪ). Le lecteur se reportera a ce texte et, pour les problèmes de datation qu'il pose, a la notice d'*Ubu cocu*.

Page 158.

21. Dans *L'Archéoptéryx* ce texte, qui occupe la scène v de l'acte III, a une disposition des vers tout à fait différente.

Page 160.

22. Toute cette scène n'est pas sans rappeler le duel entre M.J. et Priou à l'acte II d'*Onésime*.

Page 161.

23. *L'Archéoptéryx :* « Je vais, comme il est naturel et d'usage, vous donner ma carte. »

24. Ici se clôt la première scène de l'acte IV de *L'Archéoptéryx*. Nous y lisons, après :

Scène II
Les mêmes, un allumeur de réverbère
L'allumeur allume un bec de gaz

Scène IV [*sic!*]
Prayou, Achras
Un chien à bas de laine traverse la scène.

On trouvera dans la notice d'*Ubu cocu* des remarques sur ce passage et ses rapports avec *Onésime*.

25. On sait, d'après Charles Morin, qu'il s'agit là des employés dressés par le Père Ubu à dévaliser les rentiers. On remarquera toutefois qu'ici ce nom semble être pris « au pied de la lettre »; il désignerait alors plutôt un authentique animal.

Page 162.

26. Ces deux derniers mots, et les deux précédentes répliques, manquent dans *L'Archéoptéryx*.

Page 165.

27. Cette version de la *Chanson du décervelage* figurait dans

l'édition 1900 d'*Ubu roi*. C'est donc à la fin de cette pièce que
le lecteur pourra trouver la note relative à ce texte (note 54).

Page 166.

28. Cette réplique manque dans *L'Archéoptéryx*.
29. Ce mot, tiré du grec, signifie « crotte de chèvre ou de
brebis ».
30. L'ordre des Écrase-merdres est un peu différent dans
Les Paralipomènes, *L'Archéoptéryx* et *Ubu cocu*.

Page 167.

31. *L'Archéoptéryx* : « ... contre les Écrase-Merdres pour
homme entre deux âges ».
32. *L'Archéoptéryx* donne, aussitôt après, l'indication scénique suivante : « Il referme son échoppe sur lui. »
33. Les trois derniers mots de la réplique d'Achras et cette
indication scénique ne figurent pas dans *L'Archéoptéryx*. Le
lecteur comprendra mieux pourquoi en se reportant à la scène
qui suit immédiatement dans *L'Archéoptéryx* (IV, vii), et qui
est reproduite en entier pages 385-386.

Page 170.

34. Ce texte est un arrangement fait par Jarry de *La
Marche triomphale* de Charles Morin. Elle est citée par Charles
Chassé dans son livre (p. 60-61) :

I

Les lapins à finance, pins à finance, pins à finance
    Marchent les premiers
Ils marchent, ils marchent les premiers.
Les chiens à bas de laine, z'à bas de laine, z'à bas de laine
    les suivent de près,
    Ils les suivent de près.

II

Les chameaux à finance, meaux à finance, meaux à finance
    Marchent les derniers.
        etc.

On remarquera, dans le texte de Jarry, l'effet d'écho de
« lapins à finance » qui produit « pince à finance ».

Page 171.

35. Le tonneau du vidangeur Memnon est apparu en III, III.

Page 173.

36. Faut-il voir, dans cette répétition du verbe « bourdonner », une allusion à M. Bourdon, que l'on sait avoir inspiré le personnage de La Conscience?

Page 174.

37. Dans *L'Archéoptéryx*, ce vers du troisième couplet de la *Chanson des Palotins* est remplacé par le premier vers du refrain mais avec une césure particulière de ce vers, qui apparaît sous la forme suivante :

C'est nous les Pa
C'est nous les Tins
C'est nous les Palotins!

Page 176.

38. Dans *L'Archéoptéryx*, le Père Ubu poursuit par : « Décervelez, coupez les oneilles! »

Page 177.

39. Cette adresse ne figure pas dans *L'Archéoptéryx* (voir notre notice d'*Ubu cocu*).

Page 179.

40. *L'Archéoptéryx* donne, à la suite : « Mais nous voici, je pense, devant votre maison : vous ne rentrez pas?

Achras : Jamais de la vie! Ubu y est toujours et sa famille est sans doute, de plus, arrivée. Je vous offre l'hospitalité de grand cœur, voyez-vous bien, mais je ne puis l'accepter de moi-même pour moi-même.

Il sort. »

Page 180.

41. C'est ici la seule allusion explicite, dans ce texte, à l'archéoptéryx, qui apparaîtra dans le nouveau premier acte de la pièce à laquelle il donnera son nom.

42. Le livre de Théodule Ribot (1839-1916) date de 1881.

Page 182.

43. On peut, sous ces définitions multiples, reconnaître l'archéoptéryx, qui fut découvert dans les massifs schisteux d'Hohenstoffen, et qui est considéré comme le maillon reliant la chaîne des reptiles à celle des oiseaux.

UBU ENCHAÎNÉ

NOTICE

Le *Mercure de France* de mai 1899 annonçait parmi les « volumes en préparation » : *Ubu esclave,* drame pour marionnettes, par Alfred Jarry. Dans sa note de *La Revue blanche* du 1er janvier 1901 fêtant l'avènement de l'*Almanach du Père Ubu pour le XXe siècle*, Jarry affirme qu'*Ubu enchaîné,* titre définitif d'*Ubu esclave,* est la « contre-partie » d'*Ubu roi.* Sur un exemplaire d'*Ubu enchaîné* conservé au Fonds Doucet, on lit cette dédicace : « A Marcel Schwob les fers du père Ubu comme il a eu sa royauté, de la part de son ami admirateur Alfred Jarry. »

De l'opposition clairement marquée par Jarry entre *Ubu roi* et *Ubu enchaîné* comme du fait que cette dernière pièce se termine sur la mention : « La Frette, septembre 1899 », on a déduit qu'*Ubu enchaîné* avait été entièrement conçu par Jarry adulte, ou en d'autres termes qu'il ne sortait pas du limon hébertique. On doit nuancer quelque peu ce jugement. Une lecture attentive des *Paralipomènes d'Ubu* laisse soupçonner l'existence d'une première version, ou d'une ébauche d'*Ubu enchaîné* dès le lycée de Rennes. Divers indices renforcent cette hypothèse : les rapports d'*Ubu enchaîné* et de *Gil Blas de Santillane* qui avait déjà servi aux *Polonais;* la survivance de la toponymie rennaise dans *Ubu enchaîné.*

Ubu enchaîné utilise deux fois le mot Granpré : pour nommer le marquis de Granpré et dans le commandement : « Fauchons le grand pré! » Or cette expression est dans *Gil Blas* au livre II, chapitre v. De plus, un long passage de *Gil*

Blas (livre V, chapitre 1) éclaire les scènes VIII de l'acte III et VI de l'acte V d'*Ubu enchaîné*.

La toponymie rennaise transpire d'*Ubu enchaîné* : à quelques pas du lycée de Rennes se trouvait le Champ-de-Mars où s'entraînaient les troupes des casernes proches; et le boulevard de la Liberté, qui renvoie à tout le contexte sémantique de la pièce, longeait le Champ-de-Mars.

Deux manuscrits d'*Ubu enchaîné*, tous deux sans retouches, ont été recensés. On connaît également deux éditions de la pièce, parues l'une et l'autre en 1900, aux éditions de la Revue blanche. Nous signalons cette curiosité bibliographique sans pouvoir décider laquelle de ces deux éditions est vraiment l' « originale ». La plus répandue, semble-t-il, est celle qui porte sur la page de couverture de couleur blanche : Alfred Jarry/Ubu Enchaîné/précédé de/Ubu roi. L'autre édition est sous couverture jaune et nous y lisons : A. Jarry/Ubu roi/Ubu enchaîné/comédie. Les deux éditions sont identiques quant au texte. Le volume à couverture jaune ne mentionne pas les exemplaires de tête alors que cette indication figure sur les exemplaires, même ordinaires (ce qui n'était pas fréquent à l'époque), de l'édition à couverture blanche.

Notre texte est celui des éditions de la Revue blanche, tel qu'il a été publié du vivant de l'auteur.

NOTES

Page 187.

1. On remarquera, dans cette « citation », l'une des applications, et non des moindres, de la théorie de l'égalité des contraires, en même temps qu'une subtile application de la pataphysique à la politique.

Page 188.

2. Ce prénom signifie liberté.

3. Ces deux noms, sous leur apparence éminemment potachique, peuvent rappeler un certain nombre de noms donnés par Rabelais à ses personnages (*Le Quart Livre*, chapitre 40). On trouve mention du frère Tiberge, qui vient de *Manon Lescaut*, dans *Les Paralipomènes*, p. 324.

4. Ce personnage, au parler fortement teinté d'anglicismes,

signifie celui qui « regarde vers le bas ». Il vient de Rabelais
(*Le Quart Livre*, chapitre 64). Michel Arrivé fait justement
remarquer qu'on peut lui opposer l'anoblepas d'*Haldernablou* :
« celui qui contemple le sexe féminin » (Pléiade, p. 1175).

Page 189.

5. Cette absence du mot « merdre », à l'initiale d'*Ubu
enchaîné*, est d'autant plus marquée que la première réplique
de la Mère Ubu souligne cette absence, et que le premier mot
prononcé ici par Ubu nous le laisse espérer un bref instant.

Page 190.

6. On peut se demander si ce résumé d'*Ubu roi* n'est pas une
nouvelle façon, pour Jarry, de se faire auteur d'*Ubu roi*, en
même temps que cela permet de rattacher un texte dont il
n'est que l'auteur second à un autre (*Ubu enchaîné*) dont il est,
à tous points de vue, l'auteur.

Page 206.

7. Allusion au « balai innommable » d'*Ubu roi* (I, iii).

Page 207.

8. Ce passage peut être rapporté au *Futur malgré lui*, qui
date du lycée de Rennes, indice supplémentaire, nous semble-
t-il, de l'écriture d'*Ubu enchaîné* à partir de textes datant du
lycée de Rennes.

Page 219.

9. Notons que c'est la première fois qu'Ubu apparaît orné
d'un prénom; de même, plus loin, sa femme sera prénommée
Victorine. Enfin, l'appellation de « docteur en pataphysique »
relie bien, malgré toutes les oppositions thématiques et
linguistiques, *Ubu enchaîné* à l'ensemble plus vaste de la
trilogie ubique et à *César-Antechrist*.

Page 221.

10. Il y a dans ce nom une allusion maritime. « Fauchons le
grand pré » veut dire : ramons (voir également le cri des
forçats : *Ubu enchaîné*, acte V, viii).

Page 222.

11. Le décervelage, comme dans *Visions actuelles et futures* et comme dans la *Chanson du décervelage*, se passe ici en plein air, et avec un grand concours de peuple.

Page 231.

12. Cette scène et la scène VI de l'acte V peuvent être mises en rapport avec le livre V du *Gil Blas* de Lesage.

Page 238.

13. Voir *Ubu roi*, IV, III.

Page 255.

14. Cette idée déjà pleinement développée dans l' « Acte terrestre » de *César-Antechrist*.

Page 256.

15. On comparera toute cette scène avec *Ubu roi*, V, IV.

16. Dans *Le Tribunal de Dieu* Jarry écrira : « Ce n'est pas amusant d'être libre tout seul. Ça ne se voit pas. C'est pourquoi, pour faire sentir sa liberté à quelqu'un, Robinson Crusoé captura son esclave Vendredi. » (*Le Canard sauvage*, 9-15 mai 1903.)

UBU SUR LA BUTTE

NOTICE

Le texte que nous publions ici est conforme à celui de la petite collection du « Théâtre mirlitonesque », imprimé en juillet 1906 à l'enseigne des éditions Sansot.

Cette « réduction en deux actes d'*Ubu roi* » est bien une nouvelle version, pour Guignol, des cinq actes de 1896 puisque Jarry réemploie ici, avec de notables variantes, les scènes suivantes du texte complet d'*Ubu roi* : I, VI; II, V; III, II et VIII; IV, III IV, V et VI; V, I et IV. Ce texte ne prit d'ailleurs le titre d'*Ubu sur la Butte* qu'en 1906, pour l'édition Sansot. La pièce, annoncée pour le 10 novembre 1901 sous le titre *Ubu roi*, fut jouée par le Guignol des Gueules de bois au Cabaret des 4-Z'Arts. On sait, d'après un billet envoyé à Paul Valéry, que la répétition « intime » eut lieu le 23 novembre 1901, et la répétition générale le 27 novembre.

Grâce à la demande d'autorisation faite à la Censure théâtrale, on connaît le texte de la représentation de 1901, texte très différent de celui publié en 1906. Le manuscrit soumis à la Censure se présente sous l'aspect d'un exemplaire mutilé de l'édition 1900 de l'*Ubu roi* de la Revue blanche, sur lequel Jarry a biffé les répliques supprimées, révisé quelques passages et collé des papiers sur lesquels sont écrites les scènes entièrement revues, et les chansons nouvelles.

Le texte fut soumis à la Censure théâtrale le 16 novembre 1901 sous le titre *Ubu roi*. Jarry a ajouté, sous ce titre imprimé de la couverture de la Revue blanche, la mention : « Abrégé et adapté pour Guignol (Guignol des 4-Z'Arts, 62 bd de Clichy) ».

Ce texte se distingue du futur texte des éditions Sansot par l'absence de Prologue, une répartition légèrement différente des scènes conservées d'*Ubu roi* et de nouvelles variantes.

Dans la version jouée en 1901, le premier acte comporte quatre scènes, et le second cinq. L'acte premier de cette version s'ouvre sur la première scène de l'acte I d'*Ubu roi*, scène disparue d'*Ubu sur la Butte;* la scène ii du manuscrit de 1901 est la scène i du texte imprimé; la scène iii, l'actuelle scène ii; la scène iv, les scènes iii et iv actuelles.

Le deuxième acte ne respecte pas tout à fait le même découpage en scènes : la scène i se prolonge jusqu'à « tous les trésors de la Pologne », réplique constituant le début de la scène ii imprimée; la scène iv est constituée des scènes iv et v de l'édition Sansot et la dernière chanson, sur le bateau, y est érigée en Scène finale.

Juste avant le texte de la scène i du premier acte, Jarry a ajouté au crayon :

Si la censure le désire, l'auteur ferait la même modification que lorsque la pièce fut visée, pour les Pantins, *en janvier 98 : la substitution aux « gros mots » de la syllabe « dre ». Mais ne pourrrait-on pas autoriser le premier (acte I, scène I)?*

A. J.

On n'autorisa pas. Et dans sa lancée, le censeur jugea bon de refuser également « Gidouille » qu'il dut assimiler à un synonyme scatologique de sa profession. Dans la marge, il indiqua les passages à modifier et c'est ainsi qu'on peut voir sur le manuscrit les « Merdre », y compris le premier, remplacés par « Dre » et les « Cul » par « Siège »! Ces modifications firent que l'autorisation définitive ne fut accordée que le 23 novembre 1901, soit le jour même de la représentation « intime »! Le dossier de la Censure ne contient pas le Prologue entre Guignol et le directeur, dont on peut alors se demander à quel moment il fut écrit.

On trouve mention des difficultés de Jarry avec la Censure dans l'article de Pierre Quillard de *La Revue blanche* du 15 décembre :

« ... Ubu, où qu'on le transfère, suscitera toujours la joie et l'horreur de par la majesté de sa gidouille, parce qu'il appartient désormais à l'espèce immortelle des demi-dieux. Qu'il apparaisse sous la forme humaine de Gémier sonnant de la trompe et dansant la gigue devant l'orchestre épouvanté ou que, simple marionnette, aux 4-Z'Arts, il se débatte contre les serpents, les crabes et les souris qui hantent son sommeil, il demeure toujours semblable à lui-même en ses diverses métempsycoses et successifs avatars, aussi couard, aussi féroce, aussi stupide à lui seul que tous les empereurs, tous les généraux, tous les juges et tous les bourgeois de la légende ou de l'histoire. — Il sied donc de célébrer d'abord M. Alfred Jarry qui créa en se jouant ce monstre horrible et beau; et, comme quiconque s'approche d'Ubu participe à sa grandeur, M. Trombert, directeur des 4-Z'Arts, doit être loué pour l'avoir révélé au peuple de Montmartre, même en cette version mutilée à cause des nécessités scéniques et des exigences de la censure. Il ne faut pas oublier non plus que M. Dicksonn eut l'audace d'imiter, autant qu'il est permis à un homme né de la femme, la voix horrifique de l'ancien roi d'Aragon devenu tyran de Pologne, ni que M. Anatole délaissa le Guignol des Champs-Élysées pour représenter au mieux des personnages multiples, parmi lesquels un militaire à trois étoiles : et la musique de M. Claude Terrasse, réduite pour piano, accompagne à souhait le défilé de l'armée polonaise et le départ d'Ubu, entre deux gendarmes, vers les rives de France. »

On donnera en note les variantes entre le texte de l'édition

Sansot et le texte visé par la Censure théâtrale. Nous désignons ce dernier texte par l'initiale : C.

Comme l'acte I, scène 1 d'*Ubu roi* n'apparaît pas dans la réduction qu'est *Ubu sur la Butte*, nous en donnons maintenant les variantes par rapport au texte des éditions de la Revue blanche :

Le premier « Merdre » devient « Dre », tous les autres sont supprimés; le mot « Cul » devient « Siège »; l'expression « Bougre de merdre, merdre de Bougre » devient « Bougre de Bougre ».

Pour justifier l'apparition du roi dans la scène II du texte soumis à la Censure (scène 1 du texte Sansot), Jarry ajoute l'indication scénique : « (Elle sort. Entre le roi.) »

NOTES

Page 259.

1. Anatole, guignoliste lyonnais, de son vrai nom Ernest Labelle, exerçait alors au Guignol du Jardin des Champs-Élysées. Ce fut lui qui manipula les marionnettes de cette « réduction d'*Ubu roi* ».

Page 260.

2. Cette « réduction d'*Ubu roi* » commence par une réduction des personnages. Disparaissent, en effet : Boleslas, Ladislas, Stanislas Leczinski, Jean Sobieski, deux des trois Palotins : Pile et Cotice, Michel Fédérovitch, les conjurés et soldats, les paysans, les gardes de la Mère Ubu, la Machine à décerveler, l'équipage et son commandant. En revanche surgissent les deux gendarmes, personnages qui appartiennent à la tradition guignolesque.

Page 261.

3. D'après Michel Herbert (*La Chanson à Montmartre*, éd. de la Table Ronde, 1967), le Cabaret des 4-Z'Arts comportait à peu près cent cinquante places. Il ouvrit, dirigé par François Trombert, en décembre 1893 à la place de l'ancien « Tambourin ». Il doit son nom au bal, annuel et déshabillé, de l'École des Beaux-Arts. On put y applaudir les chansonniers Xavier Privas, Yon-Lug et Jacques Ferny; Jehan Rictus y récita ses

premiers *Soliloques* et Louise France y interpréta ses rôles de
« pierreuses ».

Page 267.

4. Allusion à *L'Invalide à la tête de bois* d'Eugène Mouton,
dont l'historioscope, inventé en 1883, préfigure à la fois *La
Machine à explorer le temps* de Wells et la machine décrite par
Jarry dans son *Commentaire pour servir à la construction
pratique de la machine à explorer le temps* paru en février 1899
dans le *Mercure de France.*

5. Dans les vers qui précèdent, on apprécie un résumé et
une interprétation jarryque de thèmes mythologiques bien
connus par Platon, Horace, Ovide et beaucoup d'autres.

Page 268.

6. Ce sergent du génie qui a une statue et une rue à Paris
est mort à Hanoï en 1885 des suites d'une blessure à la tête.

Page 272.

7. C. : « Ho ».

Page 273.

8. C. : « Qu'avez-vous donc, Père Ubu? Mais qu'avez-vous
donc? »

Page 274.

9. C. : « 'Dre. »

10. Ces trois litanies d'injures se trouvent, dans *Ubu roi*, à
la deuxième scène de l'acte V. Elles sont alors, et dans l'ordre,
mises dans la bouche de Bougrelas, du Père Ubu et de la Mère
Ubu. On remarquera que le terme « communard » a disparu
des injures proférées par Ubu.

11. C. : « (Dernier coup de bâton.) »

Page 275.

12. Dans sa réduction, Jarry a supprimé le passage d'*Ubu
roi* (I, vi) où le roi Venceslas récompensait Ubu en le faisant
comte de Sandomir.

Page 277.

13. Cette formule se retrouve dans *Ubu roi* en III, i.

14. C. : « finance ».

15. Curieusement, cette formule, qui figure dans *Ubu roi* (III, iv), est citée dans *Les Minutes de sable mémorial* comme exergue à la deuxième partie des *Prolégomènes de César-Antechrist* où elle est indiquée comme provenant de *Les Polonais ou Ubu roi*. Elle figure également sur l'une des affiches dessinées par Jarry pour le Théâtre des Pantins.

16. Ubu fait allusion ici à Venceslas et à la reine Rosemonde. Dans *Ubu roi*, ces deux personnages ne sont pas engloutis dans la trappe.

17. Pour d'évidentes raisons de représentation par Guignol, la trique à Nobles prend ici la place du bouquin à Nobles.

Page 283.

18. Dans la scène correspondante d'*Ubu roi* (III, ii), cet impôt n'existe pas.

Page 284.

19. Cette fin de scène est une des innovations d'*Ubu sur la Butte*.

20. C. : « et toi le juif sémite » manque.

21. Par ce terme, on doit entendre le syphilitique. Allusion à la pièce d'Eugène Brieux *Les Avariés* dont Jarry parle dans sa Spéculation *A propos de « L'Avarie »* (*La Revue blanche*. 1er décembre 1901).

Page 285.

22. Jarry adapte ici, sur l'air de Claude Terrasse, paru dans la collection du Répertoire des Pantins, une chanson de route.

23. C. : la chanson de route s'arrête là. « Quinz' boutons » est suivi de : « etc. »

Page 287.

24. C. : « Un nègre amène un énorme cheval.
Père Ubu (au nègre) : Merci, Arthur. Je vais monter dessus. Oh! Je vais tomber... »

La négritude de Giron, dans *Ubu sur la Butte*, se comprend donc par cette apparition intermédiaire du nègre Arthur, qui remplace Giron, et qui pourrait bien venir de la scie publicitaire de l'époque : « Un pernod pour Arthur! »

Page 288.

25. C. : « mon fidèle esclave Arthur. »
26. C. : « les ennemis. »

Page 289.

27. C. : dans cette scène, le personnage du Palotin Giron est remplacé par Arthur. Il n'apparaît donc pas nécessaire de le mentionner chaque fois.
28. C. : « Mon cher époux le Père Ubu... »
29. C. : « Aussi ».
30. Ceci peut rappeler les exclamations de Barbapoux dans *Ubu cocu ou l'Archéoptéryx* (V, iv).
31. Voir la formule qui précède la chanson *Tatane* dans le second *Almanach :* « Ces nègres ont rougi à entendre la chanson suivante... »
32. C. : « (Ils emportent des objets divers.) » Dans la chanson, le huitième vers est : « Au bon vieux temps d'Augus' l'Ivrogne. »

Page 291.

33. Dans *Ubu roi* (IV, iii), Ubu ne parle que de sa « science en physique ».

Page 292.

34. C. : « Seigneur Garçon... »

Page 293.

35. C. : « et notre artillerie automobile autour du moulin à vent ici présent pour tirer dans le tas et écraser les pieds de l'ennemi. »
36. Dans *Ubu roi* (IV, iii), il n'est question que d'une Chanson à Finances.

Page 294.

37. C. : les indications scéniques qui précèdent n'existent pas et la *Chanson polonaise* est notablement différente. Nous la donnons ici en entier :

> *Quand je déguste*
> *Faut qu'on soit soûl,*

Disait Auguste
Dans un glouglou!

Sans vin ni soupe
Joyeux repas,
La plus brav' troupe
Ne s'battra pas!

Marcher à terre
C'est notre état :
Le militaire
C'est le soldat!

On a bonn' trogne
Quand on a bu :
Viv' la Pologne
Et l' Père Ubu!

38. Cet Auguste est déjà traité d'ivrogne dans la chanson de la scène II du même acte. Jarry fait sans doute ici une synthèse entre Venceslas dit l'Ivrogne (voir Programme d'*Ubu roi*) et le type traditionnel du clown Auguste, ordinairement considéré comme un pochard.

Page 295.

39. C. : « *Le cuisinier nègre :* Sa majesté le Père Ubu et son armée sont servies.

Père Ubu : Oh! Ceci m'intéresse. Qu'y a-t-il de bon aujourd'hui?

Le nègre : Soupe polonaise (le Père Ubu s'en empare). Pâté de chien (même jeu). Croupions de dinde.

L'armée : A manger, à manger!

Père Ubu : Bougre, ce n'est pas mauvais. Y en a-t-il encore?

Le nègre : Choux-fleurs à la 'dre.

L'armée : Oh! que ce doit être bon. A manger! A manger! (Le Père Ubu mange tout) — Eh, nous n'avons pas dîné!

Père Ubu : Comment vous n'avez pas dîné! Que vous faut-il alors? Ah! j'ai une idée. (Il les poursuit avec un petit balai.) Goûtez un peu.

L'armée : Aïe! Au secours! Je suis mort!

Père Ubu : Comment, vous n'aimez pas cela? Alors je vais vous apporter un plat des excellents choux-fleurs de tout à l'heure. (Coup de canon. Ils tombent tous.)

Lascy : Sire Ubu,... »
La suite est conforme à notre texte.

Page 297.

40. C. : « Hurrah! »

41. C. : « En avant, je vais l'attaquer de ce pas. [A notre petit bout de bois l'honneur de massacrer l'empereur moscovite. Le *Czar* (paraissant) : Choknosof, catastrophe, mer d'Azof!] » La partie entre crochets a été supprimée par la Censure.

42. C. : « ... son bâton, le rosse puis le poursuit. »

43. C. : « je suis moulu, je suis rossé! »

Page 298.

44. C. : l'indication scénique de la scène IV est en fin de la scène III et ainsi rédigée : « La scène reste vide, puis un ours traverse. »

45. C. : « M. Ubu ».

Page 300.

46. C. : « Ah! je respire! »

47. C. : « ... L'ours est parti et n'aura plus faim. Je puis descendre de mon rocher [*sic!*]. Nous devons... »

Page 301.

48. C. : « Je serais mieux à la belle étoile (Des souris et d'autres animaux viennent le tourmenter). Est-ce... »

49. C. : « manger. »

50. C. : La fin de la pièce est très différente. Nous la donnons ici en entier :

« *Mère Ubu :* Grâce, monsieur Ubu! Venez plutôt avec moi, ce pays n'est pas tranquille et je vois un navire qui s'approche. Embarquons-nous et retournons dans notre belle France.

Père Ubu : Tu as raison, ma douce enfant. (Ils s'embrassent et sortent bras dessus, bras dessous.)

Scène finale
(sur le navire)

Chanson

" Vers les rives de France
Voguons en chantant,
Voguons doucement,
Pour nous
Les vents sont si doux. "

Embarquons-nous avec espérance
Vers la douce France,
Viv' le Père Ubu !

Confions-nous à la Providence :
Le ciel récompense
Toujours la Vertu.

La vertu trouve sa récompense...

(Le navire s'éloigne.)

FIN

Alfred Jarry. »

Page 302.

51. Jeu de mots à partir du livre d'Henryk Sienkiewicz *Quo Vadis?* paru le 19 juin 1900 aux Editions de la Revue blanche.

Page 303.

52. On retrouve cette formule dans *Ubu roi* (I, II).

Page 304.

53. Cette fin d'*Ubu sur la Butte* est fort différente d'*Ubu roi* et du texte présenté en 1901 à la Censure théâtrale. Conformément aux finals moralisateurs des séances de Guignol, un personnage — et quel ! — est fait ici prisonnier par les gendarmes. Ceux-ci n'apparaissent pas dans le texte soumis à la censure. S'agit-il d'une modification autorisée — voire recommandée — par la Censure à la dernière minute? Toujours est-il que Pierre Quillard (voir texte cité dans notre

notice) nous parle bien du « départ d'Ubu, entre deux gendarmes, vers les rives de France ».

TEXTES AUTOUR D'UBU ROI

NOTICE

De l'inutilité du théâtre au théâtre paraît dans le *Mercure de France* de septembre 1896. On observera que Jarry — qui prépare Lugné-Poe et l'opinion à *Ubu* — ne fait dans ce texte aucune allusion à *Ubu*.

Les *Réponses à un questionnaire sur l'art dramatique* connues également sous le titre *Douze arguments de théâtre*, furent publiées pour la première fois par le Collège de 'Pataphysique dans le n° 5 des *Dossiers* (15 as 86 = 17 novembre 1958) d'après le manuscrit inédit.

Les *Paralipomènes d'Ubu* furent publiés dans le numéro du 1er décembre 1896 de *La Revue blanche* quelques jours avant la représentation d'*Ubu roi*.

Le *Programme d'Ubu roi*, publié sous le titre *Ubu roi*, figure dans la brochure publiée par la revue *La Critique* (dirigée par Georges Bans) distribuée aux spectateurs le soir de la première d'*Ubu roi*.

Conférence prononcée à la création d'Ubu roi.

Il était de tradition, au théâtre de l'Œuvre, d'ouvrir le spectacle par une conférence de ou sur l'auteur de la pièce. Marcel Schwob, Félix Fénéon, Laurent Tailhade, pour ne citer que des amis de Jarry, avaient antérieurement sacrifié à ce rite, non sans rechercher parfois la provocation. Bien avant *Ubu roi*, maintes soirées de l'Œuvre avaient fait scandale, un scandale attendu, recherché et attisé par le public. On verra dans les souvenirs de Lugné-Poe que Rachilde lui déconseillait la conférence. Aucun document ne peut nous dire qui de Lugné ou de Jarry a voulu ce discours inaugural. On observera simplement que Jarry avait préparé un autre texte de présentation qui sera imprimé et distribué aux spectateurs. Devait-il remplacer la conférence, ou au contraire la compléter? nous n'en savons rien. Jarry s'avance devant le rideau, s'installe à une table recouverte d'un sac à charbon. Il est fardé comme une vieille cocotte, cela est sûr car nous possédons un croquis de l'orateur pris sur le vif par Léandre (reproduit dans Noël Arnaud, *op. cit.*); pour la qualité de son élocution, les avis des témoins diffèrent, mais ce ne fut certainement pas le ton d'un grand tribun ni même celui d'un aimable causeur. La conférence, en tout cas, ne souleva par elle-même aucun incident. La répétition générale du 9 décembre 1896, si elle n'avait pas été exempte de tumulte et des habituelles invectives entre « modernes » et « classiques », s'était terminée bien. Le lendemain 10 décembre, la conférence — peu audible — achevée, au premier mot de la pièce lancé avec force par Firmin Gémier, le public se déchaîna.

Le *Mercure de France* du 1er janvier 1897 a publié le texte de la conférence. *Vers et prose* d'avril-mai-juin 1910 en a reproduit le manuscrit, en fac-similé; on y remarque que Jarry avait d'abord écrit « Il a plu à quelques acteurs de se faire pour *quelques* soirées impersonnels... » et qu'il a corrigé quelques par *deux*.

Les *Questions de théâtre* parurent dans *La Revue blanche* des frères Natanson le 1er janvier 1897.

Le Bain du roi.

Publié dans le n° 233 du 15 février 1903 de *La Revue blanche*, ce sonnet, d'une parfaite rigueur prosodique, dédié à Eugène Demolder avec qui Jarry était alors en étroites relations pour la fabrication de nombreux opéras bouffes destinés à recevoir la musique de Claude Terrasse, est l'ultime hommage rendu publiquement par Alfred Jarry à Ubu. *Le Bain du roi* est un des trois poèmes récités le 16 mai 1903 au banquet de *La Plume* dont Jarry assurait ce soir-là la présidence (voir notre chronologie). On peut rapprocher ce sonnet d'un texte laissé à l'état de brouillon révélé en fac-similé dans le n° 26-27 (9 merdre 84 = 26 mai 1957) des *Cahiers du Collège de 'Pataphysique*, rapprochement d'autant plus naturel qu'il s'agit dans les deux textes du bain de

M. Ubu et que le Loutrarios évoqué dans la dernière phrase du
second texte était tout simplement, dans la Grèce antique, un
garçon de bains. Voici ce brouillon :

Les gestes érotiques de
      Monsieur Ubu, maître des
           Phynances.

> *Monsieur Ubu se soumit à son chapeau vert et se prémunit de
> ses bésicles à verres rouges.*
> *Selon qu'il inclinait la tête à gauche ou à droite, il simulait un
> steamer vu par derrière ou par devant, et vice versa pour les
> dalloniens.*
> *Semblable à un fulgurant météore, il entra dans un établisse-
> ment de bains.*
> *C'était au temps qu'il était roi de Grèce*
> *Ayant dépouillé ses vêtements, il apparut, tel un hippopotame.*
> *Et le Loutrarios se mit à pleurer.*

NOTES

De l'inutilité du théâtre au théâtre.

Page 307.

1. Allusion aux tétralogies grecques qui reprenaient, effec-
tivement, sur différents tons, le même sujet. Claudel, avec *Le
Soulier de satin*, s'essaya à faire la même chose.

Page 308.

2. Maurice Donnay (1859-1945) d'abord auteur du *Chat noir*
et bohème montmartrois devait, bien avant d'entrer à
l'Académie française, devenir un auteur dramatique admis par
la critique bien-pensante.

Page 309.

3. *Anna Peranna* est dans les *Fastes* d'Ovide, livre III, vers
654 : *Amne perenne latens, Anna Perenna vocor.* Ce vers
d'Ovide est obscur et mériterait une longue exégèse, à laquelle
s'est livré le fondateur du Collège de 'Pataphysique, le docteur

I. L. Sandomir, et qui a été publiée en partie dans le *Mercure de France* de novembre 1950. Grossièrement traduit, le vers d'Ovide signifie : « me cachant en un fleuve éternel, je m'appelle Anna Perenna ». Qui est donc cette Anna Perenna évoquée, après Ovide, par Jarry, non seulement dans le présent texte mais, plus tard, dans son roman inachevé *La Dragonne*? Afin de saisir d'emblée le rôle de cette déesse, il faut savoir que, pour la célébrer aux ides de mars, les Romains tombaient ivres morts. En effet, ils avaient la certitude de vivre autant d'années qu'ils boiraient de coupes en son honneur. Anna Perenna était la sœur de Didon, reine de Carthage; après la mort de Didon, elle avait dû s'enfuir en Italie, ce qui ne devait pas mieux lui réussir puisque, remarquée par Énée, elle subit les persécutions de Lavinie jalouse, et dut reprendre son errance pour tomber, au cours d'une nuit sans lune, dans le fleuve Numicius où elle se noya et dont elle devint, du même coup, la nymphe. Selon leurs bonnes habitudes, les Romains jouèrent sur les mots : *annare* et *perennare* et *perannare*. Aux ides de mars, ils la suppliaient de leur permettre d'*annare* et de *perennare*, ce qui signifie « passer l'année » et « traverser le Temps ». On comprend alors que, pour Jarry, Anna Perenna est « le fleuve éternel et invisible » et qu'il n'est pas absurde d'orthographier le nom de la déesse, comme le fait Jarry, *Anna Peranna, perannare* signifiant alors « suivre à la nage le fleuve du Temps ». Sur Anna Perenna et ses pouvoirs, consulter aussi Macrobe (*Saturnales*, I, 12) et Silius Italicus (VIII, 50 et la suite).

Page 310.

4. Il s'agit de *César-Antechrist*.

5. C'est-à-dire : allant du dedans au-dehors.

6. Beaucoup des détails ici donnés par Jarry peuvent se retrouver dans le compte rendu que fait Victor Hugo du théâtre élisabéthain dans son *William Shakespeare* (1864). Lugné-Poe fit paraître, en octobre 1896, dans le *Mercure de France*, un article sur le théâtre élisabéthain.

Page 313.

7. On sait que Jarry usa et abusa d'une prononciation très spéciale, à la fois rapide et presque impersonnelle, détachant nettement les mots.

8. Jarry défend ici une fort juste théorie, mais plaide aussi pour son petit ami Bougrelas (voir correspondance avec Lugné-Poe).

Page 314.

9. Comédie anti-alcoolique (1895) montée par Maurice Pottecher pour son théâtre du Peuple dans les Vosges.

10. *La Gardienne* poème d'Henri de Régnier extrait de *Tel qu'en songe* (1892) fut créé par le théâtre de l'Œuvre le 21 juin 1894 à la Comédie parisienne. La création de Lugné-Poe avait pour originalité que les acteurs évoluaient en silence derrière un rideau de gaze pendant que des récitants disaient les répliques dans la fosse d'orchestre. *La Gardienne* fut reprise également en juin 1894 à Bruxelles puis à Amsterdam en septembre de la même année.

Réponses à un questionnaire sur l'art dramatique.

Page 315.

1. Allusion au *Pédant joué* de Cyrano de Bergerac dont Molière s'inspira pour ses *Fourberies de Scapin*. Cyrano de Bergerac, avec l'*Histoire des États et Empires du Soleil* et l'*Histoire des Oiseaux* est le second auteur « pair » du docteur Faustroll.

Page 316.

2. Charles Van Lerberghe (1861-1907). Sa pièce *Les Flaireurs* fut créée le 8 février 1892 à la Gaîté Montparnasse par le théâtre d'Art de Paul Fort, berceau du théâtre de l'Œuvre, qui devait la reprendre à la Comédie parisienne le 7 janvier 1896.

3. Alfred Jarry, on le sait, traduisit cette pièce de l'écrivain allemand Grabbe. Cf. note 9 des souvenirs de Lugné-Poe.

4. Élève de Sylvain Lévi, qui avait fait paraître en 1890 son ouvrage sur *Le Théâtre indien*, A.-Ferdinand Herold verra représenter par le théâtre de l'Œuvre en décembre 1895 sa traduction et adaptation de la comédie de l'auteur indien Kalidasa : *L'Anneau de Sakountala* que les Éditions du Mercure de France publieront en 1896. Victor Barrucand — qui lancera dans *La Revue blanche* en 1896 une campagne en faveur du théâtre gratuit à laquelle Lugné-Poe s'associera en

se gardant bien d'y donner suite pour son propre théâtre — avait traduit et fait jouer sur la scène de l'Œuvre en janvier 1895 *Le Chariot de terre cuite*, pièce attribuée au roi Soudraka; introduite par une conférence de Félix Fénéon, à peine acquitté du procès des Trente, cette pièce du roi indien avait été transformée par Barrucand en marmite anarchiste.

5. G. E. = Georges Eekhoud (1854-1927), puissant écrivain belge qui vint au naturalisme par Camille Lemonnier et au symbolisme par Maeterlinck. Avec Émile Verhaeren, Henri Maubel et Eugène Demolder, il entraînera la jeune génération vers le symbolisme en créant la revue *Le Coq rouge* qui combattra *La Jeune Belgique* très vieillie. Grand ami de Jarry dont il parlera avec beaucoup de sensibilité et d'intelligence, Georges Eekhoud publiera, dans *Le Cycle patibulaire* en 1896, une nouvelle : *Le Tribunal au chauffoir* dédié « à M. Oscar Wilde, au Poète et au Martyr Païen, torturé au nom de la Justice et de la Vertu Protestantes ». Il défendra la plus complète liberté de mœurs et sera plusieurs fois poursuivi par la justice de son pays. Il traduira pour Lugné-Poe — ce à quoi fait ici allusion Jarry — *Édouard II* de Marlowe.

Page 318.

6. Ici Jarry se cite lui-même, et reproduit les paragraphes 3 et 4 de *L'inutilité du théâtre au théâtre*.

Page 322.

7. Tout ce passage est d'une lecture incertaine.

Les Paralipomènes d'Ubu.

Page 323.

1. Voir la brochure-programme éditée pour le public de la première d'*Ubu roi* (p. 336).
2. Voir la notice d'*Ubu cocu*.

Page 324.

3. *Ybex :* cette curieuse étymologie donnée ici par Jarry a fait pâlir bien des exégètes. On n'a pu retrouver, avec l'aide de Félix Gaffiot, qu'un *ibex* latin, qui se trouve dans Pline et signifie « une espèce de chèvre ». Quant au vautour, en grec, il

peut se transcrire *gyp*. Or il est bien peu vraisemblable que
Jarry, en citant le mot *Ybex*, censé signifier le vautour, ait
voulu faire référence à l'auteur du *Petit Bob*. Force nous est
donc de reconnaître ici qu'il subsiste toujours un mystère.
Soulevons toutefois l'hypothèse suivante : les mots commençant par ce Y se sont trouvés généralement transcrits en
français par hy. Avec hybex, nous ne serions alors pas loin du
hibou — qui est lui-même assez proche du vautour. Et c'est un
hibou qui décorait l'une des premières pages de l'édition
originale d'*Ubu roi*.

Un rapport plus précis peut être, toutefois, établi entre Ubu
et le vautour, grâce à l'urubu qui est une sorte de vautour de
la taille d'un dindon, et que l'on trouve dans les régions
chaudes de l'Amérique. Le *Larousse* nous précise que cet
animal est noir avec des pattes rougeâtres, la face et le cou
roux et bleuâtres. Cet animal est très courant dans les lieux
habités, qu'il assainit en dévorant les charognes et les ordures
jusque dans les rues des villes. On voit par là que l'étymologie
donnée par Jarry ne fait peut-être que dissimuler cette origine
possible du nom d'Ubu. Henri Morin, dans une lettre inédite à
Charles Chassé, signale déjà cette ressemblance des deux
noms :

> *Ubu aurait* [*pu être*] *dérivé du mot urubu, nom donné dans
> leur langue par les Indiens de la partie tropicale de l'Amérique
> du Sud à un vautour de taille moyenne extrêmement abondant au
> Vénézuela et dans les Guyanes. Cet oiseau d'un port quelque peu
> dindonesque et solennel, que je connais pour l'avoir vu très
> souvent, n'est pas sans ressemblance avec le P. H., surtout si vous
> ajoutez qu'il est passablement vorace. Ce nom d'urubu a été
> conservé par les zoologistes européens. Jarry assez versé dans les
> sciences naturelles le connaissait certainement et, en raison des
> ressemblances dont je viens de parler, a pu en dériver son Ubu*
> (lettre du 18 février 1921).

4. Le sous-titre de l'édition originale d'*Ubu roi* nous le
confirme (voir notice d'*Ubu roi*), ainsi que de nombreux
témoignages.

Page 325.

5. On retrouve ceci dans *Ubu enchaîné*, ce qui nous confirme
dans l'idée qu'il a bien existé un texte potachique dont Jarry,
adulte, s'est servi pour écrire la version définitive.

6. Voir notre notice d'*Ubu cocu*.

7. *L'Autoclète* (celui qui s'invite tout seul) constitue la première partie de *Guignol*, publié dans *Les Minutes de sable mémorial*.

Page 330.

8. Voir, dans les notes d'*Ubu roi*, la note 54 sur la *Valse des Pruneaux*.

Programme d'Ubu roi.

Page 337.

1. On reconnaîtra ici une allusion aux trois âmes de Platon, théorie dont on retrouve un écho dans *Faustroll*.

Page 338.

2. Tout ce paragraphe peut nous montrer comment Jarry *devient* l'auteur d'*Ubu roi*, en théorisant ici à partir de ces trois mots, qui étaient déjà présents sous cette forme dans les textes rennais.

Conférence prononcée à la création d'Ubu roi.

Page 340.

1. Tous auteurs d'articles favorables à *Ubu roi* avant sa création sur la scène de l'Œuvre. Voir les souvenirs de Lugné-Poe.

2. Docteur Mises (orthographié Misès par Jarry) est le pseudonyme du philosophe et psychologue allemand Gustav-Théodore Fechner (1801-1887). Auteur de *Théorie physique et philosophique des atomes* (1855), des *Éléments de psychophysique* (1860) et de deux ouvrages plaisants : *Stapelia Mixta* (1824) et *Kleine Schriften* (1875). Fechner enseignait que Dieu est au monde comme l'âme est au corps; que les âmes individuelles sont des parties de l'âme divine; que la matière se réduit à des centres de force. Il établissait la correspondance entre le physique et le psychique par la loi suivante : « La sensation est égale au logarithme de l'excitation. » Jarry s'était intéressé à Fechner à travers les leçons de son professeur de philosophie Henri Bergson qui, dans son cours au lycée Henri-IV de

l'année scolaire 1891-1892, avait exposé devant ses élèves les théories du psychophysiologue allemand. L'idée de la sphère forme parfaite a beaucoup marqué Jarry qui en appelle au docteur Misès dans son article sur le peintre Charles Filiger (*Mercure de France*, septembre 1894), dans sa conférence à la création d'*Ubu roi* (10 décembre 1896) et encore dans *Les Jours et les Nuits*, livre IV, chapitre III (terminé en avril 1897).

Page 341.

3. Paul Ginisty, directeur de l'Odéon, dont Firmin Gémier était pensionnaire. Il sera Fumisty dans le second *Almanach du Père Ubu*.

4. Firmin Gémier jouait alors à l'Odéon le rôle de Félix dans l'admirable pièce de Villiers de l'Isle-Adam *La Révolte* avec Mme Segond-Weber dans le rôle d'Élisabeth.

5. La seule coupure dont on soit sûr est celle de la scène de l'ours (acte IV, scène VI); les autres ne pourraient être connues que par le texte confié aux comédiens; aucune de ces brochures ne nous est, jusqu'à présent, parvenue.

Page 342.

6. Voir, dans les souvenirs de Lugné-Poe, la suggestion de Rachilde que Jarry semble ici explicitement repousser.

7. Autre théorie chère à Jarry qui, dans sa conférence au Salon des Indépendants de 1901 : *Le Temps dans l'art*, donnera, entre autres, l'exemple du tableau de Bruegel le Vieux *Le Massacre des Innocents* où l'on voit un soldat du temps d'Hérode enfonçant une porte avec la crosse d'un fusil, pour démontrer que « si l'on veut que l'œuvre d'art devienne éternelle un jour », le plus simple est, « en la libérant soi-même des frontières du temps, de la faire éternelle tout de suite ».

Questions de théâtre.

Page 345.

1. Il s'agit bien sûr du drame d'Henrik Ibsen, joué au théâtre de l'Œuvre par Lugné-Poe, et qui fut l'une des dates importantes du théâtre symboliste.

Le Bain du roi.

Page 348.

1. Avec ce premier vers du sonnet, Jarry reprend goût tardivement à la manipulation de l'héraldique qui avait fait sa joie dans les années 1894 et 1895 (*Les Minutes de sable mémorial, César-Antechrist*). Chaque mot de ce premier vers est un terme de blason : *rampant* s'applique aux animaux terrestres qui sur l'écu — loin de s'aplatir, comme l'homme, devant toute ombre d'autorité — s'élèvent et montent le long d'une rampe; *argent* est, par opposition au sable (noir) des *Minutes*, la couleur blanche et, dans le blason des princes comme Ubu, la lune, mais l'argent s'exprime en laissant le fond de l'écu (autrement dit le *champ*) sans hachures, alors que la *sinople*, qui est la couleur verte (éminemment pataphysique) et signifie la totalité ubique selon les meilleurs spécialistes du symbolisme armorial : amour, jeunesse, beauté, réjouissance et, par-dessus tout, liberté, s'exprime par des hachures. L'argent, lune vierge et vide, se remplit et génère par la sinople (sagesse et perfection) et par la « rampe », exaltation panspermique de l'univers (voir sur la « rampe », Raymond Queneau : *Les Œuvres complètes de Sally Mara*, Gallimard, 1962). Une fois de plus, Ubu est à la fois mâle et femelle, donc univers absolu. On sait que les lettres de grâce et de légitimation étaient toujours scellées de cire verte et en lacs de soie verte. A qui connaît le langage de l'héraldique, ce premier vers du *Bain du roi* est le blason parfaitement lisible de M. Ubu, Maître des Phynances et des Mondes.

TEXTES AUTOUR D'UBU COCU

NOTICE

Onésime ou les Tribulations de Priou.

Ce texte fut publié pour la première fois en 1955 par Jean-Hugues Sainmont, d'après le manuscrit inédit, dans le *Cahier du Collège de 'Pataphysique* n° 20

On a pu dater ce texte de l'année scolaire 1888-1889 par les équations du second degré, alors au programme de rhétorique, qui figurent au dos du manuscrit. Cette datation est confirmée par le fait que le personnage de B. Bourdon, qui n'arriva au lycée de Rennes que le 2 décembre 1889, n'apparaît pas dans ce texte.

Ubu cocu ou l'Archéoptéryx.

Les circonstances d'écriture et la datation de ce texte ont été étudiées par nous dans la notice d'*Ubu cocu;* nous n'y reviendrons pas. La version des Trois Collines d'*Ubu cocu* nous semblant la seule véritablement achevée, nous ne donnons ici que les extraits significativement distincts de cette version et ceux vraiment originaux. Le lecteur trouvera donc, sous le titre *Ubu cocu ou l'Archéoptéryx,* les passages suivants de ce texte (dont Michel Arrivé publia dans la Bibliothèque de la Pléiade la première reconstitution intégrale) : l'acte premier en entier puis III, iv; IV, vii; V, ii, iii, iv, v, ix, x et xi. Les variantes relativement importantes entre ces deux textes sont données par nous dans les notes d'*Ubu cocu.* Enfin, le lecteur qui voudra reconstituer à son tour *Ubu cocu ou l'Archéoptéryx* pourra utiliser nos deux tableaux de concordance (p. 515-516).

Projet d'Hymne des Palotins.

Ce texte, qui doit dater de la tentative d'écriture d'*Ubu cocu ou l'Archéoptéryx* (1899 ou 1900), fut publié pour la première fois dans le *Cahier du Collège de 'Pataphysique* n° 21, 22 sable 83 (= 22 décembre 1955), page 7.

NOTES

Onésime ou les Tribulations de Priou.

Page 351.

1. De cette appellation du futur Père Ubu, on peut déduire que c'est bien Jarry qui, plus tard, inventa ce nom puisque à

CONCORDANCE ENTRE *UBU COCU*
ET *L'ARCHÉOPTÉRYX*

Ubu cocu		L'Archéoptéryx
Acte I		
	scène I	Acte II, I
	scène II	Acte II, II
	scène III	Acte II, III
	scène IV	Acte II, IV
	scène V	Acte II, V
	scène VI	Acte II, VI
	scène VII	Acte II, VII
Acte II		
	scène I	Acte III, I
	scène II	Acte III, II
	scène III	Acte III, III
	scène IV	Acte III, IV
	scène V	Acte V, XI
Acte III		
	scène I	Acte III, V
	scène II	Acte IV, I et IV
	scène III	Acte I, II
	scène IV	Acte IV, VI
	scène V	Acte IV, VII
Acte IV		
	scène I	Acte V, IV
	scène II	Acte V, V
	scène III	Acte V, VI
	scène IV	Acte V, VII
	scène V	Acte V, VIII
Acte V		
	scène I	Acte V, I.
	scène II	Acte V, III
	scène III	Acte V, IX
	scène IV	Acte V, X.

CONCORDANCE ENTRE *L'ARCHÉOPTÉRYX*
ET *UBU COCU*

L'Archéoptéryx		Ubu cocu
Acte I		
	scène i	
	scène ii	Acte III, iii
	scène iii	
	scène iv	
	scène v	
Acte II		
	scène i	Acte I, i
	scène ii	Acte I, ii
	scène iii	Acte I, iii
	scène iv	Acte I, iv
	scène v	Acte I, v
	scène vi	Acte I, vi
	scène vii	Acte I, vii
Acte III		
	scène i	Acte II, i
	scène ii	Acte II, ii
	scène iii	Acte II, iii
	scène iv	Acte II, iv
	scène v	Acte III, i
Acte IV		
	scène i	Acte III, ii
	scène ii	
	scène iv	Acte III, ii
	scène vi	Acte III, iv
	scène vii	Acte III, v
Acte V		
	scène i	Acte V, i
	scène ii	
	scène iii	Acte V, ii
	scène iv	Acte IV, i
	scène v	Acte IV, ii
	scène vi	Acte IV, iii
	scène vii	Acte IV, iv
	scène viii	Acte IV, v
	scène ix	Acte V, iii
	scène x	Acte V, iv
	scène xi	Acte II, v.

Rennes, en 1888-1889, il emploie, pour désigner son personnage, l'appellation conforme à la tradition.

2. Nom d'un condisciple de Jarry qui obtint son baccalauréat
complet en juillet 1892, soit quatre ans après l'écriture d'*Onésime*, mais n'en remplit pas moins une bonne carrière de notaire.

3. Dans la liste du personnel du lycée de Rennes de
l'époque, on trouve mention d'un monsieur Jarry, professeur
agrégé !

4. Il y a ici un possible rapprochement avec Bringuenarilles
de Rabelais (*Le Quart Livre*, ch. 17).

5. Voir sur ce personnage *Les Paralipomènes*, p. 324.

6. Il s'agit d'un camarade de Jarry, excellent élève au caté-
chisme, matière où il obtint, plusieurs années de suite, des prix.

7. On retrouve ces noms, modifiés, dans la version définitive
d'*Ubu cocu*.

Page 356.

8. Il est fait ici allusion à un laboratoire de chimie
appliquée, qui se trouvait situé 1 rue de Viarmes à Rennes, à
mi-chemin de la demeure de M. Hébert et du lycée.

Page 363.

9. La rue de Fougères est une rue de Rennes qui part de la
place de la Motte (bordée par la rue Belair où habita Jarry).

Page 365.

10. Ce troisième acte comporte, dans l'original, deux scènes II.
La lettre Π est utilisée par Jarry pour désigner une *infinité*
de Palotins ; ceux-ci marquent donc bien le rapport de la
circonférence ou, mieux encore, au sens étymologique, de la
périphérie à la sphère ubique.

Page 370.

11. Tout l'acte fait précisément allusion à la topographie
rennaise. Un plan de ce quartier, où habitaient presque côte à
côte Hébert et Jarry, a été publié en 1976 p. 71 du *Cymbalum
Pataphysicum* n° 5.

Le passage Belair faisait se rejoindre la rue Belair à la rue de
Viarmes. La maison de M. Hébert était située dans l'impasse
Belair, qui prend naissance dans ce passage. L'état de Priou
qui, venu de la rue de Fougères, a traversé la place de la Motte
pour prendre, dans la rue Belair, le passage Belair, explique
qu'il se retrouve, presque malgré lui, dans l'impasse Belair, où
séjournait M. Hébert.

Page 371.

12. Surnom donné à Bousquet, pion du lycée de Rennes (voir la notice d'*Ubu cocu*).

Page 373.

13. On remarquera que c'est l'une des rares fois où le professeur Hébert apparaît sous son véritable nom.

Ubu cocu ou l'Archéoptéryx.

Page 376.

1. Pour Achras et tous les autres personnages, se reporter au tableau de concordance des noms, figurant dans notre notice d'*Ubu cocu*, et aux notes 1, 2 et 3 de cette même pièce.

2. Ce nouveau premier acte reprend le thème déjà traité dans *Les Cornes du P. U.*, pièce rennaise perdue, dont nous parle Jarry dans *Les Paralipomènes*.

Page 382.

3. Ce personnage, unique dans tout le cycle d'Ubu, et qu'il ne faut pas confondre avec la Conscience du Père Ubu, nous semble annoncé dans *Les Cornes du P. U.* dont Jarry, dans *Les Paralipomènes*, écrit : « L'Epithumia d'Ubu y errait, comme l'âme de ce cerveau. »

Page 384.

4. On trouve mention, dans *Ubu enchaîné* (II, iv), du « petit pot que tu sais ». On trouve également « un plein pot de merdre » dans l'*Ubu cocu* des Trois Collines, notre texte principal.

5. Cette hésitation sur les parallèles terminaisons des noms de Barbapoux et de Priou n'était pas possible dans *Ubu cocu*, où ces personnages, comme on sait, s'appellent respectivement Memnon et Rebontier.

6. Cette vingt-cinquième heure sidérale, qui reviendra plusieurs fois dans *L'Archéoptéryx*, se trouve déjà dans le texte d'*Onésime* (V, i) et dans la scène vii de « l'Acte héraldique » de *César-Antechrist*.

Page 385.

7. Les pyramides sont, on le sait, des polyèdres à cinq côtés. D'où l'intérêt d'Achras pour celles-ci...

Page 393.

8. D'après Charles Morin cité par Charles Chassé, le P. H. n'avait qu'une seule oreille, plantée sur le haut de la tête (cf. notice d'*Ubu cocu*). Dans *Ubu cocu* des Trois Collines, l'oneille n'est encore qu'une oreille mais est déjà unique.

Projet d'Hymne des Palotins.

Page 394.

1. Cet avant-dernier vers du *projet d'Hymne des Palotins* ressemble, à s'y méprendre, à la Chanson à Finances d'*Ubu roi* (IV, iii).

DOCUMENTS

NOTICE

La bataille d'Ubu roi est un extrait du long article de Georges Rémond publié en deux parties, dans les numéros du 1er mars et du 1er avril 1955 du *Mercure de France*. Cet extrait figure p. 664-668 du tome I de l'année 1955. Georges Rémond, ancien élève de l'École du Louvre, mènera une longue carrière de journaliste, notamment comme correspondant de *L'Illustration*, et se fera une spécialité du Moyen-Orient au point de devenir contrôleur des Beaux-Arts en Égypte jusqu'à la chute du roi Farouk.

La *lettre de Charles Morin* à Henry Bauër date du 17 décembre 1896. Elle fut publiée par Charles Chassé dans *Le Figaro* du 3 janvier 1922, avec de larges extraits d'une lettre d'Henri Morin, puis reproduite dans *D'Ubu roi au Douanier Rousseau*, p. 104.

La *lettre d'Henri Morin à Charles Chassé* du 13 mars 1921 est en grande partie inédite. Elle figure au Fonds Chassé à Quimper. Nous remercions M. Jean Chassé d'avoir bien voulu nous autoriser à la reproduire.

N O T E S

Souvenirs de Lugné-Poe.

Page 411.

1. Adolphe van Bever (1871-1925), dont l'anthologie des *Poètes d'aujourd'hui*, avec Paul Léautaud, est encore fréquemment citée, avait été jusque-là secrétaire du théâtre de l'Œuvre.

2. André-Ferdinand Herold (1865-1949), collaborateur abondant du *Mercure de France*, fut en effet un des tout premiers amis de Jarry dans le milieu littéraire parisien. Il sera chargé de la régie des éclairages lors de la création d'*Ubu roi*. Traducteur de *Paphnutius* de la nonne Hroswitha, mystique allemande du Xe siècle, monté en marionnettes au Théâtre des Pantins (cette œuvre devait inspirer la *Thaïs* d'Anatole France). Voir *Les Paralipomènes d'Ubu* pour *La Forêt vierge*, pièce enfantine qu'Herold pensait reprendre avec la collaboration de Jarry (annonce dans *Ubu roi* autographique, 1897).

3. L'*Imagier* est évidemment *L'Ymagier*, luxueuse revue d'estampes fondée par Remy de Gourmont et Alfred Jarry en octobre 1894. Il eut huit numéros; Jarry collabora aux cinq premiers, puis, brouillé avec Gourmont, créa une revue concurrente, le *Perhinderion* qui ne dépassa pas le second numéro (n° 1, mars 1896; n° 2, juin 1896). C'est dans *L'Ymagier* que Jarry publia *La Guerre*, lithographie du Douanier Rousseau, inspirée de son grand tableau, aujourd'hui au Louvre.

Page 412.

4. Version d'*Ubu cocu* préparée pour la scène de l'Œuvre (voir notre notice d'*Ubu cocu*).

5. Le caractère d'inachèvement d'*Ubu roi* en 1894, 1895 et 1896 pose un problème qu'il est sans doute vain de vouloir résoudre en l'absence des manuscrits successifs. Paul Fort,

dans ses *Mémoires,* dit avoir eu connaissance d'un *Ubu roi* dans un état chaotique et se targue d'y avoir mis de l'ordre. L'*Ubu roi* de l'Œuvre, et de l'édition originale, ne restituerait donc pas « en son intégrité, etc. » *Les Polonais* de Rennes.

Page 413.

6. Le 7 janvier 1896, le théâtre de l'Œuvre avait joué à la Comédie parisienne le drame suédois d'Ellin Ameen *Une mère.*

7. Inexact. C'est en se séparant de Gourmont que Jarry fonde *Perhinderion.*

Page 414.

8. *Les Polyèdres,* en effet, « n'étaient pas entièrement inédits »; quelques scènes sont dans *Guignol* (paru d'abord dans *L'Écho de Paris* en avril 1893) qui est repris dans *Les Minutes de sable mémorial,* mais avec de sensibles variantes en regard du texte communiqué à Lugné-Poe. Enfin, *Ubu roi* était encore beaucoup moins inédit que *Les Polyèdres,* puisque publié en bonne partie dans *César-Antechrist.* L'argument de Jarry, qui pouvait déjà surprendre Lugné, n'est donc pour nous aucunement convaincant. D'autres motifs expliqueraient l'hésitation de Jarry. Voir notre notice relative à *Ubu cocu.*

9. Christian Dietrich Grabbe (1801-1836). Jarry traduira en entier *Scherz, Satire, Ironie und tiefere Bedeutung* sous le titre *Les Silènes* dont une version réduite paraîtra dans *La Revue blanche* du 1er janvier 1900.

10. Il s'agit de l'article de Jarry *De l'inutilité du théâtre au théâtre* qui paraîtra dans le *Mercure de France* de septembre 1896.

Page 415.

11. Cette lettre (non datée) est interprétée par Lugné-Poe — mais quarante ans plus tard — comme la première offre de service de Jarry à l'Œuvre. Elle est vraisemblablement de juin 1896 (*Perhinderion* n° 2 paraît ce mois-là) et postérieure au 11 juin, date de l'achevé d'imprimer d'*Ubu roi.* Contrairement aux assertions de Lugné, ce n'est pas après, mais avant cette lettre que Jarry s'est « noué » à l'Œuvre. La lettre non publiée par Lugné et reproduite plus haut, datée clairement du 11 juin 1896, montre Jarry dans la plénitude de ses fonctions de secrétaire du théâtre, s'occupant du courrier, de la publicité et

même des loisirs du patron. Jarry a pris son poste à l'Œuvre
au plus tard en mai 1896. Et le billet adressé à Lugné au
retour du mystérieux voyage en Hollande concernerait moins
sa candidature à l'emploi de « Maître Jacques » que ses
travaux d'auteur de l'Œuvre. On pourrait en inférer que
depuis la lettre du 12 mars 1896 ni Jarry ni Lugné ne s'étaient
nettement prononcés entre *Ubu roi* et *Les Polyèdres* (*Ubu
cocu*). Ce court billet marquerait donc l'heure où ils tombent
d'accord pour retenir *Ubu roi*.

12. L'ami — et qui se vantait d'être le giton — d'Oscar
Wilde alors emprisonné en Angleterre pour homosexualité.

Page 416.

13. Installés pendant trois ans au 23 rue Turgot, les
bureaux de l'Œuvre sont transférés, au moment où Jarry
devient secrétaire du théâtre, de l'autre côté de la rue, au
22 rue Turgot.

14. Toujours l'article *De l'inutilité du théâtre au théâtre.*

15. Pièce de Maurice Maeterlinck; annoncée au programme
1896-1897 de l'Œuvre, elle n'y sera pas jouée. Jarry l'inscrira
parmi les livres « pairs » du docteur Faustroll. Sur l'importance de Maeterlinck dans le théâtre symboliste, voir notamment Jacques Robichez : *Le Symbolisme au théâtre*, L'Arche,
1957; Noël Arnaud : *Alfred Jarry, d'Ubu roi au docteur
Faustroll*, La Table Ronde, 1974.

Page 417.

16. Rodolphe Darzens (1865-1938). Poète pré-symboliste,
directeur de la revue *La Pléiade* (1886), un des germes du
Mercure de France. Maurice (encore Mooris) Maeterlinck y
publie ses premiers textes; *La Pléiade* révèle aussi Pierre
Quillard (avec *La Fille aux mains coupées* qui sera jouée en
mars 1891 au théâtre d'Art de Paul Fort, berceau du théâtre
de l'Œuvre), Paul Roux (bientôt Saint-Pol-Roux le Magnifique), Charles Van Lerberghe, etc. Collaborateur d'Antoine au
Théâtre Libre, Darzens traduira pour cette scène concurrente
de l'Œuvre *Les Revenants* d'Ibsen.

17. Probablement Édouard Dujardin (1861-1949), fondateur de la *Revue wagnérienne*, dont on a redécouvert le roman
Les Lauriers sont coupés (1887) comme annonciateur du

Table 533

COLLECTION FOLIO

Impression Bussière à Saint-Amand (Cher),
le 26 mars 1991.
Dépôt légal : mars 1991.
1ᵉʳ dépôt légal dans la collection : juin 1978.
Numéro d'imprimeur : 994.
ISBN 2-07-036980-3./Imprimé en France.

monologue intérieur. Il eut trois pièces créées à l'Œuvre, parmi lesquelles *Antonia* qu'appréciait Jarry.

18. Le comte Maurice Prozor (1848-1928), diplomate russe, traducteur en langue française d'un grand nombre de pièces norvégiennes, en particulier celles d'Ibsen jouées à l'Œuvre.

19. Sur ce gosse qui finalement ne jouera pas le rôle de Bougrelas, consulter Noël Arnaud, *op. cit.*

Page 418.

20. Suzanne Desprès (et quelquefois Suzanne Auclair), comédienne de l'Œuvre et compagne, puis épouse de Lugné-Poe; de son vrai nom Joséphine Charlotte Bonvallet (1875-1951).

Page 419.

21. Pièce d'Henrik Ibsen, qui sera créée à l'Œuvre, malgré l'avis défavorable d'Octave Mirbeau (voir plus loin) qui doutait de la capacité technique de l'Œuvre à monter cette féerie.

22. Félix Fénéon (1861-1944), premier éditeur des *Illuminations* de Rimbaud, et qui joua un rôle décisif dans la découverte et le succès de la poésie symboliste et de la peinture de son temps (impressionnistes, Nabis, pointillistes). Alors secrétaire de *La Revue blanche.* Sera, et aux pires heures, l'un des plus sûrs soutiens de Jarry. Resta jusqu'à sa mort fidèle à ses convictions anarchistes qui en avaient fait l'un des accusés — et le héros — du procès des Trente (1894).

Page 421.

23. Gunnar Heiberg, critique et auteur dramatique norvégien (1857-1929). Sa pièce *Le Balcon* sera jouée à l'Œuvre pendant la saison 1897-1898 (au lieu d'une autre de ses pièces, *Le Gros Lot*, annoncée d'abord).

Page 422.

24. S. D. = Suzanne Desprès; V. S. = Victorien Sardou (1831-1908), auteur d'innombrables comédies bourgeoises, à l'antipode des conceptions théâtrales de l'Œuvre et — plus encore — de Jarry, n'en était pas moins abonné aux spectacles de l'Œuvre. En outre, dessinateur médiumnique, ce qui a pu intéresser Jarry... si toutefois il s'en est ouvert à son visiteur.

Page 423.

25. Nous ne savons qui est ce Félicien M. (du Mercure?). Si M. est une erreur de lecture pour P., on peut penser à Félicien Pascal, critique dramatique de l'époque; si Félicien est une erreur de lecture pour Lucien, on peut penser à Lucien Monceau, frère de Marguerite Moreno, secrétaire du *Mercure de France* et grand ami de Jarry.

26. Abdala (ou Abdallah), chanteuse de la Scala, immortalisée par Toulouse-Lautrec. Jarry songeait à lui confier un rôle dans *Ubu roi* (la Mère Ubu? la reine Rosemonde?). Elle ne s'y produira pas.

Page 424.

27. Firmin Gémier, créateur du Père Ubu.

28. Georges Bans, directeur de la revue *La Critique* qui faisait des numéros contenant présentation et programme des spectacles de l'Œuvre.

29. Henry Bauër?

Page 425.

30. Rachilde (1862-1953), romancière de toutes les perversités (*Monsieur Vénus, Madame Adonis,* etc.), épouse d'Alfred Vallette, directeur du *Mercure de France.* Elle connaîtra bien Jarry et lui consacrera un livre : *Alfred Jarry ou le Surmâle de Lettres* (Grasset, 1928).

Page 428.

31. Lugné se méprend sur l'attitude de Jean Lorrain (1855-1906), romancier puissant et chroniqueur écouté (sous son nom ou le pseudonyme de Raitif de la Bretonne); il manifesta toujours grande sympathie à Jarry et sut fort bien parler d'*Ubu.*

32. Lugné-Poe bat la campagne et se prend à rêver d'un *Ubu roi* idéal. Il n'y avait pas d'orchestre (voir conférence de Jarry), mais, il est vrai, divers « bruiteurs » en coulisses.

Page 429.

33. Henry Bauër (1851-1915). Fils adultérin d'Alexandre Dumas (père). Combattant de la Commune à dix-huit ans, déporté en Nouvelle-Calédonie. Ne renia jamais ses convictions. Le plus lucide critique dramatique de son temps.

Défenseur de toutes les audaces (en art et en politique). Il est l'auteur de trois articles enthousiastes sur *Ubu roi* dans *L'Écho de Paris* (le 23 novembre 1896 avant la représentation, le 12 décembre et le 19 décembre).

34. A l'égard de Mirbeau, Lugné se laisse aller un peu à ses ressentiments personnels. Octave Mirbeau (1848-1917), romancier « réaliste », fut étonnamment ouvert à Mallarmé, à Maeterlinck et à d'autres auteurs du symbolisme dont, pourtant, il n'approuvait point les théories, ainsi qu'à la peinture impressionniste. Son *Jardin des supplices* (1898) enchantera Jarry. C'était aussi un critique influent. Il ne cessera jamais d'aider Jarry de mille manières. On peut remarquer que tous les membres, sans exception, de la direction littéraire de *L'Écho de Paris* qui avait accueilli Jarry à ses débuts lui apportèrent leur appui dans la querelle d'*Ubu roi* et par la suite : Catulle Mendès, Marcel Schwob, Henry Bauër, Jean Lorrain (Raitif de la Bretonne), Armand Silvestre, Octave Mirbeau.

35. Catulle Mendès (1841-1909), poète romantico-parnassien et romancier prolixe, volontiers grivois, occupait une place considérable dans la presse littéraire de l'époque. Son roman *Gog* appartient aux livres « pairs » du docteur Faustroll. Il avait remarqué Jarry dès ses débuts. L'article de Catulle Mendès sur *Ubu roi* parut dans *Le Journal* du 11 décembre 1896.

36. Henri Fouquier (1838-1901). Critique littéraire et dramatique conservateur. Ennemi juré d'Henry Bauër, il a écrit deux articles hostiles à *Ubu roi* dans *Le Figaro* du 11 décembre et du 13 décembre 1896. Il avait été préfet en 1870 au temps du gouvernement de Défense nationale; député en 1889. En 1891, dans un article de *L'Écho de Paris* signé Nestor, il avait dénoncé Remy de Gourmont auteur de l'article *Le Joujou patriotisme*, et obtenu sa révocation de la Bibliothèque nationale.

La bataille d'Ubu roi.

Page 434.

1. Sur le père Ernest, la mère Ernest et leur restaurant « Chez Ernest » situé 283 rue Saint-Jacques, et sur les habitués

de ce lieu, notamment Sosthène Morand, Octave Fluchaire, et bien entendu Georges Rémond, ainsi que sur les curieuses « traboules » à la lyonnaise reliant le Calvaire du Trucidé à la rue Saint-Jacques, voir Noël Arnaud, *op. cit.*

Après Ubu roi.

Page 437.

1. Sur Henry Bauër et son action en faveur d'*Ubu roi* voir la note 33 aux souvenirs de Lugné-Poe. Nous devons à Charles Chassé la révélation de la lettre de Jarry à Henry Bauër; elle est reproduite dans *D'Ubu roi au Douanier Rousseau.*

Page 438.

2. Sur les circonstances d'écriture de la lettre de Jarry à Catulle Mendès, consulter — avec prudence — *Alfred Jarry ou le Surmâle de Lettres* de Rachilde où elle est publiée en fac-similé. On aura lu dans les souvenirs de Lugné-Poe de larges extraits de l'article de Catulle Mendès.

3. Le texte de Jarry sur les questions de théâtre joint à sa lettre à Henri Fouquier n'a pas été retrouvé. Lugné-Poe dans ses souvenirs nous offre quelques bons morceaux de Fouquier. La lettre du critique du *Figaro* a été reproduite pour la première fois par Michel Arrivé dans le tome I des Œuvres complètes (Bibliothèque de la Pléiade).

L'Affaire Ubu.
Lettre de Charles Morin à Henry Bauër.

Page 439.

1. On peut se demander, toutefois, si Charles Morin n'a pas écrit cette lettre en ignorant l'accord donné en 1894 par son frère à Jarry pour la publication des *Polonais.*

2. Il doit s'agir des pièces de vers qui figurent dans le livre de Charles Chassé.

3. On doit noter que vingt-cinq ans plus tard, Charles Morin écrira à Charles Chassé, dans une lettre inédite, qu'il ne se souvient plus du tout de cette lettre adressée à Henry Bauër!

Lettre d'Henri Morin à Charles Chassé.

Page 440.

1. Henri Morin exagère. Les *Almanachs du Père Ubu* appartiennent bien à Jarry, et à lui seul.

2. Cette lettre accompagnait le retour du texte dactylographié du livre de Charles Chassé. Les indications de pages, qui suivront, renvoient à ce document conservé au Fonds Chassé à Quimper, et non au foliotage du livre publié.

3. Les deux éditions (1922 et 1947) du livre de Charles Chassé ne contiennent, en effet, que les initiales de Hébert et des Morin.

4. Félix-Frédéric Hébert était mort à Vannes en octobre 1918.

Page 441.

5. Henri Morin précise ailleurs qu'il le fit en 1894. Ou il se trompe d'un an ou il ignorait la publication de *Guignol*. Nous penchons pour la première hypothèse. On comprendrait mal pourquoi Jarry se serait passé d'autorisation pour un texte paraissant dans un journal de très grande diffusion comme *L'Écho de Paris* et l'aurait sollicitée pour un ouvrage tiré à petit nombre (216 exemplaires) comme les *Minutes de sable mémorial.*

6. Voir ce texte dans le présent recueil, page 340.

7. Président du tribunal de Rennes, ancien élève du père Hébert. Charles Chassé avait recueilli son témoignage au début de son enquête.

Page 442.

8. M. Morin père était, en effet, professeur à la Faculté des sciences de Rennes où il enseignait la mécanique rationnelle et appliquée.

9. Félix Hébert eut deux garçons et trois filles. Le témoignage de Charlotte Jarry nous apprend que plusieurs de ses enfants participèrent, sinon à l'élaboration des *Polonais* et autres pièces hébertiques, du moins à leur représentation.

Page 443.

10. Henri Morin contredit quelque peu son frère Charles qui

s'en tenait obstinément aux Salopins. Il faut croire que leur mutation s'est opérée après le départ de Charles et avec l'assentiment et la complicité d'Henri.

11. Le livre de Charles Chassé reproduit une « carte à phynances » dessinée par Charles Morin.

12. Charles Morin jugeait stupide l'explosion des Palotins. Leur mode de fabrication, leur constitution, telle que nous la décrit Henri Morin, rend au contraire leur « explosion » inévitable. Mais il précise bien que c'était leur dernier avatar. Charles Morin l'ignorait. On peut du reste se demander si les relations des deux frères ne s'étaient pas singulièrement distendues entre 1888 et 1895 ou 1896 pendant l'intimité d'Henri et de Jarry et quand, à Paris, Henri fréquentait, en compagnie de Jarry, les milieux d' « esthètes à cheveux longs ». Assurément, il ne devait guère s'en vanter auprès de Charles. On verrait mieux pourquoi il n'avait pas cru bon d'associer son frère à l'accord passé avec Jarry pour l'utilisation des pièces hébertiques.

13. Cette citation — et un bon nombre d'autres — authentifie les témoignages de Charles et Henri Morin. La chanson des Palotins dont Henri rappelle un des vers n'était pas publiée en 1921 ; elle sera révélée en 1944 dans *Ubu cocu*.

14. Titre d'une pièce hébertique cité par Jarry dans *Les Paralipomènes d'Ubu*.

15. Henri Morin a raison. Voir version première d'*Ubu cocu*.

16. Elles se résument essentiellement au fait que ces textes étaient des « couillonnades » !

Page 444.

17. On sait que Jarry tentera trois fois le concours d'entrée à l'École normale supérieure, sans jamais parvenir à l'admissibilité.

18. Ce cahier n'a jamais été retrouvé.

19. Nous avons, à plusieurs reprises, relevé dans les pièces hébertiques et ubiques des références à *Gil Blas*.

BIBLIOGRAPHIE SÉLECTIVE

Le lecteur consultera avec fruit les publications du Collège de 'Pataphysique, et particulièrement les

Cahier n° 3-4 (le problème d'Ubu), 22 haha 78 = 27 octobre 1950;

Cahier n° 10 (Expojarrysition), 15 clinamen 80 = 6 avril 1953;

Cahier n° 20 (Ubu Encore et Toujours), 15 gidouille 82 = 29 juin 1955;

Cymbalum Pataphysicum n° 5 (Hommage à F.-F. Hébert), 8 sable 104 = 8 décembre 1976.

Les ouvrages suivants sont recommandés :

Tout Ubu, édition établie par Maurice Saillet, le Livre de Poche, 1962.

Petit traité théorique et pratique sur la dramaturgie d'Alfred Jarry, par Jean-Pierre Giordanengo, coll. du Théâtre universitaire de Marseille, 1965.

Les Langages de Jarry, par Michel Arrivé, Klincksieck, 1972.

Œuvres complètes d'Alfred Jarry, tome I, édition établie par Michel Arrivé, « Bibliothèque de la Pléiade », Gallimard, 1972.

Jarry, le monstre et la marionnette, par Henri Béhar, Larousse, 1973.

A la recherche d'Alfred Jarry, par François Caradec, Seghers, 1973.

Les Primitifs de l'avant-garde, par Roger Shattuck, Flammarion, 1974.

Alfred Jarry, d'Ubu roi au docteur Faustroll, par Noël Arnaud, La Table Ronde, 1974.

Ubu et quelques mots jarryques, par Jean-Pierre Lassalle, Imprimerie Maurice Espic, Toulouse, 1976.

Enfin, hors les intentions de l'auteur et toutes réserves faites sur son interprétation des faits, on doit tenir pour indispensable sur le plan historique et même philologique :

Sous le masque d'Alfred Jarry (?). Les Sources d'Ubu roi, par Charles Chassé, Floury, 1921; et sa réédition augmentée, sous le titre

Dans les coulisses de la gloire : d'Ubu roi au Douanier Rousseau, Nouvelle Revue critique, 1947.

Ces deux ouvrages de Charles Chassé peuvent être utilement complétés par les articles suivants, du même auteur :

« La naissance d'Ubu roi » dans *La Dépêche de Brest*, 4 et 20 janvier 1933;

« Comment *Ubu roi* est né au lycée de Rennes » dans *Cahiers d'Histoire et de Folklore*, n° 1, 1955;

« Le vrai visage du père Ubu » dans *Les Nouvelles littéraires*, 29 janvier 1959.

Quoique non édité, le diplôme d'études supérieures suivant est accessible :

L'originalité du langage théâtral dans Ubu roi, par Paul Jacopin, D.E.S. 1966-1967, Institut d'Études théâtrales, cote D 111.

On trouvera quelques renseignements intéressants dans les articles indiqués ci-dessous :

« Jarry collégien et la naissance d'*Ubu roi* », par Henri Hertz, dans *Les Écrits nouveaux*, novembre 1921;

« Ubu et les professeurs », par Henri Hertz, dans la *Nouvelle Revue française*, septembre 1924;

« Un beau doublé de Charles Chassé », par Auguste Dupouy, dans *La Bretagne à Paris*, 16 mai 1947;

« Souvenirs sur Alfred Jarry et quelques autres », par Georges Rémond, dans le *Mercure de France*, mars et avril 1955;

« Ubu le Rennais », par Auguste Dupouy, dans *Arts*, 29 février 1958;

« Le véritable Ubu... », par Gabriel Reuillard, dans *Paris-Normandie*, 6-7 septembre 1958.